L'arte del Flirt: Dalla Connessione alla Complicità - Guida Completa per Flirtare con Le Donne e Trasformare l'Attrazione in Relazione

Scopri i Segreti del Flirting: Strategie, Linguaggio del Corpo, Comunicazione e Psicologia per Creare Connessioni Autentiche, Mantenere il Gioco del Flirt Leggero e Rispetto dei Confini, Fino a Portare il Rapporto a un Livello Superiore. Una Guida Dettagliata per Chi Vuole Conoscere l'Arte della Seduzione Moderna e Costruire Relazioni Reali e Appaganti

Ivana Flirt

1. **Introduzione al flirting**: Definire il flirting e il suo ruolo nelle relazioni sociali e sentimentali.

2. **L'importanza dell'autenticità**: Come essere sinceri senza risultare forzati o manipolativi.

3. **Comunicazione verbale e non verbale**: Il linguaggio del corpo, il tono di voce e il contatto visivo.

4. **L'arte della conversazione**: Come iniziare e mantenere una conversazione interessante e piacevole.

5. **Il potere del sorriso**: Come e quando sorridere per esprimere interesse e attrazione.

6. **I confini del rispetto**: Comprendere e rispettare i limiti dell'altra persona.

7. **Il ruolo della fiducia in sé stessi**: Come aumentare l'autostima e apparire sicuri senza essere arroganti.

8. **Essere giocosi senza sembrare infantili**: Come usare l'umorismo per creare complicità.

9. **I segnali di interesse femminile**: Come riconoscere quando una donna è interessata e quando non lo è.

10. **Creare un'atmosfera di complicità**: Costruire una connessione emozionale e far sentire l'altra persona a proprio agio.

11. **Il tempismo del flirting**: Quando flirtare è appropriato e come leggere il contesto sociale.

12. **Gestire il rifiuto**: Come affrontare il rifiuto in modo elegante e maturo.

13. **Il valore dell'ascolto attivo**: Come dimostrare interesse genuino prestando attenzione.

14. **Come evitare cliché e frasi fatte**: Essere originali e autentici nelle conversazioni.

15. **Il linguaggio del corpo femminile**: Capire i segnali di attrazione attraverso il comportamento fisico.

16. **Mantenere la leggerezza**: Non prendere il flirting troppo seriamente, ma lasciarsi andare al gioco.

17. **Flirting in diverse situazioni sociali**: Dai contesti informali come i bar, a quelli più formali come gli eventi di lavoro.

18. **Il ruolo del mistero e della curiosità**: Come essere intriganti senza risultare distanti.

19. **Flirting online e sui social media**: Le regole e i suggerimenti per flirtare in un contesto virtuale.

20. **Portare il flirting a un livello successivo**: Quando e come trasformare il flirting in una relazione più seria.

1. Introduzione al flirting: Definire il flirting e il suo ruolo nelle relazioni sociali e sentimentali.

1. Introduzione al Flirting: Definire il flirting e il suo ruolo nelle relazioni sociali e sentimentali

1.1. Cosa significa flirtare?

Flirtare è un atto di comunicazione sociale che mira a suscitare interesse romantico o sessuale in modo leggero e giocoso. Può coinvolgere gesti fisici, parole o comportamenti che indicano attrazione, senza esplicitare intenzioni troppo dirette. È una forma d'interazione che esiste da sempre e attraversa culture diverse, anche se ogni cultura ha il suo modo particolare di interpretarlo.

1.2. Perché le persone flirtano?

Ci sono molte ragioni per cui le persone flirtano:

- **Esplorare l'attrazione reciproca**: Per capire se esiste una potenziale compatibilità romantica o fisica.

- **Divertimento**: Il flirting può essere un gioco leggero e piacevole senza necessariamente puntare a un risultato concreto.

- **Confermare il proprio valore**: A volte, flirtare serve a testare la propria capacità di attrarre l'attenzione dell'altro.

- **Creare un legame**: Attraverso il flirting, le persone possono costruire un'intesa e una connessione emotiva.

1.3. Flirting: comunicazione tra il detto e il non detto

Il flirting vive di sottigliezze: si basa su segnali indiretti e spesso lascia spazio all'immaginazione. Non sempre ciò che viene detto è la parte più importante. Un sorriso, uno sguardo o un piccolo gesto possono essere più potenti di mille parole.

1.4. Flirting e ruoli sociali

Nella società contemporanea, le dinamiche del flirting possono essere influenzate da diversi fattori sociali e culturali. Tradizionalmente, gli uomini erano visti come i principali iniziatori del flirting, ma questa idea è sempre più superata in una società in cui i ruoli di genere sono meno rigidi. Le donne possono flirtare attivamente quanto gli uomini, e il flirting stesso diventa un gioco di reciproca seduzione e scoperta.

1.5. Il ruolo del flirting nelle relazioni sentimentali

Il flirting non è solo una fase iniziale. Anche all'interno di relazioni a lungo termine, flirtare può mantenere viva la scintilla e alimentare la complicità. Spesso, il flirting è associato al corteggiamento, ma può anche essere una componente fondamentale per mantenere freschezza e divertimento in una coppia consolidata.

1.6. Flirting: giusto o sbagliato?

Flirtare è generalmente visto come una parte sana dell'interazione sociale, purché sia fatto con rispetto e senza intenzioni manipolative. Tuttavia, esistono dei limiti: flirtare con persone già impegnate o insistere quando l'altra persona non mostra interesse può essere visto in modo negativo e persino offensivo.

1.7. Gli aspetti universali e culturali del flirting

Il flirting è una pratica universale, ma assume forme diverse a seconda della cultura. Ad esempio, in alcune culture, il contatto visivo può essere un segnale molto potente, mentre in altre può essere considerato inappropriato. Questo capitolo potrebbe analizzare brevemente le differenze culturali nel flirting, mostrando come varia da paese a paese.

1.8. Obiettivi del flirting

Infine, è importante chiarire che non tutti flirtano con lo stesso obiettivo. Alcune persone potrebbero farlo per esplorare una possibile relazione, altre semplicemente per divertirsi o rafforzare l'autostima. Comprendere il proprio obiettivo aiuta a essere più consapevoli e rispettosi durante l'interazione.

Conclusione del capitolo

In questa prima fase del libro, l'obiettivo è far capire che il flirting è una forma d'arte sociale che, se fatto con rispetto e autenticità, può essere una parte piacevole e stimolante dell'interazione umana. È importante sottolineare che ogni persona ha il diritto di flirtare solo quando si sente a proprio agio e che il consenso e il rispetto dei confini altrui sono fondamentali.

Il flirting è un aspetto fondamentale delle interazioni umane, spesso visto come un gioco sottile e intrigante che serve a esplorare l'interesse reciproco tra due persone. Flirtare, a prima vista, può sembrare un comportamento semplice, quasi spontaneo, ma in realtà cela dietro di sé una complessità psicologica e sociale molto più profonda. Il termine "flirtare" si riferisce a una vasta gamma di comportamenti che vanno dai gesti leggeri e scherzosi, fino a segnali molto più elaborati e intenzionali che mirano a stabilire una connessione emotiva o fisica. Attraverso il flirting, le persone esprimono interesse romantico o sessuale, pur mantenendo un certo livello di ambiguità che permette loro di sondare il terreno senza esporsi completamente.

Un elemento centrale del flirting è la sua natura implicita. A differenza di altre forme di comunicazione diretta, come dichiarare apertamente le proprie intenzioni, il flirting è pieno di segnali non verbali e sottili che possono essere interpretati in diversi modi. Questa ambiguità è spesso ciò che lo rende così intrigante. Un gesto apparentemente casuale, come il tocco leggero sul braccio o un sorriso accennato, può comunicare un intero mondo di significati. Allo stesso tempo, proprio perché il flirting è così sottile, offre alla persona che lo pratica un margine di manovra: se l'interesse non è ricambiato, si può sempre ritirare senza aver fatto un'esplicita dichiarazione, mantenendo l'illusione di un'interazione innocente.

Il flirting è strettamente legato alla comunicazione non verbale. Infatti, gli studi dimostrano che oltre il 90% della comunicazione umana è non verbale, e nel contesto del flirting, questo numero può essere anche più alto. Il modo in cui ci si muove, si gesticola o si inclina il corpo verso l'altra persona sono tutti segnali che possono essere interpretati come interesse o attrazione. Il contatto visivo, ad esempio, è uno degli strumenti più potenti nel flirting. Uno sguardo prolungato può comunicare un interesse profondo, mentre un rapido distogliere lo sguardo seguito da un sorriso può aggiungere un elemento di gioco e mistero.

Un altro aspetto cruciale del flirting è il suo ruolo nel creare tensione e anticipazione. Una delle dinamiche più affascinanti del flirting è il gioco del "tira e molla", in cui l'interesse viene espresso ma non completamente rivelato. Questo crea una sorta di tensione positiva, una danza di attrazione e curiosità in cui entrambe le parti si avvicinano e si allontanano, aumentando così il desiderio reciproco. Questa dinamica si manifesta spesso attraverso battute scherzose, complimenti sottili e gesti di affetto leggeri che lasciano l'altra persona a domandarsi quanto sia autentico l'interesse e quanto sia parte del gioco. La suspense che deriva da questo tipo di interazione è uno degli aspetti più appaganti del flirting, sia per chi lo pratica che per chi lo riceve.

È importante sottolineare che il flirting non è un comportamento limitato alla sfera romantica o sessuale. Molti individui flirtano in modo quasi inconsapevole anche nelle interazioni amichevoli o professionali. Questo tipo di flirting è spesso caratterizzato da un tono leggero e giocoso, senza alcuna intenzione esplicita di portare la relazione a un livello più intimo. Tuttavia, anche in questi contesti, il flirting può contribuire a creare un legame più forte tra le persone, promuovendo un'atmosfera di complicità e fiducia. Ad esempio, in un ambiente di lavoro, un tocco di flirting scherzoso può contribuire a rompere la tensione e a creare un'atmosfera più rilassata e produttiva, purché rimanga rispettoso e appropriato.

Un altro elemento chiave nel flirting è la sua capacità di migliorare l'autostima. Flirtare con successo può far sentire le persone più sicure di sé, più desiderabili e più connesse con gli altri. Quando qualcuno risponde positivamente ai segnali di flirting, l'individuo che li ha emessi può percepire una sorta di conferma del proprio valore. Questo può avere un effetto a catena, rafforzando la fiducia in se stessi e migliorando le interazioni future. Al contrario, un flirting non ricambiato non dovrebbe essere considerato come un fallimento personale, ma piuttosto come una semplice mancata corrispondenza di interessi. Flirtare è in fondo un processo di esplorazione e scoperta, e non tutte le interazioni portano a un risultato positivo. Parte della crescita personale nel flirting consiste proprio nell'imparare a gestire il rifiuto in modo maturo e costruttivo.

Il flirting assume anche un significato particolare all'interno delle relazioni sentimentali già consolidate. Contrariamente a quanto si possa pensare, flirtare non è solo una pratica riservata alle prime fasi del corteggiamento. All'interno di una relazione a lungo termine, continuare a flirtare con il proprio partner può essere uno strumento prezioso per mantenere viva la connessione emotiva e fisica. Flirtare con il proprio partner può riaccendere la passione, creare momenti di gioco e intimità e ricordare all'altra persona l'attrazione reciproca che ha dato origine alla relazione. In un contesto di relazione consolidata, il flirting diventa spesso più sfumato e intimo, con gesti che possono sembrare piccoli ma che hanno un grande impatto emotivo, come uno sguardo complice o un sorriso malizioso.

Dal punto di vista evolutivo, il flirting ha radici profonde. Gli antropologi e gli psicologi evolutivi hanno suggerito che il flirting potrebbe essere stato un comportamento essenziale per la selezione del partner nelle prime società umane. Attraverso il flirting, gli individui potevano dimostrare la loro idoneità come compagni, sia attraverso segnali di salute e forza fisica che attraverso tratti comportamentali come l'intelligenza e la capacità di creare legami emotivi. Anche oggi, molti dei segnali di flirting, come la postura aperta, il contatto visivo e i gesti di cura, possono essere interpretati come indicatori di qualità evolutivamente desiderabili.

È interessante notare che, sebbene il flirting possa sembrare universale, le sue manifestazioni specifiche variano notevolmente da cultura a cultura. In alcune società, il contatto fisico come parte del flirting è perfettamente accettato e persino incoraggiato, mentre in altre può essere visto come inappropriato o invadente. Allo stesso modo, il modo in cui le persone interpretano il contatto visivo o il sorriso può differire notevolmente a seconda delle norme culturali. Questo rende il flirting un'arte ancora più complessa, poiché richiede la capacità di leggere e interpretare correttamente i segnali culturali e sociali dell'altra persona.

Il flirting è, senza dubbio, un fenomeno multiforme che coinvolge una vasta gamma di emozioni, comportamenti e intenzioni. Ciò che lo rende particolarmente affascinante è la sua capacità di fondere il gioco con l'intenzione, creando un'interazione in cui la leggerezza e l'ambiguità diventano armi di seduzione. Uno degli elementi più interessanti del flirting è proprio il suo essere un linguaggio sottile, dove ogni gesto, parola o sguardo nasconde qualcosa di più profondo rispetto al suo significato superficiale. Questo gioco tra il detto e il non detto può portare a una tensione delicata, ma palpabile, che genera un misto di anticipazione e curiosità tra le due persone coinvolte.

Nella pratica del flirting, non esiste un solo approccio o stile. Ogni persona, infatti, ha il proprio modo di flirtare, basato non solo sulla propria personalità, ma anche sul contesto sociale, culturale e persino temporale in cui si trova. Ci sono individui che flirtano in modo aperto e audace, senza lasciare troppo spazio all'interpretazione. Altri preferiscono un approccio più riservato e indiretto, usando gesti sottili o parole cariche di doppio significato per esprimere interesse. Questo ci porta a considerare il flirting come un'arte altamente personalizzabile, dove non esiste un unico "modo corretto" di flirtare. Anzi, il successo di un flirt dipende molto dalla capacità di adattarsi al proprio interlocutore, leggere i segnali che invia e reagire di conseguenza.

Un aspetto essenziale da esplorare è il concetto di reciprocità nel flirting. Mentre alcune persone sono molto dirette e prendono l'iniziativa, altre possono essere più passive, attendendo che l'altra persona invii segnali chiari prima di rispondere. Questo equilibrio tra azione e reazione è un elemento chiave. Quando entrambe le persone sono coinvolte in un gioco di scambi, con segnali chiari e sottili, il flirting diventa un processo di esplorazione reciproca, dove ogni interazione rafforza la connessione. Tuttavia, è importante sottolineare che la mancanza di reciprocità può trasformare un'interazione da piacevole a scomoda. Quando una persona continua a flirtare senza che l'altra risponda con segnali altrettanto positivi, l'interazione rischia di diventare squilibrata o persino invadente. È qui che entra in gioco l'importanza della sensibilità: saper leggere i segnali e riconoscere quando fermarsi è fondamentale per mantenere il flirting rispettoso e piacevole per entrambe le parti.

Un altro elemento interessante è il ruolo della creatività nel flirting. In effetti, flirtare richiede una certa dose di inventiva. Le persone più abili nel flirtare sanno giocare con le parole e i gesti in modo unico e originale, evitando i cliché e le frasi fatte che rischiano di suonare banali. Questa creatività si manifesta in vari modi: attraverso battute scherzose, commenti affettuosi o persino in gesti simbolici. Ad esempio, un piccolo tocco sulla spalla può avere un impatto molto più profondo di un complimento esplicito, poiché comunica intimità e connessione in modo implicito. La capacità di flirtare creativamente è anche un riflesso dell'intelligenza emotiva di una persona, poiché richiede l'abilità di adattarsi all'umore e al contesto dell'interazione, rendendo ogni scambio unico.

La dimensione psicologica del flirting non può essere sottovalutata. Dietro ogni gesto o parola c'è spesso una motivazione più profonda legata ai desideri e alle emozioni umane. Il flirting può essere un modo per soddisfare bisogni emotivi come la necessità di sentirsi desiderati o apprezzati. In questo senso, flirtare può essere visto non solo come un atto di seduzione, ma anche come un mezzo per connettersi con gli altri a livello emotivo. Attraverso il flirting, le persone possono costruire un legame che va oltre l'attrazione fisica, aprendo la porta a una comprensione più profonda e reciproca. La natura leggera del flirting può quindi nascondere una ricerca di connessione emotiva più significativa, trasformando quello che potrebbe sembrare un gioco superficiale in un processo di costruzione di fiducia e intimità.

Il flirting è anche strettamente legato al concetto di autoconsapevolezza. Per flirtare in modo efficace, è importante essere consapevoli di sé stessi, delle proprie emozioni e del modo in cui si viene percepiti dagli altri. Le persone che flirtano con successo sono spesso quelle che hanno una buona padronanza del proprio corpo e delle proprie emozioni, sapendo quando mostrare interesse e quando trattenersi. Questo tipo di autoconsapevolezza non riguarda solo il proprio comportamento, ma anche la propria attrattiva e il modo in cui si desidera essere percepiti. È una forma di espressione di sé che va oltre le parole e i gesti, toccando il modo in cui ci si presenta al mondo e il modo in cui si interagisce con esso.

Non possiamo ignorare il fatto che il flirting ha anche una dimensione fisica molto evidente. Il linguaggio del corpo gioca un ruolo fondamentale nel comunicare attrazione e interesse. Ogni piccolo movimento del corpo può essere un messaggio: il modo in cui ci si inclina verso l'altra persona, il contatto visivo prolungato, il modo in cui si gesticola durante una conversazione. Questi segnali non verbali spesso parlano molto più forte delle parole stesse, poiché sono percepiti a un livello quasi inconscio. Ad esempio, il semplice atto di avvicinarsi fisicamente a una persona mentre si parla può comunicare un desiderio di intimità e connessione. Allo stesso tempo, il mantenimento di una distanza maggiore può segnalare una mancanza di interesse o il desiderio di mantenere una certa distanza emotiva.

Un altro aspetto interessante del flirting è il suo legame con il contesto sociale e culturale. Come accennato, il flirting varia notevolmente da cultura a cultura, ma non solo: anche il contesto sociale immediato in cui si verifica l'interazione ha un impatto significativo su come il flirting viene percepito e praticato. In un ambiente informale, come un bar o una festa, il flirting tende ad essere più rilassato e giocoso. In questi contesti, le persone si sentono più libere di esprimere il proprio interesse senza la paura di violare norme sociali. Al contrario, in ambienti più formali, come il lavoro o gli eventi professionali, il flirting deve essere gestito con molta più attenzione, poiché il rischio di fraintendimenti o comportamenti inappropriati è maggiore. Saper modulare il proprio flirting in base al contesto è una capacità essenziale per garantire che l'interazione rimanga piacevole e appropriata.

Infine, un punto spesso trascurato è il fatto che il flirting non è sempre volto a ottenere un risultato immediato o concreto. Molte volte, flirtare è semplicemente un modo per esplorare una potenziale attrazione o per mantenere viva una connessione senza l'intenzione di portare l'interazione a un livello più serio. Questo tipo di flirting, che potremmo definire "flirting senza aspettative", è molto comune e spesso molto apprezzato, poiché consente alle persone di divertirsi e di sperimentare la complicità senza pressioni.

Il flirting, nella sua essenza più pura, è un gioco psicologico e sociale che coinvolge sottili dinamiche di potere, comunicazione e desiderio. Quando due persone si impegnano nel flirting, non stanno solo cercando di stabilire una connessione romantica o sessuale, ma stanno anche navigando in un intricato processo di comprensione reciproca. A differenza di altre forme di interazione, il flirting introduce un elemento di leggerezza che può variare dall'essere appena percettibile all'essere palesemente evidente. Questo rende il flirting unico, perché non è finalizzato a un risultato concreto, almeno non nel senso immediato. È piuttosto una forma di interazione continua, in cui le aspettative e le intenzioni possono essere sospese nel tempo, alimentando la curiosità e il fascino tra i partecipanti.

Uno degli aspetti più interessanti del flirting è la sua natura universale. Anche se le modalità attraverso cui si esprime variano da cultura a cultura, tutte le società sembrano riconoscere e praticare qualche forma di flirting. Questo ci suggerisce che flirtare è una componente intrinseca della condizione umana, legata al bisogno di connessione sociale e intima. La biologia gioca un ruolo importante in questo: il flirting spesso innesca il rilascio di sostanze chimiche nel cervello, come la dopamina, che provocano sensazioni di piacere e gratificazione. Questo spiega perché molte persone trovano il flirting divertente e gratificante anche quando non sfocia in una relazione più profonda. È una forma di gratificazione immediata, che stimola l'ego e soddisfa il bisogno umano di attenzione e riconoscimento.

Dal punto di vista antropologico, flirtare può essere visto come un comportamento evolutivo. Negli antichi gruppi umani, la capacità di attrarre un compagno attraverso il flirting poteva fare la differenza in termini di successo riproduttivo e sopravvivenza. Le dinamiche di flirt erano probabilmente più basilari e legate alla selezione del partner basata su caratteristiche come la forza fisica o la salute. Tuttavia, con l'evoluzione della società e l'aumento della complessità delle interazioni sociali, anche il flirting è diventato più sofisticato. Oggi, le persone non flirtano solo per dimostrare idoneità fisica o sociale, ma anche per stabilire una connessione emotiva, intellettuale e culturale. Questo porta il flirting a un livello molto più complesso, dove la capacità di intrattenere una conversazione interessante o di esprimere intelligenza emotiva può essere tanto attraente quanto l'aspetto fisico.

Il flirting moderno, in un mondo sempre più globalizzato e digitalizzato, si è adattato a nuovi contesti. Con l'avvento dei social media e delle piattaforme di incontri online, il flirting ha trovato nuovi canali di espressione. Un tempo limitato agli incontri faccia a faccia, il flirting oggi può avvenire attraverso messaggi di testo, foto o emoji, creando un'esperienza completamente nuova. In questo ambiente virtuale, il flirting assume una forma più astratta, ma non meno potente. Le persone possono flirtare utilizzando il linguaggio scritto in modi che potrebbero essere impensabili nelle interazioni di persona. Ad esempio, il gioco con le parole, i giochi di ruolo o persino l'invio di GIF spiritose possono diventare strumenti di flirting. Questo modo di flirtare amplifica le possibilità, permettendo a chiunque, indipendentemente dalla distanza geografica, di interagire in modo giocoso e seduttivo.

Ciò che rende il flirting virtuale particolarmente interessante è l'uso di elementi come l'attesa e l'incertezza. Nelle interazioni di persona, le risposte sono immediate e la comunicazione non verbale svolge un ruolo enorme. Online, invece, i tempi di risposta possono essere dilatati e questo crea una suspense unica. L'attesa di un messaggio o di una risposta a un commento può amplificare l'eccitazione, facendo sì che ogni interazione venga caricata di significati. Inoltre, la mancanza di segnali non verbali in un contesto virtuale richiede un'abilità diversa per flirtare con successo. Le parole e le immagini devono essere selezionate con attenzione, e il tono deve essere calibrato per non risultare troppo intenso o, al contrario, troppo distante.

La digitalizzazione del flirting non solo ha espanso le possibilità di interazione, ma ha anche introdotto nuove sfide. Il rischio di fraintendimenti è molto più elevato online rispetto alle interazioni faccia a faccia, poiché le persone non possono affidarsi al linguaggio del corpo o al tono di voce per interpretare correttamente il messaggio dell'altro. Questo ha portato allo sviluppo di nuove regole sociali non scritte sul flirting digitale, dove l'equilibrio tra il giocare con le aspettative e il rimanere rispettosi e autentici è diventato cruciale. Alcuni potrebbero vedere questo come un ostacolo, mentre altri lo considerano una nuova frontiera, un'opportunità per affinare le proprie abilità nel gioco della seduzione in un mondo che continua a cambiare rapidamente.

Un altro aspetto affascinante del flirting è la sua relazione con la vulnerabilità. Flirtare significa spesso mettersi in una posizione di vulnerabilità, poiché implica il rischio di rifiuto o fraintendimento. Tuttavia, questa vulnerabilità è anche parte di ciò che rende il flirting così emozionante. Mettersi in gioco, esprimere interesse e attendere una risposta crea un momento di tensione che può essere estremamente coinvolgente. Non sapere come l'altra persona risponderà è ciò che rende il flirting un'esperienza carica di adrenalina. E quando l'altra persona risponde positivamente, c'è un senso di trionfo e connessione che è difficile da replicare in altre forme di interazione.

Allo stesso tempo, il flirting è un atto che richiede equilibrio. Spingere troppo può essere percepito come invasivo o eccessivo, mentre flirtare troppo poco potrebbe non risultare affatto evidente. Trovare il giusto equilibrio significa saper calibrare l'intensità delle proprie azioni e parole, adattandosi costantemente alle reazioni dell'altra persona. Questo rende il flirting una forma d'arte in continua evoluzione, dove ogni interazione è unica e richiede un approccio diverso. È come camminare su una fune sottile: troppo da una parte e si rischia di cadere, troppo dall'altra e si potrebbe non raggiungere mai l'obiettivo.

Il concetto di flirtare è anche profondamente radicato nelle norme di genere e nelle dinamiche di potere. Storicamente, la società ha spesso imposto regole rigide su chi "dovrebbe" prendere l'iniziativa nel flirting, con gli uomini tradizionalmente incoraggiati a essere gli "attori" e le donne a essere più passive o ricettive. Tuttavia, questi ruoli si stanno rapidamente evolvendo. In molte culture contemporanee, le donne si sentono sempre più libere di prendere l'iniziativa nel flirting, sfidando i vecchi stereotipi. Questo cambiamento non solo sta riequilibrando le dinamiche di potere tra i generi, ma sta anche aprendo nuove strade per interazioni più genuine e basate sulla parità. Quando entrambe le parti si sentono libere di esprimere il proprio interesse in modo aperto e reciproco, il flirting può diventare una forma di comunicazione molto più egualitaria e autentica.

Inoltre, il flirting non è un fenomeno esclusivo delle relazioni eterosessuali. Le persone di tutte le identità sessuali e di genere flirtano, e le modalità attraverso cui questo avviene possono variare significativamente a seconda delle dinamiche interne a ciascuna relazione. Ad esempio, in relazioni queer, il flirting può assumere forme diverse rispetto a quelle tradizionali, sfidando le aspettative normative e permettendo una maggiore fluidità e creatività nell'espressione del desiderio e dell'attrazione. In questi contesti, il flirting può anche servire come strumento per esplorare e negoziare l'identità personale, creando spazi sicuri in cui le persone possono esprimere se stesse in modi che potrebbero non essere possibili in altri contesti sociali.

Una delle componenti più potenti del flirting è l'elemento della sorpresa.

Il flirting, oltre a essere un gioco di seduzione e attrazione, può anche essere visto come un'espressione di personalità, un modo per esprimere la propria identità in maniera leggera e giocosa. Ogni individuo ha un modo unico di flirtare, che riflette aspetti profondi del proprio carattere e della propria visione delle relazioni. Alcune persone flirtano in modo più diretto e aggressivo, mentre altre possono essere più riservate, lasciando spazio all'immaginazione e all'interpretazione. Il modo in cui si sceglie di flirtare può dire molto su come ci si relaziona con gli altri e su come si vede il mondo.

Per esempio, chi ha una personalità estroversa e sicura di sé potrebbe flirtare in maniera molto esplicita, senza temere il rifiuto o le reazioni negative. Queste persone spesso trovano piacere nel flirtare per il semplice gusto del gioco, senza necessariamente avere un obiettivo preciso. Al contrario, una persona più introversa o riflessiva potrebbe adottare un approccio più sottile, preferendo segnali ambigui che lasciano spazio alla curiosità e all'iniziativa dell'altro. In questo caso, il flirting non è tanto una dimostrazione di potere o sicurezza, quanto una ricerca di connessione intima e profonda, un'esplorazione delicata di ciò che potrebbe essere.

Esiste anche una dimensione creativa del flirting che spesso viene trascurata. Quando si flirta, si entra in un processo di scoperta e invenzione continua, in cui si utilizzano battute, metafore e riferimenti culturali per creare una connessione con l'altra persona. Questa creatività non si limita al linguaggio, ma coinvolge anche il modo in cui ci si muove, si gesticola o si occupa lo spazio. Le persone più abili nel flirting sono spesso quelle che sanno combinare questi diversi elementi in maniera fluida, trasformando ogni interazione in qualcosa di unico e irripetibile. Il flirting diventa così un'arte performativa, in cui si è allo stesso tempo attori e spettatori, interpreti e creatori di un linguaggio personale e seducente.

È interessante notare come il flirting possa anche essere un modo per esplorare e testare i propri limiti. Per molte persone, flirtare rappresenta un'opportunità per uscire dalla propria zona di comfort e sperimentare nuove forme di comunicazione. Questo non significa necessariamente flirtare in maniera più audace o provocatoria, ma semplicemente aprirsi a modi di interagire che potrebbero non essere familiari. In questo senso, il flirting può essere visto come una forma di crescita personale, un'occasione per sperimentare nuove dinamiche sociali e imparare a leggere e comprendere meglio le reazioni degli altri. In alcune situazioni, flirtare può anche aiutare a sviluppare maggiore empatia e consapevolezza emotiva, poiché richiede di essere attentivi ai segnali non verbali e ai sottili cambiamenti nell'atteggiamento dell'altra persona.

Il flirt ha anche un ruolo importante nelle relazioni già esistenti, non solo in quelle nuove. In una relazione consolidata, continuare a flirtare può essere un modo per mantenere viva l'attrazione e l'intimità. Nonostante molte persone associno il flirting solo alla fase iniziale del corteggiamento, esso può essere uno strumento vitale per mantenere la passione anche nelle relazioni a lungo termine. Piccoli gesti, come un complimento inaspettato o uno sguardo complice, possono riaccendere la scintilla e ricordare alla coppia l'attrazione reciproca che li ha uniti all'inizio. In questo contesto, il flirting non è solo un mezzo per esprimere desiderio, ma anche un modo per nutrire la relazione, creare complicità e mantenere un senso di novità e divertimento anche dopo anni di vita insieme.

Un'altra dimensione fondamentale del flirting è l'ambiguità, che è parte integrante del suo fascino. L'ambiguità permette a entrambi i partecipanti di mantenere un certo controllo sulla situazione, senza esporsi completamente o rischiare di essere fraintesi. Questa incertezza crea una tensione emotiva che alimenta l'interesse reciproco, spingendo le persone a voler esplorare di più, capire meglio cosa sta succedendo sotto la superficie. Il flirting è, per sua natura, aperto a molteplici interpretazioni: un gesto potrebbe essere un segno di attrazione oppure solo un'azione innocente. È proprio questa ambiguità che lo rende un gioco così intrigante, dove ogni piccolo segnale deve essere decodificato con attenzione.

Flirtare non è solo un gioco a due; a volte, può anche essere uno strumento per esplorare se stessi. Attraverso il flirting, le persone possono scoprire aspetti della propria personalità che magari non erano del tutto consapevoli. L'interazione giocosa con un'altra persona può rivelare lati nascosti di noi stessi: forse scopriamo di essere più spiritosi di quanto pensassimo, o forse ci rendiamo conto che siamo più inclini al romanticismo di quanto ci saremmo aspettati. Questo processo di auto-scoperta è parte di ciò che rende il flirting così appagante a livello personale, indipendentemente dal risultato finale.

Un altro elemento da considerare è il contesto sociale in cui il flirting avviene. L'ambiente e il momento possono influenzare profondamente il modo in cui flirtiamo e come il flirting viene percepito. In un ambiente rilassato, come una festa tra amici o una serata in un locale, le persone tendono a flirtare in modo più spontaneo e disinvolto, sentendosi più a loro agio nel prendere rischi. Al contrario, in contesti più formali o pubblici, il flirting può assumere una forma più contenuta, con gesti e segnali meno evidenti. Il contesto influisce non solo sul modo in cui flirtiamo, ma anche sulle aspettative e le norme sociali legate al flirting. Ciò che potrebbe essere visto come un comportamento accettabile in un ambiente informale potrebbe non essere considerato appropriato in un altro contesto, come ad esempio un evento professionale.

Infine, non possiamo trascurare il fatto che il flirting non è sempre innocuo o privo di conseguenze. Sebbene spesso sia un'attività piacevole e giocosa, ci sono casi in cui il flirting può sfociare in incomprensioni o situazioni scomode, soprattutto se una delle parti non è interessata o se vengono superati i confini del rispetto. Per questo motivo, è essenziale che il flirting sia sempre accompagnato da una consapevolezza attenta dei sentimenti e delle reazioni dell'altra persona. Il rispetto reciproco e la capacità di leggere correttamente i segnali altrui sono componenti fondamentali per assicurarsi che il flirting rimanga una forma di interazione positiva e divertente per entrambe le parti coinvolte.

Un'altra sfumatura del flirting riguarda il modo in cui esso viene percepito nelle diverse età della vita. Mentre il flirting è spesso associato alla giovinezza, in realtà non è qualcosa che svanisce con l'età. Le persone flirtano in tutte le fasi della loro vita, anche se il modo in cui lo fanno può cambiare. Nella giovinezza, il flirting potrebbe essere più esplicito e giocoso, spesso legato alla scoperta della sessualità e delle dinamiche di relazione. Con l'età, il flirting può diventare più sottile, basato su gesti più raffinati e su una connessione emotiva più profonda.

Per concludere, il flirting si rivela essere una delle forme più complesse e affascinanti di comunicazione umana. Non è soltanto un gioco di seduzione, ma un potente strumento di interazione che spazia dal semplice divertimento all'esplorazione di emozioni profonde e connessioni personali. Il suo fascino risiede nella capacità di mantenere un equilibrio perfetto tra ambiguità e chiarezza, consentendo a due persone di esprimere interesse reciproco senza doversi esporre completamente. La leggerezza del flirting è ciò che lo rende unico: una danza giocosa in cui ogni gesto, parola o sguardo può contenere un mondo di significati sottili e nascosti.

Il flirt rappresenta un'opportunità per esplorare se stessi e gli altri, giocando con la tensione, la curiosità e la complicità. Attraverso di esso, non solo si stabilisce un ponte emotivo e fisico tra le persone, ma si riesce anche a creare un'atmosfera in cui l'intimità può crescere in modo naturale e progressivo. Il successo del flirting non si misura necessariamente dal raggiungimento di un obiettivo specifico, come una relazione sentimentale o sessuale, ma dall'esperienza condivisa di piacere, connessione e complicità che genera tra i partecipanti.

Il flirting, inoltre, varia ampiamente in base al contesto, alla cultura e alla personalità di chi lo pratica. Le modalità di flirtare possono cambiare da persona a persona, da situazione a situazione, rendendolo un'arte sempre in evoluzione, che richiede una certa sensibilità e adattabilità. In questo senso, flirtare non è mai un atto meccanico o privo di pensiero: ogni gesto deve essere calibrato, ogni parola deve essere ponderata, ogni sguardo deve essere intenzionale. È una forma di comunicazione che richiede la capacità di leggere e interpretare il comportamento dell'altra persona, di adattarsi e rispondere in modo creativo e rispettoso.

Nella società odierna, il flirting ha assunto nuove forme, specialmente con l'avvento delle tecnologie digitali. Flirtare online ha aperto nuove strade, dove le dinamiche della comunicazione sono diverse rispetto agli incontri faccia a faccia. In questo contesto, il linguaggio scritto, i tempi di attesa e l'uso di immagini o simboli giocano un ruolo fondamentale nel mantenere viva la tensione del flirting. Tuttavia, indipendentemente dai mezzi utilizzati, i principi di base del flirting rimangono gli stessi: creare una connessione, giocare con l'ambiguità, rispettare i limiti e, soprattutto, divertirsi nel processo.

La capacità di flirtare con successo non riguarda solo la seduzione o il desiderio fisico, ma anche la creazione di un'intesa emotiva. In molte situazioni, il flirting diventa un modo per rafforzare la complicità all'interno di una relazione esistente o per costruire nuovi legami. Questo rende il flirting uno strumento incredibilmente versatile, che può essere utilizzato in una vasta gamma di contesti sociali, da quelli più casuali a quelli più formali.

Infine, il flirting è un'espressione di libertà e creatività umana. È un modo per esplorare la propria attrattività, giocare con l'identità e scoprire come si è percepiti dagli altri. Il flirt, quindi, non è solo un'esplorazione dell'altro, ma anche di sé stessi: un viaggio in cui si scopre come la propria personalità può influenzare e attrarre coloro che ci circondano. Allo stesso tempo, richiede un profondo senso di rispetto per l'altra persona e per i suoi limiti, garantendo che l'interazione rimanga piacevole e reciproca.

In conclusione, il flirting è un'arte complessa, ma anche profondamente naturale. Richiede abilità, attenzione e una sana dose di creatività, ma offre in cambio un'esperienza sociale e personale appagante. In un mondo dove le relazioni sono sempre più diversificate e dinamiche, il flirting rimane uno dei modi più affascinanti e universali per esplorare la connessione tra due persone, senza la pressione di definizioni o aspettative immediate. È un invito a giocare, a conoscere l'altro, e, forse, a scoprire qualcosa di nuovo su se stessi

2. L'importanza dell'autenticità: Come essere sinceri senza risultare forzati o manipolativi.

L'autenticità è una delle componenti fondamentali del flirting efficace e rispettoso, poiché permette di creare connessioni genuine e sincere senza che l'interazione appaia forzata, artificiale o manipolativa. L'arte del flirting non deve essere vista come un insieme di tecniche per ingannare o conquistare l'altro, ma piuttosto come un modo per esprimere la propria personalità in modo spontaneo e aperto, comunicando interesse in maniera naturale e genuina. L'autenticità, in questo contesto, diventa un valore centrale: essere autentici significa essere fedeli a se stessi, senza maschere o costruzioni artificiali che, a lungo andare, potrebbero risultare disoneste o controproducenti.

Uno dei pericoli più comuni nel flirting è il rischio di sembrare manipolativi, ovvero di dare l'impressione di voler ottenere qualcosa in modo subdolo o poco trasparente. Questo accade quando l'interesse che si esprime non è genuino, ma dettato da un secondo fine. In questi casi, l'altra persona potrebbe percepire un certo disallineamento tra ciò che viene detto e ciò che si intende realmente. Per evitare questo, è essenziale che il flirting parta da un punto di sincerità: se non si è realmente interessati o attratti dall'altra persona, è meglio evitare di flirtare con l'intento di ottenere attenzioni o vantaggi. La trasparenza emotiva è ciò che rende un'interazione autentica, poiché consente di costruire una base di fiducia e rispetto reciproco.

Un altro aspetto importante dell'autenticità nel flirting è la capacità di accettare le proprie vulnerabilità. Molte persone cercano di apparire perfette o di indossare una "maschera" per sembrare più affascinanti, sicure o seducenti. Tuttavia, il tentativo di nascondere i propri difetti o di apparire sempre impeccabili può far sì che l'interazione sembri artificiale. Le persone sono attratte dall'autenticità perché essa riflette un'immagine reale e tridimensionale di chi siamo. Le imperfezioni, i momenti di goffaggine o anche l'ammissione di una propria insicurezza possono spesso avvicinare due persone più di qualsiasi frase perfettamente studiata. Essere autentici significa mostrare sia i lati positivi che quelli più vulnerabili, dimostrando che non si ha paura di essere sé stessi.

È importante comprendere che l'autenticità non significa condividere ogni singolo pensiero o sentimento in modo immediato e senza filtri. Essere autentici nel flirting implica anche sapere quando e come condividere aspetti di sé stessi, mantenendo comunque un certo equilibrio e rispetto per i tempi dell'interazione. Il flirting non deve essere una rivelazione totale e improvvisa della propria personalità, ma piuttosto un processo graduale in cui si scopre e si rivela la propria identità in modo naturale. Questo crea curiosità e interesse, permettendo all'altra persona di sentirsi coinvolta senza essere sovraccaricata di informazioni o emozioni troppo intense.

Un altro fattore cruciale per essere autentici senza risultare forzati è l'abilità di ascoltare. Spesso, chi flirta tende a concentrarsi solo su come apparire o su cosa dire per impressionare l'altra persona, dimenticando l'importanza dell'ascolto attivo. Ascoltare veramente l'altra persona significa prestare attenzione non solo a ciò che dice, ma anche ai suoi segnali non verbali, alle sue emozioni e ai suoi interessi. L'autenticità emerge quando il flirting diventa un dialogo bilaterale, in cui entrambe le parti si sentono ascoltate e comprese. Questo tipo di scambio rende l'interazione più profonda e significativa, permettendo di costruire una connessione genuina basata sul rispetto reciproco.

Il flirting autentico si distingue anche per il modo in cui si gestisce il rifiuto. Quando una persona flirta senza secondi fini manipolativi, ma con autenticità e rispetto, sarà in grado di accettare un eventuale rifiuto in modo maturo e positivo. Questo perché non c'è una pressione eccessiva per ottenere un risultato preciso; l'interazione è vista come un gioco leggero e piacevole, dove il rifiuto non rappresenta una sconfitta, ma semplicemente una parte naturale del processo. Una persona che flirta con autenticità sarà capace di lasciare andare senza rancore e mantenere comunque un atteggiamento aperto e rispettoso.

Un altro elemento centrale dell'autenticità è la coerenza tra parole e azioni. Molto spesso, le persone cadono nel tranello di dire cose che non corrispondono al loro vero pensiero o che non sono supportate da azioni coerenti. Questo può generare confusione e far sembrare il flirting poco sincero. Essere autentici significa invece agire in linea con ciò che si dice, mostrando coerenza e integrità. Se si esprime interesse per qualcuno, questo dovrebbe riflettersi non solo nelle parole, ma anche nei gesti e nel comportamento. Ad esempio, una persona che si dichiara interessata ma poi si comporta in modo distaccato o distratto potrebbe inviare segnali contrastanti che minano la fiducia. Al contrario, un flirting autentico e coerente permette all'altra persona di sentirsi sicura e rispettata.

L'importanza dell'autenticità emerge anche nel modo in cui ci si relaziona con i propri valori e principi. Flirtare in modo autentico significa essere fedeli a ciò che si crede, senza dover cambiare per piacere all'altra persona. A volte, nella fretta di conquistare l'attenzione di qualcuno, si tende ad adattarsi o a modellarsi in base alle aspettative percepite dell'altro. Questo comportamento può portare a flirtare in modo che non rispecchia realmente chi si è, causando una disconnessione tra l'immagine che si proietta e la propria identità reale. Essere autentici significa essere a proprio agio con chi si è e avere la fiducia di poter attrarre l'altra persona proprio per queste qualità, piuttosto che per una facciata costruita.

Infine, l'autenticità nel flirting si manifesta anche nella spontaneità. Le interazioni più genuine e divertenti spesso nascono dall'essere presenti nel momento, senza cercare di pianificare o controllare ogni dettaglio. Quando si è spontanei, si permette alla conversazione e all'interazione di fluire naturalmente, senza preoccuparsi troppo di come si appare o di cosa si dovrebbe dire. Questo rende il flirting più fresco e piacevole, creando un'atmosfera rilassata in cui entrambe le persone possono essere se stesse senza pressione. La spontaneità, in questo senso, è un'espressione di autenticità perché elimina la necessità di seguire regole prestabilite o di comportarsi in modo artificioso.

In sintesi, l'autenticità è il cuore di un flirting di successo e rispettoso. Essa implica sincerità, coerenza e spontaneità, evitando di risultare manipolativi o forzati. Quando si flirta in modo autentico, si costruiscono relazioni basate su fiducia e rispetto reciproco, creando connessioni più profonde e durature. L'essenza dell'autenticità è la capacità di mostrare chi si è veramente, con i propri pregi e difetti, senza cercare di adattarsi o cambiare per l'altro. In questo modo, il flirting diventa un'opportunità non solo per esplorare l'interesse reciproco, ma anche per celebrare la propria individualità in un contesto di apertura e rispetto.

L'autenticità nel flirting è un concetto complesso, perché coinvolge molteplici aspetti della personalità e del comportamento umano. Quando si parla di essere autentici, spesso si fa riferimento a un'interazione che non è costruita su maschere o manipolazioni, ma che esprime in modo trasparente chi siamo realmente. Questa autenticità, però, non deve essere confusa con la totale assenza di filtro o spontaneità incontrollata. Esprimere se stessi in modo autentico non significa necessariamente condividere ogni pensiero o emozione senza riflettere, ma piuttosto trovare un equilibrio tra sincerità e consapevolezza sociale, in modo da mantenere un'interazione piacevole, rispettosa e aperta.

Uno dei motivi principali per cui l'autenticità è così importante nel flirting è che crea fiducia. Le relazioni, siano esse romantiche, amicali o di altro tipo, si basano in larga parte sulla capacità di fidarsi dell'altra persona. Quando si flirta in modo autentico, si invia un messaggio all'altra persona che indica: "Questo sono io, non sto cercando di essere qualcun altro." Questo aiuta a costruire una base di sincerità che può essere ulteriormente sviluppata man mano che l'interazione si evolve. Se si percepisce che una persona è genuina, l'altra si sentirà più a suo agio e sarà più incline a ricambiare l'interesse.

Un aspetto che spesso viene trascurato quando si parla di autenticità nel flirting è la gestione delle aspettative. A volte, il desiderio di impressionare o di ottenere una certa reazione può portare le persone a comportarsi in modi che non rispecchiano realmente chi sono. Questo potrebbe includere fingere di essere interessati a qualcosa solo perché si pensa che piacerà all'altra persona, o adottare un atteggiamento che non corrisponde alle proprie reali intenzioni. Questo tipo di comportamento può generare aspettative irrealistiche e, alla lunga, portare a delusione o malintesi. Quando si flirta in modo autentico, si cerca di mantenere le aspettative realistiche, mostrando chi si è veramente fin dall'inizio, evitando di costruire una versione idealizzata di sé stessi che potrebbe poi risultare insostenibile.

Un altro elemento che sottolinea l'importanza dell'autenticità nel flirting è la qualità delle interazioni che si riesce a creare. Quando le persone flirtano in modo genuino, l'interazione diventa più fluida e naturale. Non c'è bisogno di forzare battute, complimenti o gesti che non appartengono alla propria indole. Questo porta a un'esperienza di flirting più rilassata e piacevole, dove entrambe le parti possono esprimersi senza sentirsi sotto pressione. L'autenticità, in questo senso, aiuta a creare un clima di complicità, in cui il gioco della seduzione diventa un momento condiviso, anziché una serie di tentativi per impressionare l'altra persona.

L'autenticità è strettamente legata alla congruenza, ovvero l'allineamento tra ciò che si sente e ciò che si esprime. Quando una persona è autentica nel flirtare, le sue parole, i suoi gesti e le sue emozioni sono in armonia. Questo crea una comunicazione chiara e diretta, dove non ci sono contraddizioni tra quello che si dice e quello che si fa. La mancanza di congruenza, al contrario, può far emergere una sensazione di dissonanza nell'interlocutore, portandolo a chiedersi se quello che viene espresso sia realmente sincero. Ad esempio, se una persona fa un complimento ma non lo accompagna con un comportamento coerente, questo potrebbe sembrare artificioso o forzato. Essere congruenti nel flirting significa essere autentici non solo nelle parole, ma anche nei gesti, negli sguardi e nelle azioni che accompagnano l'interazione.

L'autenticità, inoltre, ha un impatto diretto sulla qualità delle relazioni che nascono dal flirting. Quando si flirta in modo autentico, si stabilisce una base di relazione solida e genuina, in cui entrambe le parti si sentono libere di essere se stesse. Questo crea una relazione più equilibrata, in cui non ci sono giochi di potere o manipolazioni. Al contrario, quando il flirting è basato su tecniche manipolative o forzate, la relazione che ne deriva è spesso più superficiale e soggetta a incomprensioni. Nel lungo termine, le relazioni costruite sull'autenticità tendono a essere più soddisfacenti e durature, proprio perché si basano su una conoscenza reciproca reale e profonda.

Un altro aspetto importante dell'autenticità nel flirting è la capacità di accettare l'incertezza e la vulnerabilità. Molti cercano di evitare il rifiuto o l'imbarazzo adottando maschere o atteggiamenti che li fanno sembrare più sicuri o invulnerabili. Tuttavia, il tentativo di evitare la vulnerabilità può impedire di creare una connessione autentica. Quando si flirta in modo autentico, si accetta la possibilità di non essere ricambiati, ma si abbraccia anche la bellezza di mostrarsi per ciò che si è, senza paura di giudizio. La vulnerabilità, infatti, può essere incredibilmente attraente perché rivela un lato umano e reale, che molte persone trovano profondamente affascinante.

L'autenticità si collega anche alla coerenza emotiva, che implica essere in sintonia con i propri sentimenti e con quelli dell'altra persona. In un flirting autentico, non si cerca solo di raggiungere un risultato, come ottenere l'attenzione dell'altro o suscitare interesse. Piuttosto, si cerca di stabilire una connessione che rispetti le emozioni di entrambi. Questa consapevolezza emotiva è ciò che distingue il flirting autentico da quello superficiale o manipolativo. Le persone che flirtano in modo autentico sanno riconoscere i segnali emotivi dell'altra persona e rispondono in modo empatico, senza cercare di forzare un risultato che non è reciproco.

Un'altra componente chiave dell'autenticità è il non sentirsi costretti a seguire regole o copioni prestabiliti. Molti approcci al flirting si basano su tecniche o strategie che mirano a creare attrazione, ma queste tecniche, se applicate in modo rigido o meccanico, possono far sembrare l'interazione innaturale o artificiale. L'autenticità, invece, presuppone la libertà di essere spontanei, di agire e parlare in modo naturale, senza preoccuparsi eccessivamente di come l'altra persona potrebbe reagire. Quando si è autentici, si flirta seguendo il proprio istinto e la propria personalità, piuttosto che cercare di conformarsi a un modello esterno.

È fondamentale anche comprendere che l'autenticità è un processo dinamico. Non è qualcosa che si ottiene una volta per tutte, ma richiede una costante riflessione su chi siamo e su come vogliamo presentarci agli altri. Man mano che si cresce e si evolve, anche il modo in cui si flirta può cambiare, diventando più autentico e in sintonia con la propria evoluzione personale. Questo rende il flirting non solo un'abilità sociale, ma anche un percorso di auto-consapevolezza e crescita emotiva.

In definitiva, l'autenticità nel flirting è un valore che arricchisce non solo l'interazione in sé, ma anche le relazioni che ne derivano. Flirtare in modo autentico significa esprimere interesse senza secondi fini, ascoltare davvero l'altra persona, rispettare i suoi tempi e spazi, e rimanere coerenti con se stessi. Quando ci si impegna in un flirting autentico, si crea un'atmosfera di fiducia e rispetto reciproco, che permette a entrambe le parti di sentirsi a proprio agio, di divertirsi e di esplorare l'attrazione in modo sano e sincero. L'autenticità non è solo il modo migliore per evitare di risultare manipolativi o forzati, ma è anche la chiave per costruire interazioni significative, basate su una reale connessione tra due persone che si stanno scoprendo gradualmente.

L'autenticità nel flirting, oltre a essere una questione di sincerità, è profondamente legata alla capacità di rimanere connessi alla propria identità e alle proprie emozioni durante l'interazione. Quando una persona è autentica, non si limita a esprimere ciò che pensa l'altro voglia sentire o vedere, ma piuttosto riflette con naturalezza ciò che realmente prova in quel momento. Questo è un aspetto spesso sottovalutato: flirtare con autenticità non significa soltanto evitare la manipolazione, ma anche essere profondamente radicati nella propria esperienza emotiva. In un'interazione autentica, l'attrazione o l'interesse vengono espressi senza filtri, e il valore di ciò che si sta comunicando risiede nella sua genuinità.

In questo senso, flirtare in modo autentico può richiedere un certo livello di introspezione e auto-consapevolezza. Essere autentici implica che ci si conosca abbastanza bene da capire cosa si vuole realmente dall'interazione e si sia in grado di trasmettere questo in modo chiaro. Non si tratta solo di ciò che si dice, ma anche di come lo si dice. Il tono di voce, la postura e il contatto visivo devono rispecchiare la verità di ciò che si prova, e non essere forzati per creare una falsa immagine di sé. Quando l'autenticità è presente, c'è una naturalezza che pervade l'interazione, e questa naturalezza è percepita dall'altra persona, creando un'atmosfera di fiducia e rispetto reciproco.

L'autenticità, inoltre, può influenzare profondamente la qualità dell'energia che si porta in un'interazione di flirting. Flirtare autenticamente significa non cercare di impressionare a tutti i costi, ma semplicemente essere presenti e coinvolti nel momento. Spesso, il tentativo di apparire in un certo modo o di ottenere una specifica reazione dall'altra persona può portare a un'energia nervosa o artificiosa, che viene percepita come tensione. Quando si è autentici, si riduce questa pressione perché non si è concentrati sul risultato, ma sull'esperienza del momento. Questo fa sì che l'interazione sembri più fluida e meno forzata, creando una dinamica piacevole per entrambi.

Un altro aspetto dell'autenticità nel flirting riguarda l'essere capaci di gestire le proprie emozioni in modo aperto, ma senza perdere il controllo. Molte persone si trovano a flirtare con insicurezze, paure o dubbi riguardo al loro valore o alla reazione dell'altra persona. In un flirting autentico, queste emozioni non vengono nascoste o represse, ma affrontate in modo trasparente e naturale. Ciò non significa, ovviamente, che si debba esternare ogni paura o incertezza, ma piuttosto che non si debba fingere una sicurezza o una tranquillità che non esiste. Mostrare una vulnerabilità controllata, come l'ammissione di un piccolo imbarazzo o la condivisione di una riflessione personale, può rendere il flirting più umano e accessibile, abbattendo barriere che spesso si creano quando si cerca di apparire perfetti.

L'autenticità nel flirting è inoltre fortemente influenzata dalla capacità di accettare la propria unicità. Molte persone, influenzate da immagini o modelli idealizzati, cercano di conformarsi a un certo tipo di comportamento percepito come "corretto" o "attraente". Questo può portare a interazioni che mancano di originalità o che sembrano preconfezionate. Tuttavia, il vero potere del flirting autentico risiede proprio nell'accettare e abbracciare ciò che rende un individuo unico. Quando una persona flirta in modo autentico, non cerca di adattarsi a un'immagine predefinita, ma lascia emergere il proprio vero sé, con tutti i tratti distintivi che lo caratterizzano.

Questa autenticità è incredibilmente attraente perché trasmette fiducia e una sensazione di naturalezza che risulta irresistibile per molti.

È interessante notare come il concetto di autenticità sia legato anche alla spontaneità. Spesso si tende a pianificare troppo nel flirting, pensando a cosa dire o a come comportarsi per ottenere una determinata reazione. Tuttavia, il flirting autentico si basa molto sulla capacità di reagire in modo spontaneo e genuino alle situazioni che si presentano. Quando si è autentici, non ci si preoccupa troppo di dire la cosa giusta o di fare la mossa perfetta; ci si lascia invece guidare dall'istinto e dal flusso dell'interazione. Questa spontaneità non solo rende l'interazione più naturale, ma può anche sorprendere positivamente l'altra persona, creando momenti inattesi e divertenti che altrimenti non si sarebbero mai verificati.

L'autenticità nel flirting si riflette anche nel modo in cui si gestisce la propria comunicazione non verbale. Il linguaggio del corpo gioca un ruolo cruciale nel trasmettere interesse, e quando è autentico, riflette esattamente ciò che si sente dentro. Un sorriso genuino, un'occhiata prolungata o un gesto affettuoso comunicano molto più di qualsiasi parola e, se sono autentici, risultano immediatamente attraenti. Quando il linguaggio del corpo non corrisponde a ciò che viene detto, l'interazione può sembrare insincera. Ad esempio, se una persona dice di essere interessata, ma il suo corpo è chiuso o distante, l'autenticità dell'interazione viene messa in discussione. In un flirting autentico, c'è coerenza tra ciò che si sente, ciò che si dice e come ci si comporta fisicamente.

Un altro elemento centrale dell'autenticità è la trasparenza emotiva. Questo concetto riguarda la capacità di essere aperti riguardo ai propri sentimenti senza cercare di nascondere o manipolare le emozioni dell'altro. Flirtare autenticamente significa essere consapevoli dei propri sentimenti e condividerli in modo adeguato, senza cercare di influenzare l'altra persona in modo forzato o subdolo. In questo modo, si costruisce un terreno di gioco emotivo paritario, in cui entrambe le persone hanno la libertà di esplorare i propri sentimenti senza pressioni o aspettative. Essere emotivamente trasparenti permette di costruire relazioni basate sulla fiducia e sull'onestà, che a loro volta favoriscono connessioni più profonde e soddisfacenti.

Essere autentici significa anche saper rispettare i propri confini e quelli dell'altra persona. Nel flirting, è facile cadere nella trappola di voler accontentare l'altro a tutti i costi, mettendo da parte i propri bisogni o desideri. Questo, però, può portare a un'interazione in cui si sacrifica la propria autenticità per compiacere l'altra persona, il che a lungo andare genera insoddisfazione o disconnessione. Flirtare in modo autentico implica essere consapevoli dei propri confini emotivi, fisici e relazionali, e rispettarli, così come rispettare quelli dell'altra persona. Questo non solo favorisce un'interazione più equilibrata, ma trasmette anche un forte senso di autostima e rispetto reciproco.

Un altro aspetto che spesso si manifesta nel flirting autentico è il senso di leggerezza e divertimento. Essere autentici significa non prendersi troppo sul serio e saper ridere di se stessi. Spesso, le interazioni flirtose più memorabili sono quelle in cui ci si lascia andare e si è capaci di giocare, scherzare e divertirsi senza preoccuparsi troppo delle apparenze. Questo tipo di leggerezza non è sinonimo di superficialità, ma piuttosto di un'attitudine aperta e rilassata che permette di godersi il momento senza pressioni. La capacità di vivere il flirting con una dose di umorismo e di autoironia è una delle caratteristiche più attraenti dell'autenticità, perché crea un'atmosfera rilassata e accogliente in cui entrambe le persone possono sentirsi a proprio agio.

Infine, l'autenticità nel flirting ha un impatto diretto sulla crescita personale. Flirtare in modo autentico non significa solo connettersi con l'altra persona, ma anche conoscere meglio se stessi. È attraverso queste interazioni che si impara a capire cosa si desidera davvero, quali sono le proprie insicurezze, quali sono i propri punti di forza e cosa si cerca in una relazione. L'autenticità permette di crescere e di evolvere, rendendo il flirting non solo un gioco di seduzione, ma anche un percorso di scoperta personale e di maturazione emotiva.

L'autenticità nel flirting rappresenta una forma di espressione che va ben oltre il semplice interscambio di battute o gesti. Essa si radica in una profonda consapevolezza di chi siamo e di come desideriamo interagire con gli altri, e al tempo stesso ci costringe a confrontarci con il nostro bisogno di essere accettati, amati e compresi. Nel flirtare in modo autentico, ci troviamo di fronte a un delicato equilibrio tra mostrare la nostra personalità e rispettare i confini altrui, creando una dinamica di reciprocità che rende il gioco della seduzione tanto piacevole quanto significativo.

Quando si è autentici nel flirting, si riesce a vivere il momento con maggiore presenza e consapevolezza. Non si è preoccupati di apparire perfetti o di fare la cosa giusta per attirare l'interesse dell'altro, ma piuttosto si abbraccia l'esperienza per quello che è: un'opportunità per connettersi a livello umano. Questo permette di essere più in sintonia con le proprie emozioni e con quelle dell'altra persona, creando un'interazione che risulta non solo più naturale, ma anche più profonda. L'autenticità consente di mettere da parte le aspettative e di godersi l'interazione senza la pressione di dover raggiungere un obiettivo preciso, il che spesso genera un'atmosfera rilassata e spontanea.

Un altro aspetto essenziale dell'autenticità nel flirting è la capacità di essere trasparenti senza risultare vulnerabili in maniera eccessiva. Essere autentici non significa necessariamente rivelare ogni dettaglio della propria vita o esporre subito tutte le proprie fragilità, ma piuttosto implica trovare un equilibrio tra il condividere aspetti di sé stessi e mantenere una certa riservatezza. Questa dinamica di apertura e discrezione crea una tensione positiva, in cui l'altra persona è invitata a esplorare e scoprire gradualmente chi siamo, piuttosto che essere travolta da informazioni o emozioni non filtrate. La bellezza del flirting autentico risiede nella sua capacità di far emergere lentamente la vera natura di ciascuno, mantenendo viva la curiosità e l'interesse reciproco.

L'autenticità nel flirting si manifesta anche nella capacità di rispondere in modo empatico alle emozioni dell'altra persona. Spesso, quando ci si concentra solo su se stessi e sulle proprie intenzioni, si rischia di perdere di vista le reazioni e i segnali che l'altra persona invia. Flirtare in modo autentico significa prestare attenzione all'altro, ascoltare con sincerità e rispondere in modo genuino ai suoi bisogni emotivi. Questo non implica soltanto interpretare correttamente il linguaggio del corpo o i segnali non verbali, ma anche comprendere l'atmosfera emotiva che si crea durante l'interazione. Una delle caratteristiche chiave del flirting autentico è la capacità di entrare in sintonia con l'altra persona, riconoscendo quando è il momento di intensificare l'interazione o, al contrario, di lasciarla evolvere in modo più lento e rispettoso.

Un altro aspetto cruciale è che l'autenticità implica anche accettare il rischio del rifiuto. Flirtare con autenticità significa esprimere interesse reale, ed esporre il proprio interesse autentico comporta inevitabilmente il rischio che non sia ricambiato. Tuttavia, quando il flirting è genuino, il rifiuto non viene percepito come un fallimento personale, ma piuttosto come una semplice mancanza di compatibilità. Questa capacità di affrontare il rifiuto con serenità e maturità è una componente fondamentale dell'autenticità, perché dimostra che l'interazione non è basata su un'esigenza di convalida esterna, ma su una genuina voglia di connessione.

L'autenticità, inoltre, consente di mantenere una maggiore flessibilità emotiva e relazionale. Quando si flirta in modo autentico, si è disposti a lasciar fluire l'interazione senza forzare una determinata direzione. Questo permette di adattarsi meglio al ritmo dell'altra persona, creando un'interazione dinamica e fluida. Il flirting autentico non ha bisogno di seguire uno schema rigido o di raggiungere un risultato predeterminato; è piuttosto un gioco aperto a infinite possibilità. Questa flessibilità rende l'interazione meno stressante e più coinvolgente, permettendo alle persone di esplorare le proprie emozioni e quelle dell'altro senza sentirsi vincolati da aspettative rigide o comportamenti predefiniti.

Il rispetto per sé stessi e per l'altro è una delle principali manifestazioni dell'autenticità nel flirting. Quando si flirta in modo autentico, si crea un'interazione basata sul riconoscimento reciproco dei propri bisogni, desideri e confini. Flirtare non significa cercare di convincere o persuadere l'altro a provare qualcosa, ma piuttosto creare uno spazio sicuro e accogliente in cui entrambe le persone si sentano libere di esprimersi. Questo tipo di rispetto reciproco è alla base di ogni flirt autentico e consente di costruire una relazione di fiducia e complicità.

L'autenticità è anche legata all'auto-consapevolezza. Quando flirtiamo in modo autentico, siamo consapevoli dei nostri limiti e delle nostre intenzioni. Siamo in grado di riconoscere quando siamo realmente attratti da qualcuno o quando stiamo flirtando solo per divertimento o per soddisfare un bisogno momentaneo di attenzione. Questa auto-consapevolezza ci aiuta a mantenere l'integrità nelle nostre interazioni e a non ingannare l'altra persona riguardo alle nostre reali intenzioni. Un flirting autentico nasce dal desiderio di esplorare una connessione, ma non cerca di nascondere o mascherare le motivazioni dietro l'interazione.

Essere autentici nel flirting significa anche essere capaci di mostrare rispetto e considerazione per i sentimenti altrui. A volte, il flirting può essere interpretato come un gioco, ma è importante ricordare che le emozioni delle persone coinvolte sono reali e meritano di essere trattate con attenzione. Flirtare autenticamente non implica manipolare i sentimenti dell'altra persona per ottenere ciò che si desidera, ma piuttosto creare una connessione sincera e rispettosa in cui entrambe le persone si sentano valorizzate. Questo tipo di attenzione agli altri crea un'interazione molto più profonda e significativa rispetto a un flirting che mira semplicemente a ottenere un risultato immediato.

L'autenticità nel flirting si manifesta anche nel modo in cui si scelgono le parole e i gesti. Quando flirtiamo in modo autentico, evitiamo di usare frasi fatte o battute che non rispecchiano davvero chi siamo. L'autenticità implica essere creativi e personalizzare l'interazione in base alla situazione e alla persona che abbiamo di fronte. Questo rende ogni flirt unico e speciale, perché non si basa su formule predefinite, ma su un'espressione genuina della propria personalità e del proprio interesse. Essere autentici significa anche essere in grado di accogliere con grazia i momenti di imbarazzo o le battute d'arresto che possono emergere durante l'interazione, trasformandoli in opportunità per creare un legame ancora più reale e profondo.

Inoltre, l'autenticità nel flirting ci permette di essere più empatici e comprensivi. Quando flirtiamo con autenticità, non siamo concentrati solo sul nostro desiderio di essere apprezzati o notati, ma anche sulla volontà di conoscere davvero l'altra persona. Questo tipo di empatia ci permette di comprendere meglio i sentimenti, i desideri e le preoccupazioni dell'altro, creando un'interazione basata sulla comprensione reciproca e sulla scoperta reciproca. Questa dinamica rende il flirting un'esperienza arricchente per entrambe le persone coinvolte, perché non si tratta solo di suscitare attrazione, ma anche di esplorare e costruire un dialogo autentico.

L'autenticità, in definitiva, rappresenta la base su cui poggiano tutte le interazioni umane significative, e il flirting non fa eccezione. Flirtare in modo autentico non solo arricchisce l'interazione, ma aiuta a costruire relazioni più vere e soddisfacenti, dove entrambe le persone possono essere se stesse senza paura di giudizio o rifiuto. È un processo che richiede coraggio, perché espone alla vulnerabilità, ma è proprio questa vulnerabilità a creare la possibilità di una connessione autentica e duratura.

Concludendo, l'autenticità nel flirting è una componente essenziale per creare interazioni significative, sincere e rispettose. Essere autentici significa agire in modo coerente con la propria personalità e i propri sentimenti, senza cercare di adattarsi a un'immagine idealizzata o di manipolare l'altra persona. Il flirting autentico non è basato su tecniche predefinite o frasi fatte, ma su una connessione genuina che permette di mostrare il proprio vero io, con tutte le sue sfumature e complessità.

L'autenticità si manifesta nel modo in cui ci si relaziona all'altra persona: ascoltando, rispettando i suoi confini e rispondendo in modo empatico e sincero. Questo atteggiamento non solo rafforza la fiducia reciproca, ma permette di costruire un'interazione più profonda e significativa, che va oltre il semplice scambio di battute. Nel flirting autentico, c'è una forte attenzione alla reciprocità: entrambe le persone devono sentirsi valorizzate, rispettate e libere di esprimere chi sono, senza sentirsi sotto pressione per raggiungere un risultato specifico.

Essere autentici nel flirting richiede anche una certa dose di vulnerabilità. Esporsi senza maschere o filtri significa accettare il rischio del rifiuto, ma proprio questo rischio rende l'interazione più vera e appagante. La vulnerabilità, infatti, è spesso ciò che avvicina le persone, permettendo loro di connettersi su un piano emotivo più profondo. Accettare di non essere perfetti, di commettere errori o di mostrare insicurezze può risultare estremamente attraente perché dimostra coraggio e onestà.

Un altro aspetto fondamentale dell'autenticità è la coerenza tra parole e azioni. Le persone percepiscono immediatamente quando qualcuno sta cercando di recitare un ruolo o di ottenere qualcosa senza essere sincero. La coerenza tra ciò che si dice e ciò che si fa costruisce fiducia e dimostra che non ci sono secondi fini nascosti. Questo tipo di interazione è quella che porta a relazioni più solide e soddisfacenti, poiché entrambe le parti possono sentirsi al sicuro nel mostrare chi sono realmente.

Inoltre, l'autenticità permette di godersi l'interazione senza eccessive aspettative. Flirtare non significa necessariamente cercare di ottenere qualcosa in cambio, ma può essere un modo per divertirsi, per esplorare l'interesse reciproco e per vivere il momento con leggerezza. Questo rende il flirting un'esperienza più rilassata, meno stressante e più ricca, perché non c'è la pressione di dover raggiungere un risultato predefinito. L'autenticità, in questo senso, libera dall'ansia del controllo e permette di vivere l'interazione in modo più spontaneo e piacevole.

Infine, l'autenticità nel flirting è la chiave per costruire connessioni durature e significative. Quando si flirta in modo autentico, si crea una base solida per una possibile relazione futura, poiché entrambe le persone si conoscono per ciò che sono realmente, senza inganni o finzioni. Questa autenticità permette di stabilire un legame emotivo più profondo, basato sulla fiducia, sul rispetto reciproco e sulla comprensione delle rispettive individualità. In un mondo spesso dominato da superficialità e giochi di potere, flirtare in modo autentico è un atto di coraggio e integrità, che non solo arricchisce le interazioni, ma eleva anche il modo in cui ci relazioniamo agli altri, ponendo le basi per relazioni più vere, appaganti e sostenibili.

3. Comunicazione verbale e non verbale: Il linguaggio del corpo, il tono di voce e il contatto visivo.

La comunicazione verbale e non verbale sono due elementi fondamentali nel flirting e giocano un ruolo cruciale nell'esprimere attrazione, interesse e intenzioni. Spesso, il modo in cui si dice qualcosa è persino più importante di ciò che si dice. Il linguaggio del corpo, il tono di voce e il contatto visivo sono potenti strumenti di comunicazione che possono rivelare molto sulle emozioni e le intenzioni di una persona, talvolta in modo più chiaro e diretto rispetto alle parole stesse. Capire e utilizzare correttamente questi aspetti del comportamento umano è essenziale per flirtare in modo efficace e autentico.

Il linguaggio del corpo

Il linguaggio del corpo è forse la componente più importante della comunicazione non verbale nel flirting. A volte, un semplice gesto o una postura possono trasmettere un messaggio molto più forte di qualsiasi parola. Il modo in cui ci si muove, si gesticola o si inclina verso l'altra persona può comunicare interesse, attrazione o, al contrario, disinteresse. Ci sono alcuni segnali comuni che il corpo può inviare durante un'interazione flirtosa:

1. **Postura aperta**: Quando una persona è attratta da qualcun altro, tende ad adottare una postura aperta e rilassata, rivolgendo il proprio corpo verso l'altra persona. Braccia e gambe non sono incrociate, e il corpo è inclinato in avanti, segnalando interesse e disponibilità a interagire.

2. **Prossimità fisica**: Avvicinarsi leggermente all'altra persona, riducendo la distanza fisica, è un segnale chiaro di attrazione e interesse. Tuttavia, è importante non invadere lo spazio personale dell'altro, rispettando sempre i confini. Il flirting si basa anche sulla lettura

della reazione dell'altra persona per capire fino a che punto è a suo agio con la vicinanza fisica.

3. **Gestualità**: Le mani e le braccia giocano un ruolo significativo nel flirtare. Gesti come toccarsi i capelli, accarezzarsi il viso o toccare delicatamente l'altra persona (ad esempio sul braccio o sulla spalla) sono segnali non verbali di attrazione. Tuttavia, è essenziale che questi gesti siano naturali e non forzati, e soprattutto che l'altra persona li accolga con piacere e non con disagio.

4. **Mimica facciale**: Un sorriso autentico, che coinvolge gli occhi e non solo la bocca, è uno dei segnali di flirting più efficaci. Esprime interesse, calore e complicità. Inoltre, anche piccoli movimenti come sollevare un sopracciglio o inclinare leggermente la testa possono trasmettere curiosità e attenzione.

5. **Specchio corporeo**: Quando una persona è attratta, spesso tende a imitare inconsciamente i gesti e le posture dell'altra. Questo fenomeno, noto come mirroring, è un segnale di sincronizzazione emotiva e complicità. Se noti che l'altra persona rispecchia il tuo linguaggio del corpo, è probabile che ci sia una connessione reciproca.

Il tono di voce

Il tono di voce è un altro potente strumento di comunicazione nel flirting. La voce può comunicare una vasta gamma di emozioni e intenzioni, dalla dolcezza alla seduzione, dalla sicurezza alla timidezza. Un tono di voce caldo e rilassato, accompagnato da un ritmo di conversazione calmo, può rendere un'interazione più intima e coinvolgente. Al contrario, un tono troppo forte o eccessivamente acuto potrebbe sembrare aggressivo o ansioso.

1. **Voce bassa e modulata**: Le persone che flirtano tendono ad abbassare il tono della voce e a rallentare leggermente il ritmo del discorso. Questo crea

un'atmosfera più intima e personale, quasi come se si stesse condividendo qualcosa di segreto o speciale. Un tono di voce più basso può anche essere percepito come più seducente e coinvolgente.

2. **Varietà nel tono**: L'uso di variazioni nel tono di voce, ad esempio alzando leggermente la voce per sottolineare qualcosa di divertente o abbassandola per creare un momento più intimo, può rendere la conversazione più dinamica e accattivante. La monotonia nel tono può invece far sembrare la conversazione meno coinvolgente.

3. **Sussurri e pause**: Il sussurrare, in un contesto appropriato, può aumentare l'intimità tra due persone, creando un senso di complicità. Anche l'uso delle pause nel discorso può essere molto potente: un attimo di silenzio prima di una risposta può creare anticipazione e tensione emotiva, intensificando l'interazione.

4. **Ritmo del discorso**: Parlando troppo velocemente si rischia di trasmettere ansia o nervosismo. Mantenere un ritmo calmo e controllato dimostra sicurezza e controllo della situazione. Inoltre, un ritmo più lento consente all'altra persona di partecipare alla conversazione in modo più rilassato, favorendo una maggiore connessione.

Il contatto visivo

Il contatto visivo è una delle forme più potenti di comunicazione non verbale e gioca un ruolo fondamentale nel flirting. Gli occhi hanno una capacità unica di trasmettere emozioni e interesse, e il modo in cui si stabilisce e si mantiene il contatto visivo può fare una grande differenza nell'efficacia di un flirt.

1. **Contatto visivo prolungato**: Mantenere lo sguardo sull'altra persona per qualche secondo in più del normale può segnalare attrazione e interesse. Tuttavia, è importante non esagerare, perché uno sguardo troppo prolungato o fisso può diventare scomodo. L'ideale è

trovare un equilibrio, alternando momenti di contatto visivo intenso con piccoli distacchi dello sguardo per non far sentire l'altra persona sotto pressione.

2. **Occhi sorridenti**: Non si tratta solo di guardare l'altra persona, ma di farlo in un modo che comunichi calore e apertura. Un sorriso accompagnato dal contatto visivo, con gli occhi che brillano leggermente, è un segnale fortissimo di coinvolgimento emotivo. Gli occhi che sorridono, spesso chiamati "occhi che ridono", rivelano un interesse sincero e un atteggiamento positivo verso l'altra persona.

3. **Sguardi fugaci**: A volte, gli sguardi rapidi e furtivi possono essere altrettanto potenti quanto un contatto visivo prolungato. Guardare l'altra persona, distogliere lo sguardo brevemente e poi tornare a guardarla può creare una dinamica giocosa e seducente. Questo movimento può trasmettere curiosità, desiderio di connessione e timidezza, che possono essere molto attraenti in un contesto di flirting.

4. **Sguardo e linguaggio corporeo**: Il contatto visivo è più efficace quando è supportato da un linguaggio del corpo coerente. Uno sguardo intenso, accompagnato da un sorriso e un'inclinazione del corpo verso l'altra persona, comunica chiaramente interesse e attrazione. Al contrario, uno sguardo intenso ma accompagnato da un linguaggio del corpo chiuso (ad esempio, braccia incrociate) può inviare segnali contrastanti e creare confusione.

In conclusione, la comunicazione verbale e non verbale nel flirting è un mix delicato e complesso di segnali che, quando usati correttamente, possono creare una connessione forte e autentica tra due persone. Il linguaggio del corpo, il tono di voce e il contatto visivo sono strumenti potenti che vanno oltre le parole e che, se usati in modo consapevole, possono trasmettere interesse, calore e attrazione in modo efficace e naturale. Saper padroneggiare queste tecniche richiede pratica e sensibilità, ma è essenziale per stabilire un flirting autentico e coinvolgente, capace di creare connessioni reali e durature.

La comunicazione verbale e non verbale nel flirting è una danza sottile e continua di segnali che, se osservata con attenzione, può rivelare molto su ciò che accade al di sotto della superficie. Spesso, ciò che rende il flirting così affascinante è proprio l'insieme di dettagli non detti, ma chiaramente percepiti. In effetti, gran parte della comunicazione umana avviene a un livello non verbale, e questo diventa particolarmente vero nel contesto delle interazioni flirtose, dove i gesti, le espressioni e il tono di voce possono cambiare l'intero significato di una conversazione.

Nel flirting, l'interazione va ben oltre il semplice scambio di parole. Ogni elemento della comunicazione verbale è influenzato da sottili sfumature legate alla postura, ai movimenti, al modo in cui una persona occupa lo spazio intorno a sé e a come si interfaccia con l'ambiente circostante. Ad esempio, una persona che inclina leggermente la testa mentre ascolta, o che sorride mentre parla, trasmette immediatamente un segnale di apertura e accoglienza. Allo stesso modo, una persona che mantiene un contatto visivo rilassato, senza essere eccessivamente invadente, comunica interesse e una certa sicurezza in sé.

Il linguaggio del corpo è una parte integrante della comunicazione non verbale e rivela spesso ciò che le parole non possono o non vogliono esprimere direttamente. Quando due persone flirtano, tendono inconsciamente a sincronizzare i loro movimenti. Questo processo, chiamato "mimica riflessa" o "mirroring," è un indicatore potente di complicità. Se una persona si avvicina leggermente all'altra durante la conversazione e l'altra risponde inclinando il corpo nella stessa direzione, è segno che c'è una connessione crescente. Questa sincronizzazione, seppur sottile, crea un senso di armonia e intesa che rafforza l'attrazione reciproca.

Un altro aspetto intrigante del linguaggio del corpo nel flirting è l'uso delle mani. Anche se spesso non ce ne rendiamo conto, le mani comunicano moltissimo durante un'interazione. Toccare lievemente il proprio viso o collo, oppure accarezzarsi i capelli, sono gesti che, se compiuti durante un'interazione flirtosa, possono indicare interesse e desiderio di apparire attraenti. Tuttavia, c'è una differenza tra questi gesti che nascono spontaneamente e quelli che sono forzati. Le persone sono generalmente abili nel percepire quando un gesto è naturale e quando, invece, è costruito per ottenere una certa reazione. La spontaneità, quindi, gioca un ruolo fondamentale nel rendere autentica la comunicazione non verbale.

Parlando di comunicazione non verbale, è impossibile non soffermarsi sul contatto visivo. Gli occhi hanno un potere incredibile nel trasmettere emozioni e sensazioni, e nel flirting assumono un ruolo ancora più importante. Il modo in cui guardiamo qualcuno, il tempo che dedichiamo a mantenere lo sguardo, e persino la frequenza con cui distogliamo gli occhi, possono determinare l'andamento di un'interazione. C'è una sottile arte nel mantenere il giusto equilibrio tra contatto visivo prolungato e piccoli distacchi visivi. Uno sguardo che si prolunga per un attimo in più del normale può creare una tensione positiva, una sorta di magnetismo che coinvolge l'altra persona. D'altro canto, troppi sguardi intensi possono risultare eccessivi o mettere a disagio, quindi l'alternanza tra momenti di intenso contatto visivo e brevi distacchi aiuta a mantenere una dinamica giocosa e leggera.

Anche il tono di voce è un veicolo essenziale per il flirting. Un tono di voce morbido, quasi sussurrato, può rendere la conversazione più intima, creando una connessione emotiva più profonda. Al contrario, una voce troppo forte o nervosa può rompere l'atmosfera. La capacità di modulare il tono in base al contesto è cruciale: un tono rilassato e leggermente abbassato crea un ambiente più accogliente e favorisce l'instaurarsi di una connessione emotiva. Il ritmo della conversazione è altrettanto importante; parlare troppo velocemente può dare l'impressione di ansia o insicurezza, mentre mantenere un ritmo calmo e riflessivo suggerisce controllo e sicurezza.

Nel flirting, spesso le pause sono altrettanto importanti delle parole pronunciate. Lasciare dei brevi momenti di silenzio tra una frase e l'altra può creare un senso di anticipazione e intensificare l'interesse. Le pause possono essere usate per far sì che l'altra persona rifletta su ciò che è stato detto, o semplicemente per alimentare la tensione emotiva, creando un'atmosfera più intima e intrigante. Il silenzio, in questo senso, diventa un altro strumento potente nella comunicazione non verbale.

C'è poi il concetto del "territorio personale," ovvero lo spazio fisico che una persona ritiene proprio durante un'interazione. Nel contesto del flirting, avvicinarsi leggermente può essere un segnale di interesse, ma è fondamentale farlo gradualmente e rispettare i segnali che indicano il livello di comfort dell'altra persona. Se l'altra persona si ritrae leggermente, potrebbe non essere ancora pronta per ridurre lo spazio tra voi. Tuttavia, se accoglie la vicinanza e risponde positivamente, è probabile che sia a suo agio con una maggiore prossimità fisica. Questo gioco di avvicinamento e distacco è parte del flirt e contribuisce a creare un clima di attesa e desiderio.

Un altro elemento fondamentale nella comunicazione non verbale è il sorriso. Un sorriso autentico ha un potere straordinario: non solo comunica calore e apertura, ma può anche essere contagioso, mettendo a proprio agio l'altra persona. Un sorriso che coinvolge gli occhi e il viso in generale – il cosiddetto "sorriso Duchenne" – è spesso percepito come genuino e sincero, a differenza di un sorriso che appare forzato o trattenuto. Nel flirting, un sorriso leggermente malizioso o complice può intensificare la complicità e suggerire una certa attrazione fisica ed emotiva, rendendo l'interazione più giocosa.

Un'altra tecnica non verbale spesso utilizzata nel flirting è il cosiddetto "gioco delle mani". Sfiorare casualmente l'altra persona, toccare lievemente un braccio durante una risata o dare un piccolo tocco sulla spalla mentre si parla sono modi per instaurare una connessione fisica senza essere invadenti. Questi gesti non verbali devono però essere sempre rispettosi e graduali: una persona potrebbe non sentirsi ancora pronta a un contatto fisico troppo ravvicinato, e forzare questi momenti può interrompere il flusso naturale del flirt. Quando il contatto è ben accolto e ricambiato, però, può creare una sensazione di vicinanza e complicità che va oltre le parole.

È interessante osservare come la comunicazione verbale e non verbale siano strettamente interconnesse. Ad esempio, il modo in cui una persona pronuncia una parola o una frase può essere rafforzato dal suo linguaggio del corpo o dal contatto visivo. Anche una semplice frase di cortesia può assumere un significato diverso a seconda del contesto non verbale che la accompagna. Un complimento detto con un tono morbido e accompagnato da uno sguardo dolce sarà percepito in modo molto più profondo rispetto a uno detto distrattamente o con un tono di voce distaccato.

La chiave per un flirting di successo risiede nell'armonia tra comunicazione verbale e non verbale. Quando questi due aspetti si sincronizzano, si crea una connessione autentica, capace di coinvolgere non solo la mente ma anche il cuore dell'altra persona. Saper dosare le parole, leggere i segnali dell'altra persona e rispondere in modo empatico e spontaneo sono competenze fondamentali per flirtare in modo efficace e rispettoso.

La comunicazione verbale e non verbale nel flirting è un processo sottile, pieno di sfumature e significati nascosti che si manifestano attraverso segnali non sempre consapevoli. Spesso, quello che rende il flirting così potente è proprio la combinazione di ciò che viene detto e di come viene detto, unendo le parole al linguaggio del corpo, al tono di voce e allo sguardo. Ogni piccola sfumatura, dal gesto più insignificante al cambiamento di ritmo nel discorso, può influenzare l'andamento di un'interazione, amplificando l'attrazione o al contrario smorzandola.

Il linguaggio del corpo è un aspetto centrale della comunicazione non verbale. Nelle interazioni flirtose, il corpo invia continuamente segnali di apertura o chiusura, interesse o disinteresse, spesso senza che la persona se ne renda conto. Ad esempio, un corpo rilassato, rivolto verso l'altra persona, con gambe e braccia non incrociate, comunica immediatamente un atteggiamento ricettivo e coinvolto. Al contrario, un corpo rigido o inclinato all'indietro, con le braccia incrociate sul petto, può trasmettere distanza emotiva o disinteresse. Questo tipo di segnali può essere captato dall'altra persona a livello quasi inconscio, influenzando la dinamica della conversazione senza che sia necessario esprimerlo verbalmente.

Anche i piccoli movimenti del corpo hanno un significato nel contesto del flirting. Ad esempio, il modo in cui una persona si muove nello spazio circostante o utilizza le mani può trasmettere informazioni importanti. Le persone che flirtano spesso tendono a giocare inconsciamente con i propri capelli, gioielli o oggetti nelle vicinanze. Questi gesti possono indicare nervosismo, ma anche un desiderio di apparire attraenti o di mantenere l'attenzione dell'altra persona. A volte, toccarsi leggermente il collo o il viso durante una conversazione può essere interpretato come un segnale di vulnerabilità o di apertura, che può rendere l'interazione più intima.

Il modo in cui una persona gestisce lo spazio fisico durante il flirting è anch'esso essenziale. La prossimità fisica è uno degli indicatori più chiari di interesse. Quando una persona si avvicina leggermente durante una conversazione, riducendo la distanza fisica, ciò può segnalare un crescente desiderio di connessione. Tuttavia, questo gesto deve essere calibrato attentamente, poiché invadere troppo presto lo spazio personale dell'altra persona può farla sentire a disagio. Il giusto bilanciamento tra avvicinarsi e mantenere una distanza rispettosa è uno degli elementi chiave del flirting di successo. A volte, la semplice inclinazione del corpo verso l'altra persona, senza necessariamente spostarsi fisicamente, può trasmettere lo stesso messaggio di interesse senza violare il confine dello spazio personale.

Un aspetto fondamentale della comunicazione non verbale è il modo in cui le persone usano il contatto visivo. Gli occhi sono strumenti incredibilmente potenti nel flirting, poiché possono comunicare emozioni intense come desiderio, curiosità e attrazione. Il modo in cui si guarda qualcuno può fare la differenza tra un'interazione neutra e una carica di tensione emotiva. Ad esempio, mantenere un contatto visivo costante, ma non invadente, può creare una connessione profonda tra due persone. Gli sguardi fugaci, alternati a momenti di contatto visivo prolungato, possono creare un ritmo seducente, un gioco di curiosità e aspettativa che alimenta l'interazione.

Il contatto visivo diventa ancora più potente quando è accompagnato da altre forme di comunicazione non verbale, come un leggero sorriso o un movimento della testa. Quando una persona mantiene lo sguardo e sorride contemporaneamente, l'attrazione viene espressa in modo molto più diretto e genuino. Questo tipo di comunicazione è spesso difficile da ignorare e può intensificare rapidamente la connessione emotiva. Al contrario, evitare costantemente il contatto visivo può indicare disagio o mancanza di interesse, anche se le parole pronunciate possono suggerire il contrario.

Nel flirting, il tono di voce riveste un ruolo altrettanto centrale. Il modo in cui una persona modula la propria voce può comunicare emozioni che le parole da sole non riescono a esprimere. Un tono di voce basso e morbido può suggerire intimità e connessione, mentre un tono più energico e vivace può trasmettere divertimento e leggerezza. Il ritmo del discorso è un altro fattore importante: parlare troppo velocemente può indicare nervosismo o ansia, mentre mantenere un ritmo più lento e rilassato può creare un'atmosfera più intima e invitante. Anche le pause sono fondamentali nel flirting: piccoli momenti di silenzio tra una parola e l'altra possono costruire tensione emotiva, invitando l'altra persona a riempire quel vuoto con il proprio coinvolgimento.

Un elemento spesso trascurato della comunicazione non verbale nel flirting è il modo in cui si reagisce ai segnali dell'altra persona. Il flirting non è mai un processo a senso unico, ma piuttosto una danza continua di scambi e risposte. Se una persona si avvicina leggermente e l'altra risponde avvicinandosi a sua volta, si crea un flusso di comunicazione reciproco. Tuttavia, se una persona avanza mentre l'altra si allontana, ciò può indicare un disallineamento nel livello di comfort o di interesse. Essere in grado di leggere questi segnali e reagire in modo appropriato è essenziale per mantenere un'interazione fluida e rispettosa.

Il mirroring, o riflesso dei movimenti dell'altra persona, è un'altra tecnica comune nel flirting. Quando due persone sono attratte l'una dall'altra, tendono inconsciamente a imitare i movimenti e le posture dell'altro. Se una persona si inclina in avanti, l'altra potrebbe fare lo stesso; se una si tocca i capelli, l'altra potrebbe ripetere un gesto simile. Questo tipo di sincronizzazione non è solo un segnale di attrazione, ma anche di connessione emotiva. È come se i corpi delle due persone stessero creando una danza comune, in cui ciascuno rispecchia l'interesse e il coinvolgimento dell'altro.

Anche il modo in cui si utilizza lo spazio circostante può influenzare l'efficacia del flirting. Ad esempio, in una conversazione a tavola o al bancone di un bar, il modo in cui ci si posiziona può comunicare molto. Sedersi rivolti verso l'altra persona, con il busto leggermente inclinato in avanti, indica interesse e attenzione. Al contrario, mantenere una posizione troppo distante o orientata in modo laterale può dare l'impressione di disinteresse o distacco. Questo tipo di segnali spaziali sono spesso inconsci, ma hanno un grande impatto sull'interazione.

Il contatto fisico leggero, come un tocco sul braccio durante una conversazione, è un'altra forma potente di comunicazione non verbale nel flirting. Tuttavia, è fondamentale che questi gesti siano naturali e appropriati al contesto. Un tocco inaspettato può sembrare invasivo se non è accolto con reciprocità, mentre un tocco ben dosato e accompagnato da un sorriso o da uno sguardo può rafforzare la connessione. Il modo in cui viene introdotto il contatto fisico può determinare se l'interazione proseguirà in modo positivo o si interromperà bruscamente. La capacità di leggere il linguaggio del corpo dell'altra persona e adattarsi di conseguenza è cruciale per mantenere il flusso dell'interazione.

Infine, il contesto in cui avviene il flirting influenza notevolmente la dinamica della comunicazione verbale e non verbale. In un ambiente più rilassato e informale, le persone tendono a sentirsi più libere di esprimere il proprio interesse attraverso gesti e segnali corporei. In contesti più formali o pubblici, il flirting può essere più sottile, con segnali meno evidenti ma altrettanto potenti. Ad esempio, in un ambiente di lavoro o a un evento sociale, il flirting potrebbe assumere la forma di un contatto visivo prolungato o di piccoli gesti di attenzione, come ascoltare con particolare cura o fare complimenti sottili ma sinceri. In ogni caso, la capacità di adattarsi al contesto è fondamentale per assicurarsi che il flirting rimanga appropriato e rispettoso.

In conclusione, la comunicazione verbale e non verbale nel flirting è una combinazione intricata di segnali che si intrecciano in modo continuo e fluido. Il successo di un'interazione flirtosa dipende dalla capacità di utilizzare efficacemente il linguaggio del corpo, il tono di voce e il contatto visivo, creando un flusso di connessione autentica. Tuttavia, l'aspetto più importante è che questi segnali siano autentici e rispettosi, in modo da creare un'interazione piacevole, naturale e reciprocamente soddisfacente.

Per concludere, la comunicazione verbale e non verbale nel flirting rappresenta una fusione essenziale di parole, gesti, tono di voce e contatto visivo che insieme creano un'interazione ricca e dinamica. Mentre le parole possono esprimere chiaramente pensieri e intenzioni, è attraverso il linguaggio del corpo e i segnali non verbali che si costruisce la vera intensità di un flirt. Il corpo parla, spesso in modo più eloquente delle parole stesse, e il modo in cui viene utilizzato può rivelare molto di più sull'interesse o l'attrazione rispetto a quanto espresso verbalmente.

Uno degli aspetti fondamentali di questa comunicazione è il linguaggio del corpo. Posture aperte, gesti sottili, la gestione della distanza fisica e il mirroring dei movimenti sono tutti elementi che inviano messaggi chiari di interesse o, al contrario, di distanza emotiva. Anche piccoli gesti come il modo in cui ci si avvicina, si inclina il corpo, o si accarezza un oggetto o i propri capelli, possono trasmettere un livello di coinvolgimento e attrazione che non sempre si riesce a esprimere con le parole.

Il contatto visivo è un altro componente essenziale. Gli occhi sono incredibilmente potenti nel trasmettere emozioni e intenzioni durante il flirting. Uno sguardo prolungato, magari accompagnato da un sorriso genuino, può creare una connessione immediata, facendo sentire l'altra persona al centro dell'attenzione. D'altro canto, sguardi rapidi e sottili, che giocano tra il mantenere e distogliere l'attenzione, possono creare una dinamica di curiosità e desiderio. Il modo in cui gestiamo il contatto visivo può creare una complicità che va oltre le parole, e questo è fondamentale nel costruire l'atmosfera flirtosa.

Il tono di voce, a sua volta, amplifica la comunicazione verbale, conferendo alle parole una profondità emotiva che non può essere trasmessa solo attraverso il contenuto. Un tono di voce morbido, con variazioni sottili nel ritmo e nelle pause, può dare alla conversazione un'atmosfera intima e coinvolgente, invitando l'altra persona a sintonizzarsi su un livello più emotivo. Al contrario, un tono monotono o troppo energico potrebbe spezzare l'armonia creata dal linguaggio del corpo e dal contatto visivo. La capacità di modulare la voce e di utilizzare il silenzio al momento giusto è cruciale per mantenere alta la tensione emotiva e rendere il flirting fluido e naturale.

Il contatto fisico, come un leggero tocco sul braccio o un casuale sfiorarsi, può aggiungere un ulteriore livello di intimità all'interazione. Tuttavia, deve essere fatto con sensibilità e rispetto per i confini dell'altra persona. Un tocco appropriato, fatto al momento giusto, può intensificare la connessione fisica, ma è essenziale che sia graduale e reciproco per evitare di risultare invadenti o inopportuni. È in queste sottili dinamiche che si sviluppa l'abilità di leggere l'altra persona e adattarsi, garantendo che il contatto fisico sia ben accolto e apprezzato.

La vera maestria nel flirting risiede nella capacità di bilanciare questi elementi verbali e non verbali in modo che si rafforzino reciprocamente. Il segreto sta nella coerenza: quando il linguaggio del corpo, il tono di voce e le parole sono allineati, si crea una comunicazione autentica e potente. È questa armonia che costruisce un'atmosfera flirtosa efficace, dove entrambe le persone si sentono a proprio agio, coinvolte e in sintonia. La mancanza di coerenza, invece, può portare a segnali confusi, che

spezzano il flusso naturale dell'interazione e possono generare
fraintendimenti o distacco.

Il flirting, quindi, è un'arte sottile che va ben oltre il semplice
scambio di parole. È una danza di segnali, un gioco di attrazione
e reciprocità che si svolge sia a livello conscio che inconscio. Chi
è in grado di padroneggiare la comunicazione verbale e non
verbale nel flirting ha la capacità di creare connessioni più
autentiche, di rendere ogni interazione più piacevole e di far
sentire l'altra persona speciale, compresa e attratta. In
definitiva, la combinazione di parole ben scelte, movimenti
corporei appropriati, un tono di voce coinvolgente e uno sguardo
diretto e sincero è ciò che trasforma una semplice conversazione
in un'esperienza flirtosa indimenticabile.

4. L'arte della conversazione: Come iniziare e mantenere una
conversazione interessante e piacevole.

L'arte della conversazione nel flirting è un aspetto cruciale per
creare un'interazione che risulti interessante, coinvolgente e
piacevole. La conversazione, in questo contesto, non è solo uno
scambio di parole, ma un mezzo per costruire una connessione,
esprimere attrazione e sviluppare un'intesa che può crescere nel
tempo. Saper iniziare e mantenere una conversazione che intriga
e mantiene l'altra persona coinvolta richiede abilità, sensibilità e
una certa dose di creatività. Flirtare attraverso le parole non
significa recitare battute o forzare l'interazione, ma piuttosto
trovare il giusto equilibrio tra leggerezza e profondità, tra
umorismo e autenticità.

Uno degli aspetti più importanti per iniziare una conversazione
interessante è saper leggere il contesto. Ogni situazione richiede
un approccio diverso. Ad esempio, in un ambiente informale

come una festa o un bar, può essere più facile rompere il ghiaccio con una battuta o un commento scherzoso, mentre in contesti più formali, come un evento di lavoro, l'approccio dovrebbe essere più misurato e rispettoso. Capire il momento e l'ambiente in cui ci si trova permette di scegliere le parole e il tono più adatti per iniziare la conversazione senza risultare inopportuni.

Una delle chiavi fondamentali per iniziare una conversazione di successo nel flirting è la curiosità genuina. Fare domande che invitano l'altra persona a parlare di sé non solo dimostra interesse, ma apre anche la porta a scoprire punti in comune o argomenti di discussione interessanti. Tuttavia, le domande devono essere poste in modo leggero e non invasivo. Chiedere "Che tipo di musica ti piace?" o "Cosa fai nel tempo libero?" è un buon modo per iniziare, ma è importante che la conversazione non sembri un interrogatorio. Le domande dovrebbero stimolare la curiosità reciproca, creando un flusso naturale di interazione.

Mantenere la conversazione interessante richiede la capacità di essere presenti e ascoltare attivamente. Uno degli errori più comuni nel flirting è quello di concentrarsi troppo su cosa dire successivamente, senza realmente prestare attenzione a ciò che l'altra persona sta dicendo. L'ascolto attivo non solo permette di comprendere meglio l'altra persona, ma consente anche di adattare la conversazione in base ai segnali verbali e non verbali che si ricevono. Inoltre, ascoltare attentamente dimostra rispetto e interesse genuino, qualità che risultano estremamente attraenti.

La capacità di introdurre umorismo nella conversazione è un altro elemento fondamentale. L'umorismo, se usato con intelligenza, può alleggerire l'atmosfera e creare una connessione immediata. Fare una battuta leggera o commentare in modo spiritoso ciò che accade intorno a voi può mettere a proprio agio l'altra persona e farla sorridere. Tuttavia, l'umorismo deve essere dosato con attenzione: battute eccessivamente provocatorie o sarcastiche possono risultare offensive o inappropriate. L'obiettivo è creare una conversazione giocosa, in cui l'umorismo non sia mai aggressivo, ma piuttosto un mezzo per instaurare complicità.

Un altro aspetto cruciale per mantenere la conversazione viva è l'abilità di saper variare gli argomenti. Una conversazione monotematica può rapidamente diventare noiosa o stancante. Alternare tra argomenti leggeri e profondi può mantenere l'interesse alto. Ad esempio, dopo aver discusso di hobby o preferenze musicali, si può passare a parlare di esperienze di vita, sogni futuri o esperienze di viaggio. Questa alternanza tra temi più frivoli e conversazioni più significative crea un ritmo dinamico e rende l'interazione più intrigante e completa. Non c'è bisogno di immergersi immediatamente in discussioni troppo profonde, ma piccoli accenni a temi personali e di valore possono far capire all'altra persona che si è disposti a connettersi anche a un livello più profondo.

La consapevolezza del ritmo della conversazione è altrettanto importante. Le conversazioni flirtose non devono essere eccessivamente serie o intense. Devono avere momenti di leggerezza e divertimento alternati a istanti più personali e riflessivi. Saper giocare con il ritmo della conversazione significa essere in grado di mantenere alta l'energia in alcuni momenti, per poi rallentare e creare un'atmosfera più intima. Questa dinamica crea una sorta di danza verbale, in cui entrambi i partecipanti contribuiscono a mantenere un equilibrio tra il parlare e l'ascoltare, tra la condivisione e la scoperta reciproca.

La capacità di fare complimenti è un altro strumento essenziale nella conversazione flirtosa. Un complimento genuino e ben piazzato può rafforzare l'attrazione e far sentire l'altra persona apprezzata. Tuttavia, i complimenti devono essere specifici e sinceri, altrimenti rischiano di sembrare superficiali o forzati. Un buon complimento non riguarda solo l'aspetto fisico, ma può anche riferirsi a qualità personali, come il senso dell'umorismo, l'intelligenza o il modo di vedere la vita. Dire qualcosa come "Adoro come riesci a trovare il lato divertente in ogni situazione" può far sentire l'altra persona apprezzata per qualcosa di più profondo della sola apparenza.

È anche importante riconoscere i segnali non verbali dell'altra persona durante la conversazione. Se l'altra persona mostra segni di disinteresse, come distrarsi facilmente o rispondere in modo breve e freddo, potrebbe essere il momento di cambiare argomento o tono. D'altra parte, se noti che la persona si avvicina, sorride spesso o rispecchia il tuo linguaggio del corpo, significa che la conversazione sta andando bene e l'interesse è reciproco. Questi segnali non verbali sono spesso sottili, ma captarne l'essenza può fare la differenza tra mantenere viva una conversazione o vederla sfumare.

Infine, per mantenere una conversazione interessante e piacevole nel flirting, è importante essere autentici. Fingere interesse o forzare argomenti solo per impressionare l'altra persona non porta a connessioni reali. La conversazione flirtosa dovrebbe essere il più possibile spontanea, rispecchiando chi siamo veramente. Essere se stessi permette di creare un legame autentico e duraturo, che va oltre l'apparenza o l'immagine che vogliamo proiettare. Le persone percepiscono la sincerità e tendono a rispondere positivamente a un'interazione che appare genuina piuttosto che costruita.

In sintesi, l'arte della conversazione nel flirting è un insieme di abilità che richiede ascolto attivo, curiosità, senso dell'umorismo e la capacità di variare argomenti mantenendo l'interesse. La conversazione flirtosa deve essere piacevole, leggera e coinvolgente, ma deve anche creare lo spazio per momenti più intimi e personali. Trovare l'equilibrio tra queste dinamiche consente di costruire un'interazione che non solo attrae, ma che lascia un'impressione positiva e duratura.

L'arte della conversazione nel flirting è un processo che richiede delicatezza, intuito e, soprattutto, la capacità di essere flessibili nel modo in cui si interagisce. Mantenere una conversazione interessante e piacevole significa essere in sintonia non solo con ciò che si dice, ma anche con il modo in cui l'altra persona risponde. Una conversazione di successo, specialmente in un contesto flirtoso, non è mai un monologo. È piuttosto un continuo scambio, un flusso di dialogo che si adatta costantemente alle emozioni, ai segnali non verbali e alle reazioni dell'altro. Ciò richiede sensibilità e una forte capacità di osservazione per riconoscere quando è il momento di approfondire un argomento o quando, invece, è opportuno alleggerire il tono.

Un aspetto chiave della conversazione flirtosa è la creazione di un ambiente confortevole in cui entrambe le persone si sentano a proprio agio nell'esprimere sé stesse. L'atmosfera deve essere piacevole e non oppressiva, e una delle prime cose da fare è rompere il ghiaccio con naturalezza. Questo può avvenire attraverso l'uso di domande aperte, che stimolano la curiosità dell'altra persona senza risultare invadenti. Ad esempio, chiedere "Qual è stata la cosa più interessante che ti è successa di recente?" può dare all'altra persona la libertà di scegliere cosa condividere, aprendo la strada a una conversazione fluida e coinvolgente.

La capacità di porre domande non solo permette di esplorare interessi e passioni dell'altra persona, ma è anche un modo per dimostrare attenzione e interesse genuino. Tuttavia, è fondamentale che le domande siano bilanciate con affermazioni personali. Una conversazione ben riuscita non può essere un'intervista. Alternare domande a riflessioni proprie consente di mantenere un equilibrio tra scoprire l'altra persona e svelare qualcosa di sé. Questo reciproco scambio di informazioni crea una sensazione di scoperta reciproca, che è al cuore di ogni flirt di successo. Condividere esperienze personali, magari con un pizzico di umorismo, aggiunge un elemento di autenticità e consente di creare un legame più profondo.

L'umorismo, quando utilizzato con intelligenza, è un altro strumento estremamente potente nel mantenere una conversazione interessante. Il divertimento alleggerisce l'atmosfera e favorisce la creazione di un ambiente rilassato e giocoso, in cui entrambe le persone possono sentirsi libere di esprimersi. Scherzi leggeri e battute ben dosate possono rompere eventuali momenti di tensione e far sentire l'altra persona a proprio agio. Tuttavia, è importante evitare umorismi troppo taglienti o auto-referenziali, poiché potrebbero risultare inappropriati o creare distacco. L'abilità nel flirting sta nel trovare il giusto equilibrio tra una conversazione leggera e momenti di maggiore serietà, in modo che il dialogo mantenga una certa dinamica senza diventare mai troppo monotono o prevedibile.

Il linguaggio del corpo gioca un ruolo silenzioso ma fondamentale nella conversazione. Anche quando si parla, il corpo comunica a livello non verbale, e questo può amplificare o smorzare l'efficacia del dialogo. Ad esempio, piccoli gesti come inclinare il corpo verso l'altra persona, mantenere il contatto visivo o sorridere in modo spontaneo possono trasmettere interesse e calore. Al contrario, un corpo troppo rigido o chiuso può creare una barriera invisibile che rende difficile mantenere una conversazione fluida e coinvolgente. È importante essere consapevoli di come il proprio corpo interagisce con l'altra persona, poiché spesso è il linguaggio non verbale che sottolinea le vere emozioni, anche quando le parole sono calibrate.

Un altro elemento importante per mantenere una conversazione viva è saper riconoscere i segnali di noia o disinteresse. Nonostante gli sforzi per mantenere un dialogo interessante, può capitare che l'altra persona non si senta completamente coinvolta. Alcuni segnali, come risposte brevi o un'attenzione che si sposta altrove, indicano che è il momento di cambiare approccio o argomento. La flessibilità è essenziale in questi casi. Essere in grado di spostare la conversazione verso un tema che possa risvegliare l'interesse dell'altra persona richiede prontezza e un'attenzione costante ai segnali che emergono durante l'interazione.

La varietà degli argomenti è fondamentale per mantenere la conversazione stimolante. In un flirt efficace, si passa con disinvoltura da temi più leggeri a quelli più profondi, creando un flusso di dialogo che riflette sia il lato giocoso che quello più serio della personalità di entrambe le persone coinvolte. Discutere di passioni comuni, esperienze di vita, viaggi o film preferiti permette di esplorare un'ampia gamma di interessi, rendendo il dialogo ricco e vario. Inoltre, questa varietà aiuta a prevenire l'effetto di "stallo" che può verificarsi quando una conversazione si blocca su un argomento troppo specifico o tecnico, che potrebbe non appassionare l'altra persona.

Il flirt attraverso la conversazione richiede anche una certa capacità di leggere il "sottotesto" delle parole. In molti casi, le persone non esprimono apertamente ciò che provano o pensano, e sta nell'arte del flirting capire cosa c'è dietro le parole. Ad esempio, una battuta potrebbe nascondere un complimento, o una domanda potrebbe essere un modo indiretto per manifestare interesse. Essere in grado di cogliere queste sfumature rende la conversazione molto più intrigante, poiché aggiunge una dimensione di gioco e ambiguità che alimenta l'interazione.

Un'altra abilità importante è quella di creare una conversazione che lasci spazio all'altra persona per brillare. Spesso, le persone si sentono attratte da chi è in grado di farle sentire apprezzate e riconosciute. Questo non significa mettere l'altra persona su un piedistallo, ma piuttosto darle l'opportunità di esprimere le proprie opinioni, di raccontare le proprie storie e di condividere ciò che la rende unica. Fare domande aperte e mostrare un sincero interesse per le risposte permette di creare un terreno fertile per un'interazione più profonda. Quando una persona si sente ascoltata e compresa, la conversazione diventa un mezzo per costruire una connessione più autentica e significativa.

Inoltre, è fondamentale imparare a gestire il ritmo della conversazione. Mantenere un equilibrio tra momenti di conversazione animata e pause rilassate è cruciale. Le pause non sono necessariamente un segno di imbarazzo o di mancanza di argomenti, ma possono essere utilizzate strategicamente per creare tensione positiva. Un breve silenzio, se gestito con naturalezza, può aumentare l'intimità, lasciando spazio a una riflessione più profonda o a un gesto che rafforza il legame tra le due persone. Il ritmo deve adattarsi alle vibrazioni dell'interazione, alternando momenti di energia a momenti di calma, proprio come una melodia che sale e scende.

Infine, mantenere una conversazione interessante e piacevole nel flirting significa anche non prendersi troppo sul serio. La leggerezza è un ingrediente essenziale per mantenere viva l'interazione. Flirtare non deve essere un esercizio formale o rigidamente strutturato, ma piuttosto un gioco, un momento di complicità in cui due persone possono esplorarsi a vicenda in modo leggero e divertente. Questa dimensione giocosa aiuta a smorzare eventuali momenti di tensione e crea un'atmosfera di libertà, in cui entrambe le persone possono rilassarsi e godersi l'interazione senza sentirsi sotto pressione.

In sintesi, l'arte della conversazione nel flirting è una combinazione di abilità verbali, sensibilità emotiva e capacità di adattamento. Mantenere un dialogo interessante e coinvolgente richiede la giusta dose di curiosità, ascolto attivo, umorismo e autenticità. La conversazione deve essere un flusso naturale che invita entrambe le persone a esplorarsi senza fretta, bilanciando momenti di leggerezza con momenti di intimità. Quando il dialogo è autentico e rispettoso, crea una base solida per costruire una connessione significativa, facendo sì che il flirting sia non solo un gioco di seduzione, ma anche un'esperienza piacevole e arricchente per entrambe le parti coinvolte.

L'arte della conversazione nel flirting è un processo che, sebbene possa sembrare spontaneo e naturale, è spesso il risultato di un delicato equilibrio tra intuizione, ascolto attivo e creatività. La capacità di far fluire una conversazione, mantenendola interessante e piacevole, dipende dall'abilità di leggere l'altra persona, capire i suoi bisogni e adattare il proprio approccio di conseguenza. Ogni persona è diversa, e ciò che può affascinare e coinvolgere una persona potrebbe non funzionare affatto con un'altra. È per questo che, nel flirtare, la flessibilità è cruciale. Una conversazione efficace deve sapersi muovere tra diversi registri, alternando momenti di leggerezza e divertimento con momenti più intimi e riflessivi, a seconda della risposta e dell'interesse mostrato dall'altra persona.

Un aspetto fondamentale della conversazione flirtosa è la capacità di generare curiosità. Spesso, il flirt più riuscito è quello che lascia spazio a una sorta di mistero, in cui entrambe le parti si sentono spinte a voler scoprire di più l'una dell'altra. Questo non significa essere criptici o sfuggenti, ma piuttosto saper dosare le informazioni in modo intelligente, condividendo dettagli interessanti senza rivelare tutto immediatamente. Una buona conversazione flirtosa è quella che si evolve gradualmente, mantenendo vivo l'interesse senza bruciare troppo velocemente tutte le tappe.

La curiosità può essere stimolata anche attraverso piccoli giochi di parole o provocazioni leggere. Ad esempio, fare un commento scherzoso su qualcosa che l'altra persona ha detto, senza essere offensivi, può creare una dinamica giocosa che rende la conversazione più vibrante e meno prevedibile. Tuttavia, è importante essere attenti alla sensibilità dell'altra persona: mentre alcune persone apprezzano un tipo di interazione più scherzosa e provocatoria, altre potrebbero percepire certe battute come troppo audaci. Leggere attentamente le reazioni è quindi fondamentale per modulare il tono e mantenere un ambiente confortevole per entrambi.

Un altro strumento potente nel mantenere viva una conversazione è la capacità di raccontare storie. Le storie sono uno dei modi più antichi ed efficaci per intrattenere e coinvolgere le persone. Nel contesto del flirting, raccontare una breve storia divertente o interessante, che magari mette in luce un lato curioso della propria personalità, può rafforzare l'interesse dell'altra persona. Le storie aiutano a creare immagini mentali e rendono la conversazione più dinamica e memorabile. Naturalmente, la chiave è saper bilanciare la lunghezza e il contenuto della storia: una narrazione troppo lunga o dettagliata può perdere l'attenzione dell'altra persona, mentre una breve e incisiva può lasciare un'impressione duratura.

Inoltre, la capacità di inserire piccoli dettagli personali all'interno della conversazione, senza trasformarla in un monologo, è cruciale per mantenere un equilibrio tra condivisione e ascolto. Spesso, le conversazioni flirtose che funzionano meglio sono quelle in cui entrambe le persone si sentono libere di condividere qualcosa di sé stesse, mantenendo al contempo uno spazio per esplorare l'altra persona. Questo tipo di scambio reciproco è ciò che alimenta il flirt: è come un ballo in cui entrambe le parti contribuiscono a mantenere il ritmo e l'energia dell'interazione.

Un altro aspetto sottile ma potente della conversazione flirtosa è l'uso delle pause. A volte, non dire nulla per un istante può essere altrettanto efficace quanto trovare le parole giuste. Il silenzio può creare una tensione positiva, un momento di sospensione che invita l'altra persona a riflettere su ciò che è stato detto, o semplicemente a sentirsi più vicina. Naturalmente, il silenzio deve essere gestito con delicatezza: troppo lungo potrebbe creare imbarazzo, ma se usato sapientemente, può far crescere l'intensità della connessione.

Un'altra dimensione della conversazione nel flirting è la capacità di creare un senso di intimità attraverso il linguaggio. Questo non significa necessariamente parlare di argomenti profondi o personali, ma piuttosto utilizzare un tono che faccia sentire l'altra persona speciale e compresa. Piccoli commenti come "Mi piace come pensi" o "È interessante il modo in cui vedi le cose" possono far sentire l'altra persona apprezzata a un livello più personale. La conversazione flirtosa è in parte un gioco di attrazione, ma anche un modo per far sentire l'altra persona valorizzata per ciò che è, non solo per il suo aspetto o per l'immagine esterna.

L'empatia è un altro elemento chiave nella conversazione flirtosa. Riuscire a mettersi nei panni dell'altra persona, a percepire i suoi stati d'animo e adattare la conversazione di conseguenza, è una competenza essenziale. L'empatia non si manifesta solo attraverso l'ascolto, ma anche attraverso il modo in cui si risponde. Ad esempio, se l'altra persona sembra stanca o preoccupata, una battuta leggera potrebbe non essere appropriata; al contrario, dimostrare di comprendere il suo stato d'animo e offrire una conversazione più tranquilla e rassicurante potrebbe essere la scelta giusta.

L'empatia, insieme alla capacità di ascoltare veramente, aiuta anche a evitare uno degli errori più comuni nel flirting: parlare troppo di sé stessi. Se ci si concentra troppo sul voler impressionare, si rischia di far diventare la conversazione un monologo autoreferenziale, spegnendo l'interesse dell'altra persona. Una buona conversazione flirtosa è fatta di un delicato equilibrio tra il raccontare qualcosa di sé e dare all'altra persona spazio per esprimersi. È un gioco di riflessi, dove entrambe le parti si rispecchiano e si scoprono gradualmente, senza che una prevarichi l'altra.

Anche la scelta delle parole è fondamentale. Le parole possono creare immagini, evocare emozioni, e nel contesto del flirting, è importante che il linguaggio sia positivo, coinvolgente e creativo. Evitare commenti negativi o critici, soprattutto all'inizio, aiuta a mantenere un'atmosfera leggera e piacevole. Usare parole che evocano sensazioni, come "mi fa sentire," "mi trasmetti," o "immagino che," può aiutare a costruire un senso di connessione e intimità senza dover essere troppo diretti. Il linguaggio ha il potere di creare una realtà condivisa, e nel flirting, questo può contribuire a costruire un legame più forte e coinvolgente.

Un'altra tecnica efficace è saper giocare con i toni della conversazione. Non tutto deve essere preso seriamente, e l'abilità di alternare momenti di profondità a momenti di leggerezza e gioco è ciò che rende una conversazione viva e stimolante. Il flirt, in molti casi, è proprio questo: una danza tra la serietà e la leggerezza, tra l'attrazione e il divertimento. Saper passare con naturalezza da una battuta scherzosa a un momento più intimo, senza perdere il filo della conversazione, dimostra sicurezza e la capacità di creare un ambiente dinamico e coinvolgente.

Nel flirting, ogni conversazione è un'opportunità per costruire un ponte verso una connessione più profonda. Le parole sono solo uno strumento, e ciò che le rende potenti è l'energia che vi si mette dietro, la capacità di sentire l'altro, di adattarsi al momento, e di mantenere viva l'attenzione senza essere mai banali. Quando una conversazione flirtosa è davvero efficace, entrambe le persone lasciano l'incontro con un senso di arricchimento reciproco, avendo scoperto qualcosa di nuovo l'una dell'altra, e sentendo che quel dialogo è stato più di una semplice conversazione: è stato un momento di complicità, intesa e gioco, capace di lasciare un segno positivo e duraturo.

L'arte della conversazione nel flirting è una sorta di equilibrio dinamico, un continuo fluire di parole, segnali e intuizioni che alimentano la connessione tra due persone. Mentre le parole giocano un ruolo fondamentale, c'è una sottile danza di energie che va ben oltre ciò che viene detto verbalmente. La conversazione flirtosa è, infatti, un processo che coinvolge tutti i sensi e che, in molti casi, si manifesta in modo non lineare. Non si tratta solo di scegliere i giusti argomenti, ma di sapere come portarli avanti, come creare un dialogo che sia sempre in movimento, ma che non sembri forzato o programmato.

Una delle prime regole per mantenere viva una conversazione interessante e piacevole nel flirting è non cercare di dominare la conversazione. Essere il centro di un dialogo, monopolizzandolo, potrebbe rapidamente portare l'altra persona a sentirsi esclusa o non ascoltata. La conversazione deve fluire come un gioco di scambio, un dialogo che dà spazio a entrambi per esprimersi. Più che concentrarsi su cosa dire o come impressionare l'altra persona, è importante ascoltare veramente ciò che l'altro sta dicendo e rispondere con interesse. Questo è il cuore dell'ascolto attivo, che va ben oltre il semplice sentire: significa recepire, assorbire e reagire in modo autentico e pertinente.

L'ascolto attivo nel flirt è una competenza preziosa. Non solo dimostra rispetto per ciò che l'altra persona ha da dire, ma permette anche di cogliere sfumature, dettagli e possibili spunti per proseguire la conversazione. Ad esempio, se una persona menziona di essere appassionata di un certo hobby o di avere avuto un'esperienza interessante, l'ascolto attento consente di sfruttare quel dettaglio per esplorare più a fondo l'argomento, magari aggiungendo domande che dimostrano un reale interesse. Questo crea un senso di reciproca scoperta, dove entrambi imparano qualcosa l'uno dell'altro e la conversazione diventa una sorta di viaggio condiviso.

Un altro aspetto essenziale è saper riconoscere quando è il momento di passare a un nuovo argomento. Se la conversazione si concentra troppo a lungo su un tema specifico, potrebbe perdere la sua energia iniziale, risultando ripetitiva o noiosa. Cambiare argomento non significa necessariamente abbandonare ciò che si stava discutendo, ma piuttosto introdurre nuove sfumature o legare la conversazione ad altri argomenti in modo fluido. Ad esempio, se si è parlato di viaggi, si potrebbe passare a discutere di cibi preferiti, collegando le esperienze culinarie vissute durante un viaggio. Questa abilità di transizione crea una conversazione che sembra naturale e mai forzata, mantenendo vivo l'interesse e permettendo all'interazione di evolversi.

L'empatia è un altro pilastro della conversazione flirtosa. Non si tratta solo di comprendere i sentimenti dell'altra persona, ma di saper rispondere in modo che faccia sentire l'altro a proprio agio. A volte, l'altra persona potrebbe parlare di qualcosa di più personale o delicato, e in questi momenti, l'empatia permette di mantenere un tono appropriato. In questi casi, la conversazione può spostarsi da una dimensione leggera e scherzosa a una più intima e riflessiva. Essere in grado di riconoscere questi momenti e adattare la propria risposta senza far sentire l'altro giudicato o messo a disagio è una delle abilità più preziose nel flirt.

Uno degli strumenti più potenti nel flirtare attraverso la conversazione è la capacità di creare una connessione emotiva. Questo non significa entrare subito in argomenti profondi, ma piuttosto condividere piccoli frammenti di sé, momenti che permettono all'altra persona di capire qualcosa di autentico su chi siamo. Le esperienze personali, anche quando sono raccontate con leggerezza, possono dare all'altra persona un assaggio della nostra personalità e dei nostri valori. È importante, però, che questa condivisione non sia né troppo prematura né troppo forzata. C'è un delicato equilibrio tra il rivelare abbastanza di sé per suscitare curiosità e mantenere una certa riservatezza che invita l'altro a voler sapere di più.

In una conversazione flirtosa, il linguaggio del corpo gioca un ruolo altrettanto importante quanto le parole. Anche se il dialogo sembra fluire a livello verbale, i gesti, le espressioni facciali e la postura parlano una lingua propria. Mantenere un contatto visivo rilassato, accennare piccoli sorrisi nei momenti giusti, o inclinare leggermente il corpo verso l'altra persona mentre si ascolta sono tutti segnali che intensificano la connessione. Il modo in cui si muove il corpo, o anche solo come si è posizionati rispetto all'altra persona, invia continuamente messaggi sottili di interesse, attenzione o coinvolgimento.

L'uso strategico dell'umorismo nella conversazione flirtosa è altrettanto essenziale. Ridere insieme è uno dei modi più rapidi per creare una connessione. Tuttavia, l'umorismo deve essere gestito con cura. Battute che mettono in difficoltà o che possono sembrare taglienti rischiano di creare una barriera tra le persone, piuttosto che avvicinarle. Il flirt più efficace utilizza un tipo di umorismo che coinvolge e crea complicità. Fare battute su argomenti neutri o situazioni condivise può costruire un clima giocoso senza mettere in discussione l'altra persona. Un pizzico di autoironia, per esempio, può mostrare una certa umiltà e la capacità di non prendersi troppo sul serio, il che è spesso percepito come una qualità attraente.

Un'altra strategia efficace per mantenere viva la conversazione è quella di non svelare tutto subito. A volte, il modo migliore per stimolare la curiosità è lasciare alcuni dettagli in sospeso, creando un senso di attesa. Ad esempio, se si sta parlando di una propria esperienza interessante, si potrebbe accennare a un dettaglio intrigante senza rivelarlo completamente, invitando così l'altra persona a chiedere di più. Questo tipo di gioco crea una dinamica di mistero che può alimentare il flirt, mantenendo viva la conversazione senza mai esaurirla completamente.

Un elemento spesso sottovalutato ma essenziale nel flirt attraverso la conversazione è la capacità di cogliere il momento. Ci sono attimi durante un'interazione in cui una battuta, una frase o un gesto possono avere un impatto enorme. La tempistica è tutto nel flirting: dire la cosa giusta al momento giusto può intensificare la connessione, mentre farlo in un momento inappropriato può spegnere l'entusiasmo. Questo richiede una grande attenzione alle vibrazioni dell'altra persona e alla dinamica della conversazione in tempo reale. Ad esempio, fare un complimento spontaneo quando l'altra persona si sta aprendo su un argomento può rafforzare l'intimità, mentre farlo troppo presto o fuori contesto potrebbe sembrare fuori luogo.

Anche le piccole provocazioni giocano un ruolo importante nella conversazione flirtosa. Un flirt ben fatto non è solo un'espressione di attrazione diretta, ma spesso coinvolge un gioco sottile di tensione e rilascio. Leggeri accenni di sfida, domande che stuzzicano o mettono alla prova in modo giocoso possono aggiungere una dose di adrenalina all'interazione. Questo tipo di provocazioni, però, devono sempre essere ben bilanciate, perché il flirt deve rimanere un gioco divertente, non una competizione o una critica. Quando entrambi si trovano a sfidarsi con intelligenza e umorismo, la conversazione diventa una sorta di "partita a ping-pong" in cui le battute e i commenti si scambiano velocemente, mantenendo alta la tensione emotiva e l'attenzione.

Inoltre, una buona conversazione flirtosa non deve essere affrettata. A volte, nel tentativo di impressionare, si può avere la tendenza a voler dire tutto subito o a riempire ogni pausa con nuove parole. Ma l'arte del flirt richiede pazienza. Lasciare che la conversazione si evolva lentamente, con momenti di riflessione o di silenzio rilassato, può essere altrettanto potente quanto i dialoghi più vivaci. Il segreto è non sentirsi obbligati a riempire ogni spazio di parole: spesso, il silenzio può fare emergere sensazioni e pensieri che le parole non riescono a trasmettere.

La conversazione, nel flirt, è una forma di esplorazione reciproca. Ognuno offre piccoli pezzi di sé, osservando attentamente come l'altro risponde. Si tratta di costruire un ritmo comune, un dialogo che non sia solo verbale, ma che coinvolga anche emozioni, intuizioni e sensazioni condivise.

Per concludere, l'arte della conversazione nel flirting è una miscela raffinata di ascolto attivo, empatia, umorismo, creatività e intuizione. Mantenere una conversazione interessante e piacevole richiede più di un semplice scambio di parole: significa creare un flusso armonioso, dove entrambi i partecipanti si sentono coinvolti, apprezzati e liberi di esprimere se stessi. Ogni conversazione flirtosa è un dialogo dinamico in cui il linguaggio verbale e non verbale si intrecciano per formare una connessione che va oltre la superficie. L'obiettivo non è solo impressionare l'altra persona, ma creare un ambiente di complicità e reciproca scoperta.

Uno degli aspetti più importanti è la capacità di bilanciare il dialogo. Non si tratta di una gara per dimostrare chi ha più cose da dire o chi riesce a intrattenere meglio, ma piuttosto di creare uno spazio condiviso in cui ciascuno possa sentirsi ascoltato e compreso. Il flirting più riuscito è quello che invita l'altra persona a parlare, mostrando un autentico interesse per i suoi pensieri e le sue esperienze. La conversazione diventa così uno strumento per costruire una connessione basata non solo sull'attrazione fisica, ma anche su un'intesa mentale ed emotiva.

La capacità di adattarsi al tono e al ritmo della conversazione è un altro elemento cruciale. Un flirt efficace non è rigido, ma flessibile: sa quando alleggerire l'atmosfera con una battuta e quando approfondire con una riflessione più intima. Questa alternanza tra leggerezza e profondità tiene viva l'attenzione e crea un dialogo che evolve naturalmente, senza sembrare artificiale o forzato. Il segreto sta nel sapere quando spingere un po' di più verso l'intimità e quando lasciare che la conversazione rimanga giocosa e leggera, creando un equilibrio che mantenga sempre viva la curiosità reciproca.

Un altro aspetto da considerare è la capacità di creare piccole sfide, giochi di parole e tensioni positive. Le provocazioni leggere e le battute giocose sono parte integrante di una conversazione flirtosa, ma devono essere gestite con sensibilità. Il flirt non deve mai diventare eccessivamente competitivo o far sentire l'altra persona in difficoltà. Al contrario, il gioco della conversazione dovrebbe essere un modo per creare complicità, rafforzando l'intesa attraverso un continuo scambio di segnali, sia verbali che non verbali. Il linguaggio del corpo, il contatto visivo e i sorrisi aggiungono una dimensione emotiva alla conversazione, rendendola più coinvolgente e intima.

La pazienza è un altro elemento cruciale. Le conversazioni flirtose di successo non sono corse contro il tempo. Affrettarsi a impressionare o cercare di ottenere subito una reazione positiva può minare la naturalezza dell'interazione. Il flirt è, per sua natura, un gioco di attesa e scoperta graduale, dove la tensione si costruisce lentamente. Lasciare che l'altra persona si senta a suo agio e guidare la conversazione senza fretta permette di creare un'esperienza più ricca e soddisfacente. Questo approccio consente anche di alimentare una tensione emotiva che può trasformare il flirt in qualcosa di più profondo e significativo.

Infine, l'autenticità è ciò che conferisce alla conversazione flirtosa il suo vero valore. Essere autentici significa non recitare una parte, ma mostrare chi si è veramente, con i propri pregi, difetti e vulnerabilità. Nel flirtare, non è necessario essere perfetti o dire la cosa giusta al momento giusto, ma piuttosto essere presenti e genuini. Quando la conversazione è autentica, l'altra persona percepisce che dietro ogni parola e gesto c'è una vera connessione emotiva, che si traduce in un'esperienza memorabile e significativa. Questo è ciò che rende la conversazione flirtosa davvero speciale: la capacità di far sentire l'altra persona vista, ascoltata e apprezzata, creando un momento unico e condiviso.

In sintesi, l'arte della conversazione nel flirting è una competenza che va oltre il semplice dialogo. È una danza tra due persone, fatta di parole, silenzi, sguardi e sorrisi, che si evolve in modo naturale e coinvolgente. Il segreto sta nel trovare il giusto equilibrio tra ascolto e condivisione, umorismo e profondità, leggerezza e autenticità. Quando questi elementi si combinano, la conversazione diventa uno strumento potente per costruire una connessione duratura, capace di lasciare un'impronta profonda e positiva nell'animo dell'altra persona.

5. Il potere del sorriso: Come e quando sorridere per esprimere interesse e attrazione.

Il sorriso è uno degli strumenti più potenti nella comunicazione umana, soprattutto nel contesto del flirting. È un gesto semplice, ma carico di significato, che può trasmettere una vasta gamma di emozioni: interesse, attrazione, complicità, sicurezza, e persino vulnerabilità. Il sorriso ha il potere di rompere il ghiaccio, alleggerire l'atmosfera e creare una connessione immediata. Nel flirt, è un segnale non verbale che può rafforzare ciò che le parole dicono, amplificare il fascino personale e rendere l'interazione più coinvolgente.

Uno degli aspetti più affascinanti del sorriso è che può essere sia un atto intenzionale, sia un riflesso spontaneo delle nostre emozioni. Nel flirting, sapere quando e come sorridere può fare la differenza tra un'interazione superficiale e una più profonda e significativa. Tuttavia, non tutti i sorrisi hanno lo stesso impatto, e riconoscere le sfumature del sorriso può essere essenziale per utilizzarlo efficacemente nel contesto flirtoso.

Uno dei sorrisi più potenti nel flirting è il cosiddetto "sorriso Duchenne", che coinvolge non solo la bocca, ma anche gli occhi. Questo tipo di sorriso è considerato il più autentico e genuino, poiché riflette una vera emozione positiva. Quando si sorride in questo modo, non si invia solo un messaggio di piacere o simpatia, ma si esprime anche apertura e interesse reale. Un sorriso che coinvolge gli occhi trasmette fiducia e autenticità, due elementi fondamentali nel creare una connessione profonda con l'altra persona.

Ma come e quando usare il sorriso per esprimere interesse e attrazione? Uno dei momenti più importanti in cui il sorriso diventa efficace è all'inizio dell'interazione. Un sorriso sincero appena ci si incontra, o anche nel momento in cui si stabilisce un primo contatto visivo, invia un segnale immediato di apertura e accoglienza. È un invito a interagire, un modo per mettere l'altra persona a proprio agio e creare una prima impressione positiva. In molti casi, il sorriso iniziale è ciò che rompe il ghiaccio, creando una sensazione di calore e simpatia che facilita il proseguimento della conversazione.

Tuttavia, il sorriso non deve essere usato solo all'inizio dell'interazione. È importante saperlo dosare e distribuire durante la conversazione, per rafforzare il messaggio di interesse e attrazione. Ad esempio, quando l'altra persona dice qualcosa di divertente o interessante, un sorriso può segnalare che si è coinvolti e che si sta apprezzando ciò che viene detto. Un sorriso in questi momenti funge da risposta non verbale, confermando che l'altra persona ha catturato l'attenzione e sta suscitando emozioni positive.

Un altro momento chiave per usare il sorriso è durante i piccoli momenti di pausa o di silenzio. Quando la conversazione si ferma per un attimo, un sorriso può riempire quel vuoto, mantenendo viva la connessione. Invece di sentirsi a disagio durante il silenzio, un sorriso può far sì che l'altra persona si senta a proprio agio e continui a percepire la tua presenza come positiva e accogliente. Il sorriso in questi casi aiuta a mantenere un'atmosfera leggera e distesa, evitando che il silenzio diventi un momento di imbarazzo.

Un altro aspetto interessante del sorriso nel flirting è il suo potere di comunicare in modo sottile. A volte, un sorriso può dire molto più di quanto potrebbero fare le parole. Un piccolo sorriso complice durante una battuta o una provocazione leggera può trasmettere un messaggio di intesa che non ha bisogno di essere spiegato. Questo tipo di sorriso, leggermente malizioso o scherzoso, crea un senso di complicità tra le due persone, rendendo l'interazione più giocosa e intima. È una forma di flirt silenzioso, che si basa sul non detto, ma che lascia spazio all'immaginazione.

Oltre al sorriso malizioso e complice, esistono sorrisi più delicati e dolci che possono trasmettere vulnerabilità. Mostrare un lato più tenero o sensibile di sé attraverso un sorriso leggero può creare una connessione più emotiva e profonda. Questo tipo di sorriso è utile quando la conversazione si sposta su argomenti più personali o intimi, poiché permette di trasmettere un messaggio di empatia e vicinanza emotiva. Il sorriso, in questo contesto, diventa un gesto di apertura, che invita l'altra persona a fare lo stesso.

Il sorriso nel flirting ha anche il potere di rivelare la tua sicurezza. Un sorriso sicuro, senza essere troppo forzato o esagerato, trasmette autostima e tranquillità. Le persone sono naturalmente attratte da chi sorride con fiducia, perché un sorriso sicuro è un segnale che non si ha paura di essere se stessi e che si è a proprio agio nella propria pelle. Questa fiducia può essere contagiosa, facendo sentire l'altra persona più rilassata e desiderosa di interagire.

Tuttavia, è importante ricordare che l'uso del sorriso deve essere sempre autentico. Un sorriso forzato o esagerato può sembrare insincero o costruito, e rischia di allontanare invece di avvicinare. Le persone hanno un senso innato per cogliere quando un sorriso è genuino o meno, e un sorriso che non rispecchia veramente le emozioni interne potrebbe essere percepito come una strategia manipolativa. Il sorriso deve riflettere quello che provi davvero in quel momento: se sei divertito, interessato o colpito dall'altra persona, il sorriso sarà una naturale estensione di queste emozioni.

Un altro aspetto cruciale è la tempistica del sorriso. Sapere quando sorridere è tanto importante quanto sapere come farlo. Ad esempio, sorridere subito dopo che l'altra persona ha fatto un commento o ha condiviso qualcosa di personale è un modo per convalidare il suo contributo e mostrare che stai prestando attenzione. Al contrario, sorridere troppo spesso o in momenti non appropriati può dare l'impressione di essere eccessivamente compiacenti o non autentici. Il tempismo giusto rende il sorriso uno strumento di comunicazione potente, capace di rafforzare l'interazione senza che sembri forzato.

Infine, il sorriso è anche uno strumento per chiudere in bellezza un'interazione. Al termine di una conversazione flirtosa, un sorriso sincero lascia un'impressione positiva e fa sì che l'altra persona ricordi quell'incontro con piacere. Invece di concludere la conversazione in modo brusco o freddo, un ultimo sorriso è come un sigillo che conclude l'interazione in modo caloroso e aperto, lasciando spazio alla possibilità di futuri contatti.

In conclusione, il sorriso nel flirting è molto più di un semplice gesto fisico: è una forma di comunicazione non verbale che può trasformare un'interazione ordinaria in qualcosa di speciale e memorabile. Il sorriso ha il potere di esprimere interesse, attrazione, sicurezza e intimità, senza bisogno di usare parole. Saper dosare e calibrare i sorrisi nel contesto giusto, con la giusta intenzione, può amplificare enormemente l'efficacia di qualsiasi flirt, rendendolo autentico, piacevole e coinvolgente.

Il sorriso, nel contesto del flirting, possiede una varietà di sfumature che lo rendono uno strumento di comunicazione potente e straordinariamente versatile. È uno dei gesti più universali e, al contempo, più personali che si possano fare, capace di trasformare una semplice interazione in qualcosa di speciale. Nel gioco della seduzione, il sorriso non è solo un mezzo per esprimere interesse, ma anche per creare una connessione emotiva, sciogliere le tensioni e, in molti casi, rivelare parti della propria personalità che altrimenti potrebbero rimanere nascoste.

Il sorriso agisce come una sorta di linguaggio segreto che attraversa le barriere delle parole, riuscendo a comunicare ciò che non viene detto. Ad esempio, un sorriso inaspettato, che arriva magari nel bel mezzo di una conversazione apparentemente normale, può avere l'effetto di una piccola scintilla, capace di cambiare il tono dell'interazione. Questo tipo di sorriso, che spesso è leggermente accennato, quasi timido, può inviare un messaggio di genuino interesse, suscitando nell'altra persona una reazione simile. È in questo scambio sottile di sorrisi che si sviluppa una sorta di intesa non verbale che alimenta la complicità e il desiderio di continuare a interagire.

Un aspetto particolarmente interessante del sorriso nel flirting è che può essere usato per creare una sorta di tensione positiva. Immagina una situazione in cui si sta parlando con qualcuno e, a un certo punto, si fa una battuta leggera o si lancia una piccola provocazione: in quel preciso momento, un sorriso leggero, magari accompagnato da uno sguardo diretto, può intensificare il significato di ciò che è stato detto, aggiungendo un livello di gioco e seduzione. È come se il sorriso dicesse, in modo implicito: "Sto giocando con te, e tu lo sai". Questa tensione, che non è mai aggressiva ma sempre giocosa, tiene viva la conversazione, rendendo l'interazione più interessante e vivace.

Il sorriso ha anche la capacità di "invitare" l'altra persona a partecipare a questo gioco di intesa. Un sorriso può essere un invito a rilassarsi, a lasciarsi andare, a partecipare attivamente all'interazione senza timore di giudizio. In questo senso, il sorriso è un segnale di apertura e accettazione, che dice: "Sono a mio agio, e tu puoi esserlo con me". Questa apertura è fondamentale nel flirt, poiché permette di stabilire un terreno comune su cui entrambe le persone possono costruire una conversazione più rilassata e intima.

C'è una dimensione temporale molto interessante legata all'uso del sorriso nel flirting. Spesso, un sorriso non deve necessariamente essere immediato o costante per risultare efficace. A volte, la sua forza sta nell'apparire nei momenti più inaspettati, come una pausa nella conversazione o durante un attimo di silenzio. Questi sorrisi, che arrivano senza preavviso, hanno un potere particolare perché sembrano più autentici e meno "preparati". Sono quelli che, spesso, riescono a smuovere le emozioni più profonde, creando un clima di complicità che va oltre la semplice attrazione fisica.

L'alternanza tra sorrisi più ampi e sorrisi più contenuti è un altro elemento interessante da considerare. Un sorriso ampio può trasmettere energia, positività e divertimento, mentre un sorriso più contenuto, appena accennato, può comunicare intimità, segreti e vulnerabilità. Nel flirt, saper giocare con questa alternanza può rendere la conversazione più dinamica. Ad esempio, si può iniziare con un sorriso più aperto, quasi esuberante, per poi passare a un sorriso più discreto, che suggerisce una profondità emotiva nascosta, invitando l'altra persona a voler scoprire di più.

Un altro aspetto cruciale del sorriso nel flirt è il suo ruolo nel gestire il contatto visivo. Gli occhi e il sorriso sono spesso strettamente collegati, e quando si combinano, creano un effetto amplificato. Un sorriso, infatti, acquista una potenza straordinaria quando è accompagnato da uno sguardo diretto.

In questo caso, non è solo la bocca che sorride, ma l'intero volto, e soprattutto gli occhi. Un contatto visivo intenso, sostenuto da un sorriso genuino, può trasmettere un messaggio di attrazione in modo molto più efficace rispetto a qualsiasi parola pronunciata. Gli occhi, in questo contesto, diventano il canale attraverso cui passa una parte fondamentale della comunicazione emotiva, trasformando un semplice gesto in qualcosa di molto più significativo.

Il sorriso, in combinazione con i gesti del corpo, può anche essere un indicatore di comfort e di sicurezza. Quando una persona sorride spontaneamente mentre è fisicamente rilassata, con una postura aperta e non difensiva, invia un chiaro segnale di sicurezza e serenità. In un contesto flirtoso, questo tipo di sorriso trasmette la sensazione di trovarsi a proprio agio, il che è estremamente attraente. Le persone sono naturalmente attratte da coloro che emanano fiducia e tranquillità, e il sorriso è spesso la chiave per comunicare questo stato emotivo senza bisogno di dire nulla.

Esistono poi i sorrisi che possono essere utilizzati per "giocare" con le emozioni dell'altra persona. Un esempio potrebbe essere quello di interrompere improvvisamente un sorriso, come a voler lasciare l'altra persona con una sensazione di attesa, di qualcosa che non è stato completamente rivelato. Questo tipo di sorriso sfuggente può creare un senso di mistero, che alimenta la curiosità dell'altra persona e la spinge a voler proseguire l'interazione. È un gioco sottile di presenza e assenza, che mantiene viva la tensione e rende l'interazione molto più intrigante.

Il sorriso può anche essere usato come mezzo per sottolineare i momenti di vulnerabilità. Mostrare un sorriso timido o leggermente imbarazzato in un momento di vulnerabilità personale è un modo per dire: "Sto condividendo qualcosa di intimo, e sono aperto a come lo riceverai." Questo tipo di sorriso è molto potente perché invita l'altra persona a rispondere con delicatezza, creando un momento di empatia e connessione emotiva. Nel flirt, la vulnerabilità ben dosata può essere uno strumento molto efficace per costruire una relazione più profonda, e il sorriso è il veicolo perfetto per esprimere questa apertura senza farla sembrare forzata o eccessiva.

Un altro elemento importante da considerare è come il sorriso può influenzare il tono di una conversazione. Se durante una discussione si sorride frequentemente, si crea un'atmosfera di positività e leggerezza che incoraggia l'altra persona a rilassarsi e a sentirsi più a proprio agio. Questo è particolarmente utile nelle prime fasi del flirt, quando entrambe le persone stanno ancora cercando di conoscersi e potrebbero sentirsi un po' nervose. Il sorriso ha il potere di abbattere queste barriere iniziali, trasformando un incontro potenzialmente teso in qualcosa di più fluido e naturale.

Infine, il sorriso può essere un modo per chiudere un'interazione flirtosa con eleganza e grazia. Alla fine di una conversazione, soprattutto se si è riusciti a creare una buona intesa, un ultimo sorriso può lasciare un'impressione duratura. È come un gesto di chiusura che racchiude tutto ciò che è stato detto e condiviso durante l'interazione. Questo sorriso finale non solo invia un segnale di apprezzamento per il tempo trascorso insieme, ma lascia anche la porta aperta per futuri incontri o conversazioni.

In definitiva, il sorriso è un elemento essenziale nel flirt che va ben oltre il semplice gesto di curvare le labbra. È un linguaggio complesso e versatile che può essere utilizzato per trasmettere una gamma infinita di emozioni e intenzioni. Saper sorridere nel momento giusto, con la giusta intensità e in modo autentico, può trasformare un'interazione banale in un incontro carico di intesa, emozione e attrazione.

Il sorriso, nel contesto del flirting, è un ponte che connette le emozioni e crea una comunicazione sottile ma potentissima, che va oltre le parole. È un gesto universale, ma allo stesso tempo intimo, in grado di trasformare l'atmosfera di un'interazione con una rapidità sorprendente. Quando sorridiamo, non solo esprimiamo allegria o simpatia, ma inviamo segnali complessi che l'altra persona può interpretare a diversi livelli, rendendo l'interazione più profonda, intrigante e piena di significati nascosti.

Il sorriso, soprattutto nel flirt, può essere un messaggero di attrazione non dichiarata, uno strumento per mantenere viva una tensione sottile e giocosa tra due persone. Pensiamo a quel tipo di sorriso che si accende brevemente durante una conversazione: non è un sorriso completo, ma un mezzo sorriso, quasi una promessa non detta, che trasmette un'intesa tacita. Questo tipo di sorriso può essere molto efficace nel creare un'atmosfera di aspettativa, dove nessuno dice esattamente cosa sta pensando, ma entrambi sanno che c'è qualcosa che scorre tra di loro.

Un altro tipo di sorriso che spesso entra in gioco nel flirt è quello che possiamo chiamare "il sorriso di conferma". Durante un'interazione flirtosa, una persona potrebbe dire qualcosa di leggermente audace o giocoso, magari una battuta maliziosa o un commento provocatorio. Un sorriso, in quel preciso momento, funge da conferma non verbale che si è sulla stessa lunghezza d'onda. È come dire: "Sto capendo il tuo gioco e ci sto giocando anch'io." Questo sorriso di conferma non solo mantiene viva l'energia dell'interazione, ma rafforza il legame, facendo sentire l'altra persona compresa e ricettiva. Un sorriso in questo contesto è una forma di consenso implicito, che invita a continuare sulla stessa linea di gioco.

Ci sono anche sorrisi che funzionano come veri e propri strumenti di connessione emotiva. Pensiamo ai momenti in cui una conversazione prende una piega più personale, magari toccando un argomento importante per l'altra persona, o rivelando una vulnerabilità. In quei casi, un sorriso gentile, accompagnato da un'espressione dolce e comprensiva, può aiutare a trasmettere empatia e supporto. È un modo per dire: "Sono qui con te, ti sto ascoltando davvero." Questo tipo di sorriso non solo abbassa le difese dell'altra persona, ma crea uno spazio sicuro in cui la conversazione può approfondirsi, andando oltre la superficie e gettando le basi per una connessione più autentica.

Il sorriso, inoltre, può essere usato per modulare il ritmo dell'interazione. In una conversazione flirtosa, dove l'umore può oscillare tra il giocoso e il serio, il sorriso diventa una sorta di metronomo che scandisce i toni. Ad esempio, quando la conversazione sta per diventare troppo seria o rischia di appesantirsi, un sorriso improvviso può riportare leggerezza e far capire all'altra persona che, nonostante il contenuto, il clima dell'interazione resta disteso e piacevole. Al contrario, un sorriso lento, quasi dolce, può servire per rallentare l'interazione e creare un'atmosfera più intima, invitando l'altra persona a riflettere su ciò che sta succedendo tra di voi.

È interessante notare come il sorriso possa anche essere un modo per gestire le emozioni contrastanti. Nel flirt, ci sono momenti in cui l'attrazione e il desiderio sono bilanciati da una certa tensione, da quella sottile sensazione di incertezza o nervosismo. In questi momenti, il sorriso può fungere da valvola di sfogo per queste emozioni: sorridere quando ci si sente leggermente nervosi o tesi aiuta a rilassarsi e a inviare il messaggio che, nonostante l'intensità del momento, si è disposti a continuare il gioco. Questo sorriso nervoso può avere un fascino particolare perché, in un certo senso, mostra vulnerabilità, un lato umano e reale che molte persone trovano attraente.

Anche il timing del sorriso è un elemento fondamentale nel flirt. Saper scegliere il momento giusto per sorridere è una competenza che può fare la differenza tra un'interazione che si sviluppa e una che si spegne. Per esempio, mantenere il contatto visivo per qualche secondo prima di accompagnarlo con un sorriso crea una tensione visiva che amplifica l'effetto del sorriso stesso. Questo è particolarmente efficace quando si vuole creare un momento di intimità non verbale: lo sguardo tiene sospesa l'interazione, e poi il sorriso arriva come una sorta di segnale di rilascio, come a dire: "Va tutto bene, sono qui con te." Questo gioco di sospensione e rilascio attraverso il sorriso crea una dinamica seducente e coinvolgente.

Un altro aspetto del sorriso è che, oltre a esprimere interesse o attrazione, può servire come "test" per valutare la risposta dell'altra persona. Nel contesto del flirt, sorridere può essere un modo per misurare il livello di reciprocità. Se l'altra persona risponde con un sorriso altrettanto genuino, è probabile che ci sia una connessione e che il flirt stia funzionando. Al contrario, se il sorriso non viene ricambiato o viene accolto con una reazione distante, potrebbe essere un segnale che è necessario rallentare o cambiare approccio. Questo scambio di sorrisi diventa quindi una forma di comunicazione non verbale estremamente efficace, che permette di aggiustare il tiro senza dover necessariamente interrompere la conversazione o ricorrere a domande dirette.

Il sorriso può anche giocare un ruolo fondamentale nel rendere il flirt meno "rischioso." Molte persone temono di risultare troppo dirette o di inviare segnali che potrebbero essere fraintesi. Il sorriso, in questo senso, può fungere da "ammortizzatore" emotivo: un sorriso trasmette l'intenzione di mantenere le cose leggere e giocose, riducendo la possibilità di creare malintesi. Ad esempio, se si dice qualcosa di leggermente provocatorio o audace, un sorriso immediatamente dopo può trasformare ciò che avrebbe potuto sembrare una sfida in un commento giocoso. Il sorriso, in sostanza, depotenzierebbe qualsiasi tensione potenzialmente negativa, rendendo l'interazione più morbida e amichevole.

Il sorriso, infine, ha la capacità di trasmettere un senso di serenità e fiducia in sé stessi, due qualità che sono estremamente attraenti. Quando una persona sorride in modo naturale e genuino, invia un messaggio implicito di autostima e benessere. Il sorriso diventa un riflesso di una sicurezza interiore che non ha bisogno di essere ostentata, ma che si manifesta in modo sottile e accattivante. Questo tipo di sorriso rassicura l'altra persona, facendola sentire a proprio agio, e invita a proseguire l'interazione in modo fluido e spontaneo. La fiducia che un sorriso trasmette è contagiosa: quando una persona sorride con sicurezza, l'altra tende a rispondere allo stesso modo, creando una sinergia positiva che alimenta il flirt.

In molte interazioni flirtose, il sorriso funge anche da "ponte" per passare dal contatto visivo al contatto fisico. Spesso, dopo uno scambio di sorrisi e sguardi intensi, un piccolo gesto fisico – come un tocco leggero sulla spalla o un contatto breve – può seguire in modo naturale. Il sorriso, in questo caso, agisce come un segnale di via libera, un invito a spostare l'interazione su un livello leggermente più intimo, mantenendo comunque la leggerezza del momento.

Il sorriso, quindi, nel flirt, è molto più che un semplice gesto cortese. È uno strumento di comunicazione profondo e versatile che può essere utilizzato per costruire tensione, sciogliere il ghiaccio, trasmettere emozioni complesse e, infine, creare una connessione autentica tra due persone.

Per concludere, il sorriso nel contesto del flirting è molto più di un gesto superficiale: è un veicolo di emozioni, un mezzo per trasmettere messaggi complessi in modo sottile e immediato. Quando si sorride in un'interazione flirtosa, si crea un ponte tra l'espressione verbale e quella non verbale, rafforzando ciò che viene detto e aprendo canali di comunicazione che vanno oltre le parole. Il sorriso è uno degli strumenti più potenti per esprimere interesse e attrazione, ed è capace di costruire una connessione profonda senza la necessità di essere diretti o espliciti.

Uno dei motivi per cui il sorriso è così efficace nel flirt è la sua capacità di trasmettere autenticità. Le persone sono naturalmente attratte da chi sorride in modo genuino, poiché un sorriso autentico non solo mostra interesse, ma invia anche un messaggio di apertura e di accoglienza. Questo tipo di sorriso dice "mi piace stare in tua compagnia" e comunica che l'interazione è piacevole e desiderata. L'autenticità del sorriso si manifesta soprattutto quando non è forzato o utilizzato in modo strategico, ma quando emerge spontaneamente durante una conversazione o un momento di complicità.

Il sorriso ha il potere di abbattere le barriere e di creare un'atmosfera di relax e fiducia. In una situazione di flirt, sorridere permette di ridurre la tensione iniziale, rendendo più facile per entrambe le persone aprirsi e condividere parti di sé. Quando una persona sorride, invita l'altra a fare lo stesso, generando una sorta di feedback positivo che rafforza il legame e facilita l'interazione. Il sorriso, in questo senso, funziona come un meccanismo per mantenere viva la conversazione, per alimentare l'interesse reciproco e per aumentare la sensazione di benessere e di affinità.

Un altro aspetto cruciale del sorriso è il suo ruolo nella creazione di momenti di complicità. In un contesto flirtoso, un sorriso può suggerire che c'è qualcosa di speciale tra due persone, un segreto condiviso, una forma di intesa che non ha bisogno di essere esplicitata. Questo tipo di complicità crea una connessione più profonda e spesso alimenta il desiderio di continuare a interagire. Non è raro che un sorriso, scambiato in un momento particolare, crei una sorta di "storia non detta" tra due persone, un filo conduttore che rende l'interazione unica e memorabile.

La varietà di sorrisi disponibili nel flirt rende questo gesto incredibilmente versatile. C'è il sorriso giocoso, che suggerisce una voglia di scherzare e di mantenere la conversazione leggera. Poi c'è il sorriso malizioso, che può stuzzicare e creare una tensione sottile. Ci sono anche sorrisi più intimi e teneri, che emergono quando si condivide qualcosa di personale o emotivo. Ognuno di questi sorrisi ha una funzione specifica nel mantenere vivo il flirt, offrendo diversi livelli di connessione emotiva e attrazione. La capacità di alternare questi diversi tipi di sorriso durante un'interazione rende il flirt più ricco e dinamico.

Il sorriso è anche strettamente legato alla capacità di costruire fiducia. In ogni interazione, soprattutto in un contesto flirtoso, la fiducia gioca un ruolo fondamentale. Quando si sorride in modo autentico, si comunica non solo interesse, ma anche un senso di sicurezza e di trasparenza. Questo permette all'altra persona di rilassarsi e di abbassare le proprie difese, facilitando la costruzione di un legame più profondo. Un sorriso autentico è un segnale che dice: "Puoi fidarti di me, possiamo divertirci insieme". Questa fiducia è alla base di ogni flirt di successo, poiché rende l'interazione più naturale e priva di tensioni negative.

Il tempismo del sorriso è altrettanto essenziale. Saper sorridere nel momento giusto, che si tratti di rompere un silenzio o di accompagnare una battuta, può trasformare l'interazione, mantenendo viva l'attenzione e alimentando l'attrazione. Un sorriso ben piazzato, che segue una pausa significativa o un momento di contatto visivo, può avere un impatto molto maggiore rispetto a un sorriso che arriva in modo meccanico o fuori contesto. Il tempismo del sorriso nel flirting è ciò che spesso rende un'interazione memorabile e capace di lasciare una traccia emotiva.

Il sorriso è inoltre uno strumento che può guidare l'evoluzione del flirt. Nei momenti in cui la conversazione si intensifica o si fa più personale, un sorriso può addolcire l'atmosfera, permettendo di passare a un livello di maggiore intimità senza che l'interazione diventi troppo seria o imbarazzante. In questo senso, il sorriso agisce come un ponte tra la fase leggera e giocosa del flirt e quella più profonda, dove emergono emozioni e vulnerabilità.

Un altro ruolo importante del sorriso è la sua capacità di lasciare un'impressione duratura. Quando un'interazione flirtosa volge al termine, un ultimo sorriso genuino può sigillare l'esperienza in modo positivo, lasciando l'altra persona con una sensazione di benessere e desiderio di ripetere l'interazione. È come un gesto di chiusura che dice: "Mi è piaciuto passare del tempo con te", e che apre la porta a futuri incontri o conversazioni. Questo sorriso finale è spesso ciò che rimane nella mente dell'altra persona, contribuendo a creare una connessione più duratura.

In sintesi, il sorriso nel flirting è uno degli strumenti più efficaci e complessi a disposizione di chiunque voglia costruire una connessione autentica e significativa. Va ben oltre la semplice espressione di allegria: è un mezzo per comunicare attrazione, interesse, empatia e complicità, capace di rendere un'interazione leggera e profonda allo stesso tempo. Quando viene utilizzato con consapevolezza e autenticità, il sorriso diventa un elemento chiave per trasformare una conversazione ordinaria in un'esperienza ricca di emozioni, intese e possibilità future.

6. I confini del rispetto: Comprendere e rispettare i limiti dell'altra persona.

Nel contesto del flirting, comprendere e rispettare i confini dell'altra persona è fondamentale per garantire che l'interazione sia piacevole, sana e rispettosa per entrambe le parti. I confini definiscono ciò che ciascuna persona considera accettabile, sicuro e confortevole durante un'interazione, ed è essenziale saperli riconoscere e onorare. Nel flirt, dove il gioco della seduzione può includere elementi di tensione, provocazione e attrazione, il rispetto dei limiti altrui rappresenta una base solida su cui costruire una connessione autentica e basata sulla fiducia.

Uno degli aspetti più importanti del rispetto dei confini è la capacità di leggere i segnali non verbali e verbali dell'altra persona. Non sempre i limiti vengono espressi a parole dirette; a volte, si manifestano attraverso gesti, espressioni facciali o cambiamenti nel tono di voce. Ad esempio, un cambio di postura, come un improvviso allontanamento fisico, o uno sguardo che evita il contatto visivo possono indicare che l'altra persona non è a proprio agio con la direzione che l'interazione sta prendendo. Questi segnali sottili richiedono sensibilità e attenzione: ignorarli può facilmente trasformare un flirt giocoso in un'esperienza spiacevole o imbarazzante.

È importante notare che i confini possono variare notevolmente da persona a persona. Ciò che per qualcuno può essere un flirt innocente e divertente, per un altro potrebbe essere percepito come invadente o inappropriato. Ecco perché è fondamentale adattare il proprio comportamento in base alla risposta dell'altra persona, osservando attentamente come reagisce alle battute, ai complimenti o a eventuali tentativi di contatto fisico. Un flirt di successo è quello che rimane reciprocamente piacevole, senza mai oltrepassare quei limiti invisibili che l'altra persona potrebbe aver posto.

Un altro aspetto cruciale del rispetto dei confini è saper accettare e valorizzare il concetto di consenso. Nel flirt, il consenso non riguarda solo le situazioni fisiche, ma anche quelle emotive e verbali. Ad esempio, se l'altra persona sembra riluttante a continuare una conversazione su un certo argomento o a rispondere a determinate domande, è fondamentale rispettare il suo diritto di non voler approfondire e non insistere. Forzare una conversazione su temi personali o delicati può creare disagio e far sì che l'altra persona si allontani emotivamente. Il consenso, quindi, si estende anche alla sfera delle emozioni, non solo ai gesti fisici.

Un elemento chiave nel comprendere i confini è il ritmo dell'interazione. Nel flirt, può essere facile farsi prendere dall'entusiasmo e cercare di accelerare il ritmo dell'interazione, soprattutto quando c'è un'attrazione reciproca. Tuttavia, è essenziale non forzare i tempi e lasciare che l'altra persona si senta libera di stabilire il proprio ritmo. Ciò potrebbe significare rallentare, fare una pausa o lasciar evolvere il flirt in modo graduale e organico. Il rispetto dei confini temporali permette all'altra persona di sentirsi sicura e a proprio agio, creando un clima di fiducia e intesa che rafforza la qualità dell'interazione.

Il rispetto dei confini fisici è un altro aspetto essenziale. Nel flirt, il contatto fisico può svolgere un ruolo importante, ma deve essere sempre introdotto con attenzione e sensibilità. Anche piccoli gesti come toccare un braccio o una mano devono essere graduali e accompagnati da una lettura accurata delle reazioni dell'altra persona. Se si percepisce che il contatto fisico non è ben accolto, è fondamentale interrompere immediatamente e rispettare il bisogno di spazio personale. Forzare un contatto non desiderato può non solo rovinare l'interazione, ma anche creare una sensazione di disagio o di invadenza.

Un altro concetto fondamentale è quello della reciprocità. Nel flirt, deve esserci un equilibrio tra le persone coinvolte: entrambe devono sentirsi a proprio agio e partecipare attivamente all'interazione. Se una persona spinge troppo o tenta di dominare la conversazione o l'attenzione, rischia di violare i confini emotivi dell'altra, creando una dinamica sbilanciata. La reciprocità garantisce che entrambe le parti abbiano voce in capitolo nell'interazione, che si sentano ascoltate e rispettate, evitando di far sembrare il flirt unilaterale o invadente.

La comunicazione aperta e rispettosa è uno degli strumenti più efficaci per comprendere e rispettare i confini dell'altra persona. Se non si è sicuri di quale sia il limite dell'altra persona, chiedere con garbo e delicatezza è sempre una buona pratica. Domande semplici come "Ti va se parliamo di questo?" o "Ti senti a tuo agio con questo?" non solo mostrano rispetto, ma permettono anche di stabilire un dialogo aperto sui limiti e sulle aspettative. Questa trasparenza è essenziale per creare un ambiente sicuro e confortevole, in cui entrambi possano esprimersi senza timori o pressioni.

Inoltre, è importante riconoscere che i confini possono cambiare nel corso dell'interazione. Ciò che all'inizio può sembrare accettabile, potrebbe diventare inappropriato o scomodo in seguito, e viceversa. Essere attenti e ricettivi ai cambiamenti nei segnali dell'altra persona è fondamentale per adattarsi in modo rispettoso. Ad esempio, se l'interazione si evolve e si sviluppa una maggiore intimità, potrebbe essere appropriato aumentare il livello di contatto fisico o discutere di argomenti più personali. Tuttavia, questi cambiamenti devono sempre avvenire con il consenso e la partecipazione attiva di entrambe le parti.

Il rispetto dei confini non solo rende il flirt piacevole, ma costruisce anche fiducia e sicurezza. Quando una persona percepisce che i propri limiti vengono rispettati, si sente più rilassata e disposta a condividere di più, sia emotivamente che fisicamente. Questa fiducia reciproca è alla base di ogni interazione significativa, poiché permette di creare una connessione autentica, priva di forzature o manipolazioni. Al contrario, non rispettare i confini dell'altra persona rischia di creare frustrazione, imbarazzo e, in alcuni casi, di compromettere completamente l'interazione.

Nel flirt, l'empatia gioca un ruolo essenziale nel comprendere i confini. Saper leggere le emozioni dell'altra persona, mettersi nei suoi panni e rispettare il suo stato d'animo è fondamentale per evitare di oltrepassare i limiti. L'empatia permette di sintonizzarsi emotivamente con l'altra persona, riconoscendo i segnali di disagio o di piacere, e di agire di conseguenza. Un flirt empatico è un flirt che si basa sul rispetto reciproco e sulla consapevolezza che entrambe le persone coinvolte hanno desideri, bisogni e limiti che meritano di essere rispettati.

Inoltre, saper accettare il rifiuto o il desiderio di interrompere un'interazione è parte integrante del rispetto dei confini. Non tutte le interazioni flirtose si sviluppano in una connessione più profonda, e alcune persone potrebbero decidere di non voler continuare a flirtare. Rispettare questa decisione senza insistere o forzare ulteriori tentativi di contatto è essenziale per dimostrare maturità e considerazione verso l'altra persona. Un rifiuto o un limite devono essere accolti con rispetto e comprensione, senza trasformare il flirt in una situazione di pressione o disagio.

In definitiva, il rispetto dei confini dell'altra persona è un elemento imprescindibile per costruire un flirt che sia non solo piacevole, ma anche rispettoso e autentico. Comprendere i segnali, rispettare i limiti verbali e non verbali, adattarsi ai cambiamenti nell'interazione e praticare l'empatia sono tutte competenze che rendono il flirt una dinamica sana e arricchente per entrambe le parti. Il flirt basato sul rispetto non solo apre la porta a una connessione più profonda, ma crea anche un ambiente in cui entrambe le persone possono sentirsi libere di esprimersi, sapendo che i propri limiti saranno sempre onorati.

Il rispetto dei confini nell'ambito del flirting non è solo una questione di etichetta o di buone maniere, ma rappresenta una parte fondamentale di ciò che rende un'interazione autentica e reciprocamente gratificante. I confini non sono rigidi o sempre esplicitamente dichiarati, ma sono costantemente presenti e in continua evoluzione. Si manifestano attraverso sottili segnali verbali e non verbali, che devono essere attentamente osservati e rispettati. Questo aspetto richiede una sensibilità particolare, un'abilità di "leggere" l'altra persona, comprendendo quando ci si sta avvicinando a una zona di potenziale disagio o quando, al contrario, si sta costruendo una connessione più profonda. Il flirt, infatti, non è un monologo, ma un dialogo reciproco che deve bilanciare l'attrazione con la consapevolezza e il rispetto.

Il concetto di rispetto dei confini parte dal presupposto che ogni persona ha un diverso grado di comfort con determinate forme di contatto fisico, argomenti di conversazione o tipi di umorismo. Quello che può sembrare innocuo o divertente per una persona potrebbe risultare fastidioso o invasivo per un'altra. Questo è un punto essenziale che non va mai dimenticato nel flirt. La capacità di accettare che l'altra persona possa avere limiti diversi dai propri è un segno di maturità e rispetto, ed è ciò che distingue un flirt piacevole da uno che può diventare sgradevole.

Spesso, i confini non sono immediatamente visibili all'inizio di un'interazione. Potrebbe esserci una fase in cui si esplorano e si definiscono progressivamente, in base al livello di comfort e alla fiducia che si sviluppa tra le due persone. Questo significa che il flirt non deve essere un tentativo di accelerare i tempi o di ottenere rapidamente una reazione dall'altra persona, ma piuttosto un processo graduale di scoperta, dove il rispetto reciproco diventa la chiave per permettere alla relazione di evolversi in modo naturale. Riconoscere che l'altra persona potrebbe aver bisogno di più tempo per sentirsi a proprio agio e adattarsi al ritmo di questa consapevolezza è fondamentale per evitare di oltrepassare i limiti e creare situazioni di disagio.

Uno degli aspetti più sottili del rispetto dei confini è legato all'interpretazione del linguaggio del corpo. Il linguaggio non verbale è spesso il primo indicatore che qualcosa potrebbe non essere gradito o che l'altra persona si sta sentendo a disagio. Un cambio nella postura, come il ritrarsi leggermente, un sorriso che scompare rapidamente o lo spostamento dell'attenzione su qualcos'altro, sono tutti segnali che potrebbero indicare che si sta oltrepassando un confine invisibile. Essere attenti a questi segnali non significa solo evitare un eventuale rifiuto, ma dimostra anche un livello di empatia e di consapevolezza che rende l'interazione più piacevole e sicura per entrambi.

Il contatto fisico, quando è appropriato, può essere una parte importante del flirt, ma deve essere introdotto con cautela e sensibilità. Anche piccoli gesti, come un tocco su un braccio o un leggero avvicinamento, possono avere un impatto significativo, positivo o negativo, a seconda di come vengono percepiti dall'altra persona. Per questo motivo, ogni tentativo di contatto fisico dovrebbe essere graduale, basato sulla reciprocità e sempre aperto a una risposta immediata che indichi se l'altro è a suo agio o meno. Se l'altra persona non ricambia o si ritrae, è fondamentale rispettare quel segnale senza insistere. Questo tipo di attenzione rafforza la fiducia, rendendo più probabile che l'altra persona si apra a ulteriori interazioni in futuro.

Il rispetto dei confini, tuttavia, non si limita solo alla dimensione fisica. Anche la scelta degli argomenti di conversazione può rappresentare un confine importante. Alcuni temi, come quelli personali o emotivamente delicati, potrebbero essere troppo prematuri da affrontare in una fase iniziale del flirt, o potrebbero non essere mai appropriati se l'altra persona non desidera condividere certi aspetti della propria vita. Forzare un'interazione su argomenti che l'altra persona non si sente pronta a discutere può far sentire quest'ultima sotto pressione o in imbarazzo. La capacità di seguire il flusso naturale della conversazione, lasciando che l'altra persona sia libera di condividere solo ciò che desidera, è un'altra forma di rispetto dei confini. Quando l'interazione è bilanciata, entrambi devono sentirsi liberi di esprimersi senza paura di essere spinti in direzioni scomode.

Un altro punto cruciale riguarda l'umorismo, che può essere una parte divertente e leggera del flirt, ma che deve essere utilizzato con attenzione. Le battute che possono sembrare innocue o giocose a qualcuno potrebbero essere percepite come offensive o inappropriate da qualcun altro. Questo è particolarmente vero quando si tratta di umorismo che coinvolge stereotipi o argomenti delicati. L'umorismo è un'arma a doppio taglio nel flirt: può creare una connessione immediata, ma può anche mettere l'altra persona a disagio se non viene calibrato correttamente. Mantenere l'umorismo su un piano rispettoso e leggero, e soprattutto essere in grado di ritirare una battuta quando si avverte che potrebbe non essere stata ben accolta, è fondamentale per evitare di oltrepassare i confini dell'altra persona.

Un aspetto spesso sottovalutato del rispetto dei confini nel flirt è il concetto di "momento giusto". Alcune interazioni flirtose potrebbero essere piacevoli in un determinato contesto, ma completamente inappropriate in un altro. Ad esempio, una battuta giocosa che potrebbe funzionare durante una conversazione informale potrebbe risultare fuori luogo in un ambiente più professionale o serio. Riconoscere quando è il momento giusto per flirtare e quando, invece, è meglio mantenere un tono più neutrale è un'abilità importante, che si basa sulla capacità di adattarsi alle circostanze e al contesto. Questo tipo di sensibilità evita di mettere l'altra persona in situazioni imbarazzanti o di compromettere la relazione per mancanza di attenzione al contesto.

Anche il tono della voce e il modo in cui si parla possono riflettere un rispetto per i confini. Utilizzare un tono di voce morbido e rassicurante, che dimostra che non si sta cercando di dominare l'interazione o di mettere pressione sull'altra persona, è una forma sottile ma importante di rispetto. Un tono troppo diretto o energico, soprattutto se accompagnato da una comunicazione verbale che spinge per ottenere una risposta o una reazione immediata, può facilmente violare i confini dell'altra persona, facendola sentire sotto pressione. Saper moderare la propria voce e il ritmo della conversazione, lasciando spazio all'altra persona per rispondere senza sentirsi forzata, è un modo per mantenere l'interazione fluida e rispettosa.

Un altro elemento da considerare è la capacità di riconoscere quando l'altra persona non desidera continuare l'interazione. Può capitare che, durante un flirt, l'altra persona decida di non voler andare oltre un certo punto o di non voler continuare l'interazione. Questo può manifestarsi attraverso una diminuzione del coinvolgimento, risposte brevi o un distacco crescente. In questi casi, è fondamentale rispettare immediatamente questi segnali e non insistere nel cercare di prolungare l'interazione. Accettare il desiderio dell'altra persona di fermarsi, senza pressioni o tentativi di convincerla, è un segno di rispetto e maturità, che può lasciare un'impressione positiva anche se il flirt non prosegue.

Infine, un aspetto essenziale del rispetto dei confini è la capacità di guardare oltre l'attrazione immediata e riconoscere che il flirt, per essere davvero efficace e piacevole, deve basarsi su un reciproco rispetto per la dignità e le emozioni dell'altra persona. L'obiettivo non è solo quello di creare una connessione fisica o emozionale, ma di farlo in un modo che onori chi si ha di fronte come un individuo con pensieri, sentimenti e limiti propri. Questo tipo di rispetto non solo rende il flirt più autentico e significativo, ma crea anche le basi per relazioni più profonde e durature, costruite sulla fiducia e sul riconoscimento reciproco dei bisogni e dei desideri di entrambe le persone coinvolte.

Il rispetto dei confini nel flirting rappresenta uno degli aspetti più complessi e importanti da comprendere e applicare. È la base su cui si costruisce la fiducia e l'intimità necessaria affinché un'interazione flirtosa sia veramente piacevole, coinvolgente e significativa per entrambe le parti. I confini sono quel delicato equilibrio tra ciò che è consentito e ciò che non lo è, un equilibrio che può variare da persona a persona e anche da un momento all'altro della stessa interazione. Avere la capacità di navigare questi confini senza oltrepassarli richiede una combinazione di empatia, sensibilità e consapevolezza che può fare la differenza tra un flirt di successo e uno che risulta scomodo o, peggio, inappropriato.

Uno dei primi segnali che indicano un possibile superamento di un confine è il cambiamento del linguaggio del corpo. Spesso, prima che una persona verbalizzi il proprio disagio, lo comunica attraverso segnali non verbali: un irrigidimento della postura, l'incrocio delle braccia, un lieve passo indietro o l'evitamento del contatto visivo. Questi piccoli dettagli possono passare inosservati a chi non presta attenzione, ma sono cruciali per comprendere se l'altra persona è ancora a suo agio con il tono o il contenuto dell'interazione. La capacità di cogliere questi segnali e di adattare immediatamente il proprio comportamento dimostra una profonda comprensione e rispetto dei limiti dell'altra persona, permettendo all'interazione di continuare in modo più armonioso e rispettoso.

Il rispetto dei confini richiede anche un'enorme capacità di autocontrollo. Quando c'è una forte attrazione reciproca, può essere facile farsi trascinare dall'entusiasmo, rischiando di oltrepassare i limiti imposti dall'altra persona o dal contesto stesso. Tuttavia, è proprio in questi momenti che la capacità di mantenere il controllo e di saper fermarsi, anche di fronte alla tentazione di accelerare i tempi o di spingere l'interazione su un piano più intimo, diventa fondamentale. Saper aspettare, lasciare che le cose evolvano in modo naturale e non cercare di forzare la mano è un segno di grande maturità e rispetto. Questo non solo garantisce che l'altra persona si senta sicura e a proprio agio, ma crea anche un clima di fiducia che può rendere l'interazione molto più profonda e gratificante.

Un altro aspetto del rispetto dei confini riguarda la capacità di ascoltare e di prendere sul serio ciò che l'altra persona esprime. Anche se l'interazione sembra procedere senza intoppi, ci possono essere momenti in cui l'altra persona esprime chiaramente, attraverso parole o gesti, un desiderio di rallentare o di fermarsi. In questi casi, è essenziale non ignorare o minimizzare tali segnali. Spesso, la tentazione potrebbe essere quella di continuare a flirtare, magari con l'idea di "convincere" l'altra persona a cambiare idea o di allentare la sua resistenza con un po' di insistenza. Tuttavia, questa è una delle situazioni più rischiose, poiché si rischia di violare un confine chiaro. Rispondere prontamente e con rispetto alle richieste dell'altra persona, senza insistere o cercare di cambiare il suo stato d'animo, è fondamentale per mantenere la fiducia reciproca.

È anche importante riconoscere che i confini possono evolversi nel tempo. Inizialmente, una persona potrebbe essere cauta e riservata, preferendo mantenere una certa distanza emotiva o fisica. Man mano che l'interazione procede e la fiducia cresce, questi confini potrebbero allentarsi, permettendo una maggiore apertura e intimità. Tuttavia, ciò non deve mai essere dato per scontato. Anche se si percepisce un cambiamento positivo nell'atteggiamento dell'altra persona, è essenziale verificare che si senta a suo agio con questa nuova dinamica. Questo potrebbe avvenire attraverso domande semplici ma potenti, come "Sei a tuo agio?" o "Come ti senti riguardo a questo?". Queste domande non solo dimostrano attenzione, ma forniscono anche all'altra persona l'opportunità di esprimere eventuali dubbi o disagi in modo sicuro e rispettoso.

Un altro concetto importante nel rispetto dei confini riguarda il linguaggio utilizzato nel flirt. Spesso, le parole possono essere potenti quanto i gesti, e l'uso di un linguaggio eccessivamente esplicito, provocatorio o personale può essere percepito come invasivo, soprattutto se l'altra persona non ha mostrato segnali di apertura a tale livello di conversazione. Anche se può esserci una tentazione di usare battute audaci o commenti provocatori per suscitare una reazione, è essenziale capire quando queste parole sono appropriate e quando potrebbero invece oltrepassare un confine. La sensibilità al contesto e la capacità di modulare il proprio linguaggio in base all'interazione sono elementi chiave per mantenere il flirt rispettoso e piacevole.

Il rispetto dei confini, però, non significa solo evitare di fare qualcosa che possa infastidire l'altra persona. Significa anche essere consapevoli dei propri confini e sentirsi a proprio agio nel comunicarli. Spesso, nel contesto del flirt, una persona potrebbe sentirsi sotto pressione per accettare determinati comportamenti o argomenti di conversazione che, in realtà, non trova graditi. Essere in grado di esprimere chiaramente i propri limiti, senza paura di essere giudicati o respinti, è fondamentale per garantire che l'interazione rimanga equilibrata e reciprocamente rispettosa. Allo stesso modo, saper ascoltare e accogliere i confini dell'altra persona senza farla sentire a disagio o in colpa è altrettanto importante.

Il tema del consenso è strettamente legato a quello dei confini. Il consenso, infatti, va oltre il semplice "sì" o "no", ma implica una partecipazione attiva e reciproca all'interazione. Quando si rispetta veramente l'altra persona, si cerca il suo consenso in ogni fase dell'interazione, sia fisica che emotiva. Ciò significa non solo chiedere, ma anche osservare e interpretare i segnali non verbali, verificare costantemente che l'altra persona sia d'accordo e disposta a proseguire. Il consenso non è mai qualcosa che può essere dato una volta per tutte; è un processo continuo che deve essere confermato in ogni momento, specialmente quando si passa a livelli più intimi di interazione.

Nel contesto del flirt, il rispetto dei confini può anche includere il saper accettare i "no" con grazia e maturità. Un "no" non deve mai essere interpretato come una sfida o un rifiuto personale, ma come un'espressione dei limiti dell'altra persona, che meritano di essere rispettati in quanto tali. Essere in grado di accettare un rifiuto senza insistere, senza cercare di cambiare la decisione dell'altra persona, è un segno di maturità e rispetto che può lasciare una buona impressione anche in situazioni dove il flirt non si sviluppa come previsto. Spesso, chi dimostra di saper accettare un rifiuto in modo rispettoso viene ricordato positivamente, proprio per la sua capacità di mettere il rispetto davanti al proprio desiderio personale.

Un altro aspetto da considerare è che il rispetto dei confini non è solo una questione di evitare comportamenti sbagliati, ma anche di adottare atteggiamenti proattivi che promuovano un senso di sicurezza e comfort per l'altra persona. Questo può significare offrire uno spazio in cui l'altra persona si senta ascoltata e accolta, permettendole di esprimere i propri sentimenti, pensieri e limiti senza timore di essere giudicata. Creare un ambiente in cui i confini possano essere discussi apertamente, senza che l'altra persona si senta sotto pressione, è uno dei modi più efficaci per garantire che il flirt rimanga un'esperienza positiva per entrambe le parti.

Il rispetto dei confini ha anche a che fare con l'autenticità. Un flirt autentico, che si basa sulla genuina attenzione verso l'altra persona, tende naturalmente a rispettare i suoi limiti, perché nasce dal desiderio di conoscere veramente l'altro, e non di ottenere qualcosa da lui o da lei. Quando ci si avvicina all'altra persona con un intento autentico e non manipolativo, il rispetto dei confini diventa una conseguenza naturale del rispetto per l'altro come individuo. Un flirt che si basa sull'autenticità e sulla sincerità è più sostenibile nel tempo, poiché costruisce una connessione basata sulla fiducia reciproca e sul rispetto dei desideri e dei bisogni di entrambi.

In conclusione, il rispetto dei confini nel flirting è un elemento fondamentale per garantire che l'interazione sia equilibrata, rispettosa e autentica. Comprendere e rispettare i limiti dell'altra persona non significa solo evitare comportamenti indesiderati, ma anche creare un ambiente in cui entrambe le parti possano esprimere i propri desideri e confini in modo aperto e sicuro.

Per concludere, il rispetto dei confini nel flirting è un pilastro essenziale per garantire che l'interazione sia positiva, autentica e reciproca. Il flirt, quando fatto nel rispetto dei limiti personali, non solo diventa più piacevole, ma costruisce le basi per una relazione più profonda e significativa. I confini, siano essi emotivi, fisici o verbali, sono espressioni della propria individualità e vulnerabilità. Rispettarli significa riconoscere l'umanità dell'altra persona e dimostrare una comprensione del fatto che ogni interazione deve essere basata sul consenso reciproco e sulla mutua considerazione.

Il rispetto dei confini inizia con l'attenzione. Prestare attenzione ai segnali verbali e non verbali che l'altra persona invia è fondamentale per comprendere quando è opportuno continuare, rallentare o fermarsi. Questo richiede sensibilità e la capacità di ascoltare attivamente non solo ciò che viene detto, ma anche ciò che viene comunicato attraverso i gesti e le espressioni. Quando si riconoscono i segnali di disagio o incertezza, è necessario rispondere prontamente, mostrando di avere compreso e accettato i limiti dell'altra persona.

Oltre all'attenzione, è cruciale saper accettare e rispettare il concetto di consenso in ogni momento dell'interazione. Il consenso non è una concessione statica, ma un processo dinamico che deve essere riconfermato in ogni fase del flirt. Questo vale sia per il contatto fisico che per gli argomenti trattati o per l'intensità del flirt stesso. Chiedere e verificare il consenso in modo rispettoso dimostra maturità e consapevolezza, e soprattutto fa sentire l'altra persona sicura e a proprio agio, favorendo lo sviluppo di un legame più autentico.

Il rispetto dei confini è strettamente legato alla reciprocità. In un flirt sano, entrambe le persone devono sentirsi partecipi e rispettate. Se una persona spinge troppo o ignora i segnali dell'altra, l'interazione diventa sbilanciata, creando tensione e potenziale disagio. La reciprocità garantisce che l'interazione sia una strada a doppio senso, in cui entrambe le persone possano esprimere i propri desideri e limiti senza sentirsi sotto pressione. Questo equilibrio è alla base di un flirt che non solo rispetta i confini, ma crea un ambiente di fiducia e comprensione.

Un altro aspetto fondamentale del rispetto dei confini è il saper modulare il ritmo dell'interazione. Non tutte le persone si sentono a proprio agio con un flirt che si sviluppa rapidamente, e molte potrebbero preferire un approccio più graduale e delicato. Essere in grado di adattarsi al ritmo dell'altra persona, rispettando i suoi tempi, è essenziale per evitare di forzare l'interazione in una direzione o a una velocità che non le è confortevole. Questo può significare rallentare, aspettare il momento giusto o semplicemente lasciare che le cose evolvano naturalmente.

Il rispetto dei confini si manifesta anche attraverso il modo in cui si risponde ai segnali di rifiuto. Un "no" o un segnale di disagio non devono mai essere visti come una sfida o un invito a insistere, ma come un confine chiaro che merita di essere accolto con rispetto e comprensione. Accettare il rifiuto con grazia, senza far sentire l'altra persona in colpa o sotto pressione, è una dimostrazione di maturità che può lasciare un'impressione positiva anche se l'interazione non va come previsto. Il rispetto per i limiti espressi dall'altra persona è, in definitiva, una forma di rispetto per la sua dignità e la sua autonomia.

Il flirt, per essere davvero piacevole e gratificante, deve basarsi sull'autenticità e sulla consapevolezza. Quando si avvicina l'altra persona con rispetto per i suoi confini e desideri, si crea un'interazione che va oltre il semplice gioco della seduzione, trasformandosi in un'opportunità per costruire una connessione reale e reciproca. Il rispetto dei confini non è solo un atto di cortesia, ma un modo per mostrare che si apprezza l'altra persona non solo per ciò che può offrire in un momento specifico, ma per ciò che è come individuo. Questo atteggiamento apre le porte a relazioni più significative, basate sulla fiducia e sulla mutua comprensione.

In definitiva, il rispetto dei confini nel flirting è molto più che una regola di comportamento: è un atteggiamento mentale, un modo di approcciarsi all'altra persona con delicatezza, empatia e attenzione. Significa creare uno spazio sicuro in cui entrambi possano esprimersi liberamente, sapendo che i propri limiti saranno sempre onorati e rispettati. Questo rispetto, a sua volta, alimenta la fiducia, che è l'elemento centrale di qualsiasi connessione autentica e duratura. Quando il flirting è basato sul rispetto reciproco dei confini, non solo si crea un'interazione piacevole nel presente, ma si gettano le basi per una relazione potenzialmente più profonda e significativa in futuro.

7. Il ruolo della fiducia in sé stessi: Come aumentare l'autostima e apparire sicuri senza essere arroganti.

La fiducia in sé stessi è un elemento chiave nel flirting e nelle relazioni in generale. La capacità di trasmettere sicurezza senza risultare arroganti è una delle caratteristiche più attraenti in una persona. La fiducia in sé stessi comunica equilibrio, maturità e rispetto verso se stessi e gli altri, ma è importante trovare il giusto equilibrio tra sicurezza e umiltà per evitare di sembrare presuntuosi o egocentrici. Riuscire a esprimere la propria autostima in modo naturale e genuino è un'arte, e può fare la differenza tra un'interazione positiva e una che si spegne rapidamente.

La prima cosa da comprendere riguardo alla fiducia in sé stessi è che non si tratta solo di un atteggiamento esteriore. La vera fiducia nasce dall'interno ed è strettamente legata all'autostima. Quando una persona ha un'immagine positiva di sé, si sente bene con le proprie capacità e i propri valori, e questo si riflette naturalmente nel suo comportamento e nel modo in cui interagisce con gli altri. Aumentare la fiducia in sé stessi non significa "recitare" una parte o adottare un atteggiamento forzato, ma piuttosto lavorare sulla propria autostima in modo da sentirsi veramente a proprio agio con se stessi.

Uno dei primi passi per sviluppare una maggiore fiducia in sé stessi è riconoscere i propri punti di forza. Ogni persona ha qualità uniche, e imparare a riconoscerle e valorizzarle è essenziale per costruire una solida base di autostima. Spesso, le persone tendono a concentrarsi su ciò che considerano i loro difetti o mancanze, trascurando le loro capacità e i loro successi. Prendere del tempo per riflettere su ciò che si fa bene, che si tratti di competenze sociali, professionali o personali, permette di costruire una percezione più equilibrata e positiva di sé. Questi punti di forza non devono essere espressi con arroganza, ma piuttosto con consapevolezza e gratitudine verso se stessi.

Un altro aspetto fondamentale nel coltivare la fiducia in sé stessi è imparare a essere autentici. Spesso, l'insicurezza nasce dal tentativo di apparire in un certo modo o di soddisfare le aspettative altrui. Quando si cerca di essere qualcosa che non si è, si crea una dissonanza interna che erode la propria autostima. Essere autentici significa accettare e mostrare chi si è veramente, senza cercare di impressionare o di adattarsi a un'immagine ideale. Quando una persona si mostra per quello che è, la fiducia in sé stessi viene percepita come genuina e non forzata, e questo la rende più attraente agli occhi degli altri.

Un elemento cruciale nel costruire fiducia in sé stessi è il dialogo interiore. Spesso, le persone insicure mantengono un dialogo interno negativo, fatto di critiche e giudizi verso se stesse. Questa voce interiore può sabotare la fiducia in sé stessi e rendere più difficile apparire sicuri di fronte agli altri. Imparare a trasformare questo dialogo in qualcosa di positivo è un passo importante per migliorare l'autostima. Anziché concentrarsi su ciò che non si è capaci di fare o sulle proprie mancanze, è utile ripetere a se stessi affermazioni che rinforzano il proprio valore. Frasi come "sono in grado di affrontare questa situazione" o "ho delle qualità che gli altri apprezzano" possono aiutare a costruire una mentalità più positiva e sicura di sé.

Un altro aspetto del miglioramento della fiducia in sé stessi riguarda l'importanza dell'esperienza. Spesso, la sicurezza deriva dall'avere affrontato situazioni simili in passato e dall'avere acquisito competenze che rafforzano la propria autostima. Questo non significa che si debba essere esperti in ogni situazione, ma piuttosto che l'esperienza e la pratica possono contribuire a rendere più sicuri nel tempo. Ad esempio, nel contesto del flirting, una persona che si mette in gioco regolarmente e impara a interagire con gli altri in modo aperto e positivo acquisirà gradualmente maggiore sicurezza, imparando dalle proprie esperienze e migliorando costantemente.

La postura e il linguaggio del corpo giocano un ruolo determinante nell'esprimere fiducia in sé stessi. Anche se la fiducia inizia dall'interno, il modo in cui una persona si presenta esteriormente influisce su come viene percepita dagli altri. Una postura aperta, rilassata e sicura invia il messaggio che si è a proprio agio e pronti a interagire. Al contrario, una postura chiusa, come incrociare le braccia o tenere lo sguardo basso, può segnalare insicurezza o disagio. Mantenere un contatto visivo diretto, sorridere in modo naturale e usare gesti aperti e rilassati sono tutti segnali di una fiducia in sé stessi che viene percepita come autentica e non forzata.

È importante distinguere tra fiducia e arroganza. Mentre la fiducia in sé stessi si basa sulla consapevolezza dei propri punti di forza e sull'accettazione dei propri limiti, l'arroganza spesso maschera insicurezze profonde. L'arroganza si manifesta quando una persona cerca di imporsi sugli altri, sminuendoli o cercando di attirare l'attenzione a tutti i costi. Questo atteggiamento non solo respinge gli altri, ma denota una mancanza di empatia e di considerazione per i sentimenti altrui. La fiducia, al contrario, è equilibrata: una persona sicura di sé non sente il bisogno di dimostrare costantemente il proprio valore, perché è consapevole di chi è, e lascia che siano le sue azioni a parlare.

Un'altra componente fondamentale per costruire e mantenere la fiducia in sé stessi è la capacità di accettare il fallimento. Nessuno è perfetto, e tutti commettono errori o affrontano situazioni difficili. La vera fiducia in sé stessi non deriva dall'essere infallibili, ma dalla capacità di rialzarsi dopo una caduta e imparare dagli errori. Quando una persona è in grado di accettare i propri fallimenti come parte del processo di crescita, senza giudicarsi troppo duramente, acquisisce una sicurezza che non si basa sull'evitare gli errori, ma sul sapere di poterli affrontare e superare.

Una strategia efficace per aumentare la fiducia in sé stessi è affrontare gradualmente le proprie paure. Spesso, le persone evitano situazioni che temono di non essere in grado di gestire, ma questo rinforza solo l'insicurezza. Esporsi gradualmente a ciò che crea disagio o paura, come parlare in pubblico o avvicinarsi a qualcuno in un contesto flirtoso, permette di aumentare la propria sicurezza passo dopo passo. Ogni piccolo successo contribuisce a rafforzare l'autostima, creando un ciclo positivo in cui la fiducia cresce in modo naturale.

Un altro modo per apparire sicuri senza sembrare arroganti è saper ascoltare e mostrare interesse per gli altri. Le persone sicure di sé non sentono il bisogno di monopolizzare la conversazione o di mettere sempre in evidenza i propri successi. Al contrario, sanno quando è il momento di ascoltare e di dare spazio agli altri. Mostrare interesse genuino per ciò che gli altri hanno da dire, fare domande e prestare attenzione alle loro risposte sono segnali di fiducia, poiché dimostrano che una persona è abbastanza sicura di sé da non aver bisogno di essere costantemente al centro dell'attenzione.

Infine, un aspetto spesso trascurato della fiducia in sé stessi è la cura di sé. Prendersi cura del proprio benessere fisico, mentale ed emotivo contribuisce direttamente a migliorare l'autostima. Quando una persona si sente bene con se stessa, si percepisce automaticamente più sicura e a proprio agio nelle interazioni sociali. Mantenere uno stile di vita sano, coltivare hobby che portano gioia e soddisfazione, e circondarsi di persone positive e di supporto, sono tutte pratiche che aiutano a costruire una solida base di autostima.

In conclusione, la fiducia in sé stessi è una qualità che si costruisce nel tempo attraverso l'autoconsapevolezza, l'esperienza e la capacità di accettare i propri limiti e fallimenti. Appare sicuri di sé significa essere autentici, avere un'immagine positiva di sé, e non aver bisogno di dimostrare costantemente il proprio valore agli altri. Una persona veramente sicura è capace di bilanciare la fiducia con l'umiltà, mostrando empatia, ascolto e rispetto verso chi le sta intorno. In questo modo, la fiducia diventa un elemento naturale e irresistibile nel flirt, attirando gli altri non per arroganza, ma per la serenità e la sicurezza che si riflettono in ogni interazione.

La fiducia in sé stessi è un concetto complesso e sfaccettato, che si manifesta in vari aspetti della vita e delle relazioni, in particolare nel flirting. Avere fiducia in sé non significa semplicemente essere sicuri di ogni parola che si dice o di ogni azione che si compie, ma implica una profonda conoscenza di sé stessi, delle proprie capacità e dei propri limiti. È una sicurezza che deriva dall'accettazione, dalla consapevolezza di chi si è e dalla volontà di migliorarsi costantemente. La fiducia in sé stessi è ciò che permette di entrare in una stanza, iniziare una conversazione, e trasmettere una sensazione di equilibrio e calma interiore, senza bisogno di urlare il proprio valore o cercare costantemente conferme esterne.

Uno dei modi più efficaci per aumentare la fiducia in sé stessi è sviluppare una visione positiva di sé, basata su una comprensione realistica delle proprie qualità e dei propri punti di forza. Questo non significa essere ciechi di fronte ai propri difetti, ma piuttosto imparare ad accettarli come parte del proprio essere. Quando si raggiunge un livello di autoaccettazione, ci si sente meno inclini a cercare approvazione dagli altri e più sicuri del proprio valore intrinseco. Questa sicurezza interiore si riflette naturalmente nell'atteggiamento, nel linguaggio del corpo e nel modo di interagire con le altre persone. Chi ha fiducia in sé non sente la necessità di essere perfetto o di evitare ogni errore, perché comprende che il valore personale non è definito da un singolo fallimento o successo.

Inoltre, la fiducia in sé stessi è strettamente legata alla capacità di essere autentici. Troppe volte le persone, nel tentativo di apparire sicure, finiscono per adottare atteggiamenti che non riflettono veramente chi sono. Questo può creare una dissonanza interna che porta a una sensazione di insicurezza e falsità. Essere autentici significa essere in pace con chi si è, con i propri valori e con il modo in cui ci si presenta al mondo. Quando si è autentici, si trasmette un senso di sicurezza che non ha bisogno di essere costruito o artificioso. Le persone percepiscono questa autenticità, ed è proprio questo che rende una persona attraente. La vera fiducia non si costruisce sull'immagine di ciò che si pensa gli altri vogliano vedere, ma sull'accettazione di ciò che si è davvero.

Un altro elemento fondamentale nel rafforzare la fiducia in sé stessi è il modo in cui ci si parla interiormente. Spesso, le persone insicure mantengono un dialogo interno critico e autocritico, che mina costantemente la loro autostima. Pensieri del tipo "non sono abbastanza bravo", "farò sicuramente una brutta figura", o "non piaccio a nessuno" non fanno altro che alimentare l'insicurezza. Imparare a riconoscere e trasformare questi pensieri negativi è essenziale per costruire una solida autostima. Anziché concentrarsi sugli aspetti negativi o sui potenziali fallimenti, è utile sviluppare un dialogo interiore che rinforzi la propria fiducia. Ad esempio, ricordarsi i propri successi, le proprie capacità e le volte in cui si è stati apprezzati o stimati dagli altri può aiutare a cambiare la propria percezione di sé.

La fiducia in sé stessi è anche un processo che si alimenta attraverso l'esperienza. Ogni volta che si affronta una situazione difficile o si supera un ostacolo, si costruisce una maggiore consapevolezza delle proprie capacità. Questo vale particolarmente nel flirt. Più si pratica l'interazione con gli altri in modo aperto e sincero, più si acquisisce la sicurezza necessaria per gestire situazioni nuove o sconosciute. Ogni conversazione riuscita, ogni interazione positiva diventa una sorta di mattoncino che costruisce una base solida di fiducia. Anche quando le cose non vanno come previsto, imparare a trarre insegnamento dagli errori e a non prendersi troppo sul serio è un segno di maturità e di fiducia in sé.

L'importanza del linguaggio del corpo nel comunicare fiducia in sé stessi non può essere sottovalutata. Spesso, le persone giudicano inconsciamente il livello di sicurezza di qualcuno attraverso la postura, i gesti e il contatto visivo. Un corpo aperto e rilassato trasmette fiducia, mentre un corpo chiuso o rigido può segnalare insicurezza. Ad esempio, mantenere una postura eretta, con le spalle rilassate e il mento leggermente sollevato, invia il messaggio che si è a proprio agio nella propria pelle. Il contatto visivo è un altro elemento cruciale: guardare l'altra persona negli occhi mentre si parla non solo dimostra attenzione, ma trasmette sicurezza e interesse autentico. Evitare lo sguardo, al contrario, può far sembrare una persona nervosa o insicura. Tuttavia, è importante che questi gesti siano naturali e non forzati, perché la fiducia autentica non si basa su trucchi di postura, ma su un reale senso di comfort interiore.

Uno dei segnali più chiari di una vera fiducia in sé stessi è la capacità di ascoltare. Le persone che sono sicure di sé non sentono il bisogno di monopolizzare la conversazione o di cercare costantemente approvazione attraverso le parole. Al contrario, sanno quando fare un passo indietro e lasciare che l'altra persona si esprima. L'ascolto attivo non è solo un segno di rispetto, ma anche un'indicazione di sicurezza. Chi è sicuro di sé non teme di essere messo in ombra dagli altri, perché sa che il proprio valore non dipende dalla quantità di parole pronunciate. Saper ascoltare, fare domande appropriate e mostrare interesse genuino per l'altra persona sono caratteristiche che denotano una sicurezza equilibrata, che non ha bisogno di dimostrare costantemente il proprio valore.

Tuttavia, è importante riconoscere che la fiducia in sé stessi non significa non avere mai dubbi o incertezze. Anche le persone più sicure di sé attraversano momenti di insicurezza o di dubbio, ma la differenza sta nel modo in cui affrontano queste sensazioni. Invece di permettere che i dubbi prendano il sopravvento, le persone con fiducia in sé stesse imparano a gestirli, a non lasciarsi bloccare da essi e a continuare ad andare avanti nonostante le paure. Questo richiede una certa dose di coraggio, ma con il tempo e l'esperienza, la capacità di affrontare le proprie insicurezze diventa un segno distintivo di vera fiducia.

Una parte integrante della fiducia in sé stessi è anche la capacità di riconoscere e accettare il fallimento. La paura di fallire è spesso ciò che trattiene le persone dall'essere sicure di sé. Tuttavia, chi ha una buona autostima sa che il fallimento non definisce il proprio valore. Anzi, è visto come una parte naturale del processo di crescita. Ogni errore è un'opportunità per imparare, e ogni sfida affrontata con resilienza rafforza la fiducia nelle proprie capacità. Imparare a vedere il fallimento non come un segnale di inadeguatezza, ma come una tappa nel percorso verso il miglioramento, permette di sviluppare una fiducia in sé stessi che non è fragile, ma resiliente e duratura.

Un altro aspetto della fiducia è la capacità di mantenere una certa umiltà. Le persone veramente sicure di sé non sentono il bisogno di dimostrare costantemente il proprio valore agli altri, né di esibirsi per ottenere riconoscimento. Sanno chi sono e non cercano di imporsi sugli altri per sentirsi superiori. Questa umiltà è un elemento che distingue la fiducia dall'arroganza. L'arroganza è spesso una maschera per nascondere insicurezze profonde, mentre la vera fiducia si accompagna a una naturale modestia. Le persone sicure di sé sanno apprezzare i successi degli altri e non si sentono minacciate dal talento o dalle capacità altrui, perché sono consapevoli del proprio valore.

In conclusione, la fiducia in sé stessi è il risultato di un lungo processo di crescita personale, che richiede introspezione, esperienza e la capacità di accettarsi per quello che si è. È un equilibrio delicato tra riconoscere il proprio valore e mantenere un atteggiamento umile e rispettoso verso gli altri. La vera fiducia non ha bisogno di essere esibita, perché si manifesta naturalmente nel modo in cui ci si presenta e si interagisce con il mondo. Coltivare questa fiducia non solo rende più sicuri nelle relazioni e nel flirt, ma migliora la qualità della vita in generale, aprendo la strada a connessioni più autentiche e soddisfacenti.

La fiducia in sé stessi è un elemento profondamente radicato nella percezione che si ha di sé e nelle esperienze vissute. Non è una qualità che si acquisisce in modo lineare o definitivo, ma piuttosto qualcosa che si costruisce nel tempo, attraverso successi e fallimenti, riflessioni personali e interazioni con gli altri. La fiducia in sé stessi è come un muscolo che, con il giusto allenamento, si rafforza e cresce, permettendo di affrontare le sfide della vita con maggiore sicurezza e serenità. Tuttavia, questo processo richiede pazienza, costanza e soprattutto un lavoro costante su se stessi.

Uno degli aspetti fondamentali per sviluppare una vera fiducia in sé stessi è la capacità di accettare la propria vulnerabilità. Spesso, la mancanza di fiducia deriva dal timore di mostrarsi vulnerabili agli occhi degli altri, di rivelare i propri difetti o le proprie insicurezze. Tuttavia, paradossalmente, è proprio accettando e abbracciando la propria vulnerabilità che si può sviluppare una solida autostima. Quando si smette di temere il giudizio altrui e si accetta che nessuno è perfetto, la pressione di apparire impeccabili si dissolve. Essere in grado di ammettere i propri limiti senza vergogna non solo rafforza la fiducia in sé, ma trasmette anche agli altri un messaggio di autenticità e coraggio. Chi è veramente sicuro di sé non sente il bisogno di mascherare le proprie debolezze, ma le vede come parte integrante della propria umanità.

Il processo di costruzione della fiducia in sé stessi passa anche attraverso l'autocompassione. Troppo spesso, le persone sono i loro peggiori critici, infliggendo giudizi severi su ogni errore commesso o su ogni insuccesso. Questo tipo di atteggiamento non fa altro che minare l'autostima, creando un circolo vizioso di autocritica e insicurezza. L'autocompassione, invece, è la capacità di trattarsi con la stessa gentilezza e comprensione che si riserverebbe a un amico. Imparare a essere clementi con se stessi, a non colpevolizzarsi per ogni sbaglio e a vedere i propri fallimenti come opportunità di crescita, permette di sviluppare una fiducia più solida e duratura. Quando ci si dà il permesso di sbagliare e di essere imperfetti, si crea lo spazio per crescere e migliorare, senza l'ossessione di dover sempre dimostrare qualcosa.

Il modo in cui ci si presenta al mondo è un altro fattore determinante nel rafforzare la fiducia in sé stessi. La postura, i gesti, il tono di voce e lo sguardo sono tutti indicatori di quanto ci si sente a proprio agio con se stessi. Il linguaggio del corpo comunica spesso molto più delle parole, e una persona che si muove con sicurezza, che mantiene il contatto visivo e che parla in modo chiaro e deciso viene percepita come sicura di sé. Tuttavia, non si tratta di adottare una postura o un comportamento artificioso, ma di lavorare affinché questi segni esteriori riflettano un'autentica fiducia interiore. Quando il corpo è in sintonia con la mente, la fiducia in sé stessi diventa naturale e fluida, trasparente agli occhi degli altri.

Un altro elemento cruciale nel rafforzare la fiducia è la capacità di imparare dagli errori senza permettere che questi definiscano il proprio valore. Chi ha una vera fiducia in sé stessi non si lascia abbattere dai fallimenti, ma li vede come parte integrante del percorso di crescita. Ogni errore è una lezione, un'occasione per migliorarsi e per affinare le proprie capacità. È attraverso l'accettazione del fallimento che si sviluppa una forma di resilienza, che permette di affrontare le difficoltà con una mentalità positiva e costruttiva. In questo senso, la fiducia in sé stessi non si misura solo nei momenti di successo, ma soprattutto nella capacità di rialzarsi dopo una caduta, di ricominciare con la consapevolezza che ogni passo, anche quelli che sembrano portare indietro, contribuisce a un cammino più ampio e significativo.

Il confronto con gli altri è spesso un grande ostacolo alla fiducia in sé stessi. Viviamo in una società in cui il paragone è costante, sia a livello personale che professionale. Tuttavia, chi ha fiducia in sé sa che il valore personale non dipende da come si è rispetto agli altri, ma da come si è rispetto a se stessi. Il confronto con gli altri porta spesso a sentimenti di inadeguatezza o frustrazione, mentre una fiducia solida si basa sull'accettazione del proprio percorso unico e irripetibile. Ognuno ha i propri tempi, le proprie esperienze e il proprio cammino da seguire. Chi è sicuro di sé non si preoccupa di essere "meglio" o "peggio" di qualcun altro, ma si concentra sul proprio sviluppo personale, accettando che il successo degli altri non toglie nulla al proprio valore.

Un altro pilastro della fiducia in sé stessi è la capacità di comunicare in modo efficace. Spesso, le persone insicure tendono a evitare conversazioni difficili o a esprimere le proprie opinioni per paura di essere giudicate o rifiutate. Tuttavia, sviluppare la capacità di esprimere chiaramente i propri pensieri e sentimenti, anche quando questo comporta un rischio, è un segno di vera fiducia. Quando una persona si sente sicura di sé, non ha paura di dire la propria opinione, anche se questa potrebbe non essere accolta positivamente da tutti. Saper comunicare in modo assertivo, senza essere aggressivi o prepotenti, è una competenza che si sviluppa nel tempo e che rafforza notevolmente la fiducia in sé stessi. La capacità di difendere le proprie idee, pur rispettando quelle degli altri, è una dimostrazione di sicurezza interiore che viene apprezzata e rispettata dagli altri.

Una parte importante del percorso verso una maggiore fiducia in sé stessi è la capacità di prendersi cura di sé. L'autostima e la fiducia sono strettamente legate al modo in cui ci si tratta quotidianamente. Ciò significa prendersi cura del proprio corpo, della propria mente e delle proprie emozioni. Mangiare bene, fare attività fisica, dormire a sufficienza e dedicare tempo alle attività che ci fanno sentire bene sono tutti aspetti che contribuiscono a rafforzare la fiducia. Quando ci si sente bene fisicamente e mentalmente, si affrontano le situazioni con una maggiore energia e sicurezza. Inoltre, prendersi del tempo per riflettere su ciò che si desidera veramente nella vita, su quali sono i propri valori e i propri obiettivi, aiuta a costruire una visione di sé più chiara e a sentirsi più sicuri nelle scelte e nelle decisioni che si prendono.

Nel contesto del flirting, la fiducia in sé stessi gioca un ruolo essenziale. Essere sicuri di sé non significa cercare costantemente di impressionare l'altra persona, ma piuttosto essere in grado di relazionarsi in modo autentico, senza cercare di dimostrare qualcosa. Una persona che ha fiducia in sé non si preoccupa di apparire perfetta, ma si mostra per ciò che è, con i suoi pregi e difetti. Questa autenticità è ciò che rende una persona davvero attraente, perché trasmette un senso di calma e sicurezza che mette a proprio agio chiunque la circondi. Nel flirt, la fiducia permette di affrontare le situazioni con leggerezza, senza sentirsi sotto pressione o ansiosi di ottenere una risposta immediata dall'altra persona.

Tuttavia, è importante ricordare che la fiducia in sé stessi non deve mai trasformarsi in arroganza. L'arroganza è spesso un segnale di insicurezza mascherata, una difesa contro il timore di non essere abbastanza. Chi è arrogante tende a sminuire gli altri per sentirsi superiore, mentre chi ha fiducia in sé non ha bisogno di confrontarsi o di competere. La fiducia autentica è caratterizzata da un equilibrio tra il riconoscimento del proprio valore e il rispetto per gli altri. Si tratta di sapere chi si è, ma anche di saper ascoltare e apprezzare gli altri senza sentirsi minacciati. Una persona veramente sicura di sé è in grado di riconoscere il valore delle persone che la circondano e di apprezzare le loro qualità senza sentirsi messa in discussione.

In sintesi, la fiducia in sé stessi è il frutto di un percorso di crescita personale, di riflessione e di accettazione di sé. Non è un punto di arrivo, ma un processo continuo che richiede cura, attenzione e consapevolezza. La fiducia non si basa sull'assenza di dubbi o insicurezze, ma sulla capacità di affrontarli con coraggio e di continuare a crescere e migliorarsi. Quando si sviluppa una vera fiducia in sé, si diventa più autentici, più aperti e più disposti a condividere il proprio vero sé con gli altri.

Questo tipo di fiducia non solo migliora le relazioni interpersonali, ma porta a una vita più ricca, soddisfacente e piena di significato.

La fiducia in sé stessi è un aspetto fondamentale del modo in cui ci presentiamo al mondo, e la sua influenza si estende a quasi tutti gli ambiti della vita. Non si tratta solo di avere una buona immagine di sé, ma di vivere con la consapevolezza di chi si è e di essere a proprio agio con questa immagine, indipendentemente dalle circostanze o dalle persone con cui ci si trova. La fiducia non nasce dall'approvazione altrui, ma da una profonda convinzione interiore del proprio valore, una percezione che non dipende dai risultati esterni o dalle opinioni degli altri. Questo senso di sicurezza interna è ciò che permette di affrontare la vita con maggiore leggerezza, senza l'ansia di dover sempre dimostrare qualcosa.

Un modo per sviluppare e mantenere una fiducia solida in sé stessi è imparare a celebrare i piccoli successi. Troppo spesso, le persone sono così concentrate sui grandi traguardi o sugli obiettivi futuri che dimenticano di riconoscere il valore delle piccole vittorie quotidiane. Ogni giorno offre opportunità per migliorarsi, superare difficoltà o semplicemente fare qualcosa di buono per sé stessi. Quando si impara a valorizzare anche i progressi minori, la fiducia cresce, perché si sviluppa un senso di realizzazione costante. Questa abitudine aiuta a mantenere una visione positiva di sé e del proprio percorso, anziché concentrarsi su ciò che manca o che non è stato ancora raggiunto.

Un altro aspetto importante nella costruzione della fiducia in sé stessi è la capacità di uscire dalla propria zona di comfort. Rimanere sempre nelle situazioni che si conoscono e che si controllano facilmente può sembrare rassicurante, ma limita enormemente le opportunità di crescita personale. Le persone che sviluppano una solida autostima sono quelle che accettano le sfide, che si espongono a situazioni nuove anche a costo di sentirsi temporaneamente insicure. Ogni volta che si affronta una situazione sconosciuta, si acquisiscono nuove competenze e si rafforza la convinzione di poter gestire ciò che viene. È importante comprendere che non si diventa più sicuri evitando i rischi, ma affrontandoli e dimostrando a sé stessi di essere in grado di superarli.

Il ruolo del fallimento nel processo di costruzione della fiducia in sé è un elemento cruciale che spesso viene frainteso. Molte persone considerano il fallimento come un segno di inadeguatezza, qualcosa da evitare a tutti i costi. Tuttavia, chi ha una vera fiducia in sé vede il fallimento come una parte naturale della vita, come un'opportunità per imparare e crescere. Quando si è in grado di accettare il fallimento senza che questo intacchi la percezione del proprio valore, si sviluppa una forma di sicurezza che è resiliente e duratura. Il fallimento non diventa più qualcosa di cui vergognarsi, ma un passaggio verso qualcosa di più grande e più significativo. Le persone che sanno fallire senza perdere la fiducia in sé sono quelle che riescono a rialzarsi più forti, più consapevoli delle proprie capacità e più pronte ad affrontare le sfide future.

La fiducia in sé stessi si alimenta anche attraverso il contesto sociale. Le relazioni che intratteniamo con gli altri giocano un ruolo chiave nel rafforzare o indebolire la nostra autostima. Circondarsi di persone che ci supportano, che ci apprezzano per ciò che siamo, e che ci incoraggiano a crescere e migliorare è essenziale per mantenere una percezione positiva di sé. Al contrario, frequentare persone negative o critiche può minare la fiducia, portando a dubitare di se stessi e delle proprie capacità. Questo non significa evitare le critiche costruttive, ma imparare a riconoscere quelle che sono utili per la crescita e quelle che invece mirano a sminuire. Parte della fiducia in sé stessi consiste anche nel saper scegliere con cura le persone da cui si è circondati, e nell'allontanarsi da relazioni tossiche che danneggiano la propria autostima.

Un altro aspetto spesso trascurato, ma fondamentale per sviluppare fiducia in sé, è la cura del corpo e della mente. La fiducia non è solo una questione psicologica, ma anche fisica. Quando ci si prende cura del proprio corpo attraverso una dieta equilibrata, l'esercizio fisico regolare e un sonno adeguato, ci si sente più energici, vitali e pronti ad affrontare le sfide quotidiane. Sentirsi bene fisicamente ha un impatto diretto sulla percezione di sé e sulla capacità di affrontare situazioni impegnative. Allo stesso modo, prendersi cura della propria mente attraverso la meditazione, la riflessione o semplicemente il rilassamento, aiuta a mantenere un equilibrio interiore che si riflette in una maggiore calma e fiducia durante le interazioni sociali. La fiducia, infatti, non nasce dal nulla: è il risultato di un benessere complessivo che coinvolge sia il corpo che la mente.

La fiducia in sé stessi si manifesta anche nella capacità di prendere decisioni. Le persone che hanno una buona autostima sono in grado di fare scelte con sicurezza, senza essere paralizzate dal dubbio o dal timore di sbagliare. Questo non significa che non si prendano del tempo per riflettere o per valutare le opzioni disponibili, ma che si ha la capacità di agire quando è necessario, fidandosi del proprio giudizio. La capacità decisionale è strettamente legata alla fiducia, poiché ogni decisione presa rafforza la convinzione di essere in grado di gestire le conseguenze delle proprie scelte. Anche quando una decisione si rivela sbagliata, la fiducia permette di non scoraggiarsi, ma di trarre insegnamenti dall'esperienza e di andare avanti con maggiore consapevolezza.

Un altro elemento chiave nella costruzione della fiducia in sé stessi è l'autosufficienza emotiva. Le persone che dipendono costantemente dall'approvazione degli altri per sentirsi bene con sé stesse hanno una fiducia fragile, che può essere facilmente scossa. L'autosufficienza emotiva, invece, consiste nella capacità di trovare dentro di sé la fonte del proprio benessere, senza doverla cercare negli altri. Questo non significa isolarsi o evitare i rapporti sociali, ma sviluppare una base solida di autostima che non dipende dalle opinioni altrui. Quando si è autosufficienti emotivamente, ci si sente più liberi di essere sé stessi, senza il bisogno di adattarsi alle aspettative o ai giudizi degli altri. Questa libertà porta a una fiducia in sé stessi che è autentica e incondizionata, capace di resistere alle sfide e alle critiche.

La fiducia si costruisce anche attraverso la pratica costante di piccole abitudini che rafforzano il senso di controllo sulla propria vita. Spesso, l'insicurezza nasce dalla sensazione di non avere il controllo su ciò che accade o sulle proprie reazioni. Tuttavia, stabilire una routine quotidiana che includa momenti dedicati a sé stessi, come la riflessione personale, l'esercizio fisico o la lettura, contribuisce a sviluppare un senso di ordine e padronanza. Quando si coltivano abitudini positive, si alimenta la convinzione di poter gestire la propria vita in modo efficace, e questo si traduce in una maggiore fiducia in sé stessi. Ogni piccolo passo, ogni obiettivo raggiunto attraverso la disciplina e la costanza, diventa un mattoncino che costruisce una solida autostima.

La fiducia in sé stessi ha anche molto a che fare con il modo in cui si affrontano le relazioni interpersonali. Nel flirting, ad esempio, la fiducia si esprime non tanto nel tentativo di impressionare l'altra persona, ma piuttosto nel sentirsi a proprio agio con chi si è e con ciò che si ha da offrire. La sicurezza non deriva dal cercare di conquistare qualcuno a tutti i costi, ma dal sapere che il proprio valore non dipende dall'accettazione o dal rifiuto dell'altro. Questo atteggiamento rilassato e sicuro di sé rende l'interazione più naturale, meno carica di aspettative o ansie. Quando una persona si sente sicura di sé, non ha bisogno di forzare l'interazione, ma lascia che la conversazione fluisca in modo spontaneo. Questo crea un ambiente di autenticità e attrazione naturale, perché la fiducia è percepita come una qualità irresistibile che non necessita di essere ostentata.

Infine, è fondamentale comprendere che la fiducia in sé stessi è un processo continuo, che richiede manutenzione costante. Non esiste un punto d'arrivo definitivo, ma piuttosto una continua evoluzione. Ogni nuova esperienza, ogni sfida superata, contribuisce a rafforzare questa fiducia, mentre ogni difficoltà o insuccesso offre l'opportunità di ricalibrare e di crescere ulteriormente. La fiducia non è qualcosa di statico, ma una risorsa dinamica che si alimenta con il tempo, l'esperienza e la riflessione. Ogni giorno offre l'opportunità di sviluppare una maggiore consapevolezza di sé e di imparare a gestire con maggiore sicurezza le sfide che la vita presenta.

La fiducia in sé stessi è una qualità profonda e multiforme, che va ben oltre la semplice sicurezza esteriore o l'apparenza di autostima. È un sentimento radicato che si costruisce nel tempo, attraverso un processo continuo di introspezione, esperienza e crescita personale. La fiducia in sé stessi non è qualcosa di statico o definitivo, ma si evolve, cresce e talvolta vacilla, influenzata dalle circostanze esterne e dalle dinamiche interne. Una delle caratteristiche principali della fiducia è la sua flessibilità: è la capacità di adattarsi ai cambiamenti, di mantenere un senso di equilibrio anche di fronte alle difficoltà e di non lasciare che le insicurezze momentanee definiscano il proprio valore complessivo.

Un elemento fondamentale per aumentare la fiducia in sé stessi è la consapevolezza delle proprie capacità e dei propri limiti. Essere consapevoli delle proprie forze non significa vantarsi o cercare conferme dagli altri, ma semplicemente riconoscere e apprezzare ciò che si sa fare bene. Allo stesso modo, essere consapevoli dei propri limiti non è segno di debolezza, ma di maturità e realismo. La fiducia autentica non consiste nel pretendere di essere perfetti, ma nell'accettare i propri difetti e nel lavorare su di essi senza che diventino un ostacolo insormontabile. Quando si ha questa consapevolezza, la fiducia diventa una qualità stabile, che non dipende dalle circostanze esterne, ma da una solida conoscenza di sé stessi.

Uno dei modi più potenti per aumentare la fiducia in sé stessi è lavorare sulla propria indipendenza emotiva. Molte persone, pur essendo competenti e capaci in vari ambiti, faticano a sviluppare una piena fiducia perché sono eccessivamente dipendenti dall'approvazione altrui. Cercare costantemente il riconoscimento o la convalida degli altri può creare un ciclo di insicurezza, in cui il proprio valore dipende esclusivamente da come si viene percepiti. La vera fiducia in sé si sviluppa quando si impara a trovare il proprio centro di gravità emotiva dentro di sé, piuttosto che all'esterno. Questo significa riconoscere che, sebbene l'apprezzamento e il sostegno degli altri possano essere importanti, non sono indispensabili per sentirsi validi. Quando si raggiunge questa forma di indipendenza, si è in grado di affrontare le critiche con maggiore serenità, senza sentirsi messi in discussione, e si riesce a gestire anche i rifiuti o le delusioni senza che questi intacchino la propria autostima.

La fiducia in sé stessi, inoltre, è strettamente legata alla capacità di prendersi cura del proprio benessere psicologico e fisico. Spesso, quando ci si sente bene fisicamente, si ha un atteggiamento più positivo e propositivo verso la vita. La cura di sé, attraverso l'esercizio fisico, una dieta sana e un'adeguata gestione dello stress, non solo migliora la salute generale, ma alimenta anche la sensazione di controllo sulla propria vita. Sentirsi in forma e energici contribuisce a costruire una base di fiducia, perché quando il corpo è forte e ben curato, anche la mente ne trae beneficio. Inoltre, la pratica di attività che favoriscono il rilassamento mentale, come la meditazione, lo yoga o semplici momenti di riflessione quotidiana, aiuta a mantenere un equilibrio interiore che si traduce in una maggiore sicurezza e serenità. Quando ci si sente centrati e presenti, si è in grado di affrontare le sfide della vita con una calma interiore che rafforza la fiducia.

Un altro aspetto che può influire positivamente sulla fiducia in sé stessi è la capacità di vivere il presente senza lasciarsi eccessivamente trascinare dai rimpianti del passato o dall'ansia per il futuro. Spesso, la mancanza di fiducia è legata alla tendenza a concentrarsi troppo sugli errori passati o sulle aspettative di ciò che potrebbe accadere. Questa preoccupazione costante per il tempo che non si può controllare erode la fiducia e impedisce di vivere pienamente il momento presente. Coltivare la capacità di restare nel "qui e ora" aiuta a concentrarsi su ciò che si può fare ora, su ciò che è nelle proprie mani, senza essere paralizzati da quello che è stato o da quello che potrebbe essere. Questo approccio al presente non solo riduce lo stress, ma aumenta anche la fiducia in sé, perché si sviluppa la consapevolezza che ogni decisione e ogni azione nel presente contribuisce a costruire il proprio percorso futuro.

Inoltre, un aspetto che spesso viene trascurato ma che è cruciale nel rafforzare la fiducia in sé stessi è l'importanza dell'autenticità. Molte persone, nel tentativo di apparire sicure di sé, adottano maschere o ruoli che non rispecchiano realmente chi sono. Questo può portare a una dissonanza interna, che finisce per erodere la fiducia piuttosto che rafforzarla. Essere autentici significa avere il coraggio di mostrarsi per ciò che si è, con le proprie forze e debolezze, senza cercare di conformarsi a ciò che si pensa che gli altri vogliano vedere. Quando si è autentici, si crea una connessione più profonda con gli altri, perché si trasmette una sincerità e una trasparenza che attraggono e generano fiducia reciproca. L'autenticità non solo rafforza la propria autostima, ma rende anche le relazioni più significative e durature, perché basate su una reale connessione umana, piuttosto che su facciate costruite.

La capacità di riconoscere e gestire le emozioni è un altro elemento fondamentale per rafforzare la fiducia in sé stessi. Le emozioni possono essere travolgenti, soprattutto quando sono negative, come la paura, l'insicurezza o il dubbio. Tuttavia, una persona con una buona fiducia in sé non cerca di reprimere queste emozioni, ma impara a riconoscerle e ad affrontarle in modo costruttivo. La fiducia in sé non si misura dall'assenza di emozioni difficili, ma dalla capacità di navigare attraverso di esse senza perdere il senso di sé. Sviluppare l'intelligenza emotiva, ossia la capacità di comprendere e gestire le proprie emozioni e quelle degli altri, è un aspetto cruciale nel costruire una fiducia solida e resiliente. Quando si è in grado di accogliere le proprie emozioni, anche quelle scomode, senza lasciarsi sopraffare, si rafforza la convinzione di poter affrontare qualsiasi situazione con lucidità e calma.

Il linguaggio che usiamo per parlare a noi stessi gioca un ruolo centrale nel processo di costruzione della fiducia in sé. Spesso, senza rendercene conto, manteniamo un dialogo interno negativo, fatto di autocritiche e giudizi severi. Questo tipo di linguaggio può avere un impatto devastante sulla nostra autostima. Invece di costruire fiducia, finisce per erodere quella già presente. Lavorare sul proprio dialogo interno, imparando a trasformare le critiche in affermazioni positive e incoraggianti, è un passo fondamentale. Ad esempio, anziché dirsi "non sono capace di fare questo", si può sostituire con "sto imparando e migliorerò". Questo piccolo cambiamento nel linguaggio può sembrare insignificante, ma ha un impatto enorme sulla percezione che si ha di sé stessi. Con il tempo, questa pratica porta a sviluppare un atteggiamento mentale più positivo e sicuro.

Le aspettative che si hanno verso sé stessi possono influenzare in modo significativo la fiducia. Essere troppo duri con sé stessi, aspettandosi di ottenere sempre il massimo risultato in ogni situazione, può portare a frustrazione e senso di inadeguatezza. La fiducia in sé stessi non significa raggiungere sempre la perfezione, ma accettare che ci saranno momenti di difficoltà e fallimento. Il perfezionismo, infatti, può essere un nemico della fiducia, poiché crea standard irrealistici e impossibili da raggiungere. Lavorare sulla propria capacità di accettare i propri errori e di apprezzare i progressi, anche se non sono perfetti, permette di sviluppare una fiducia più sana e realistica. Imparare a essere gentili con sé stessi, a celebrare i piccoli successi e a non lasciarsi abbattere dai fallimenti è una pratica che rafforza la fiducia a lungo termine.

Infine, la fiducia in sé stessi si nutre di gratitudine. Essere grati per ciò che si ha e per ciò che si è raggiunto, anche se sembra poco, permette di sviluppare una mentalità più positiva e proattiva. Quando si è grati, si sposta l'attenzione da ciò che manca a ciò che si possiede, e questo aiuta a mantenere una visione più equilibrata e soddisfacente della propria vita. La gratitudine alimenta la fiducia, perché ci ricorda che, nonostante le sfide o le difficoltà, ci sono sempre aspetti della vita su cui possiamo contare e che ci danno forza.

Per concludere, la fiducia in sé stessi è una qualità fondamentale che si sviluppa e si rafforza attraverso una combinazione di consapevolezza, esperienza, riflessione e pratica. È il risultato di un processo continuo che coinvolge il modo in cui ci percepiamo, trattiamo noi stessi e affrontiamo le sfide della vita. La fiducia non è semplicemente l'assenza di insicurezze o paure, ma la capacità di gestirle in modo costruttivo, senza lasciare che ci definiscano o limitino il nostro potenziale.

Uno dei pilastri su cui si fonda la fiducia è l'autoconsapevolezza, ovvero la capacità di riconoscere i propri punti di forza e le proprie aree di miglioramento, senza giudizio. Questo significa accettare che nessuno è perfetto e che tutti, in un modo o nell'altro, affrontano difficoltà o fallimenti. La vera fiducia si manifesta quando si è capaci di affrontare queste sfide con resilienza, sapendo che ogni errore è un'opportunità di crescita e che nessun fallimento definisce il proprio valore. Accettare i propri limiti non significa accontentarsi, ma riconoscere che il miglioramento è un processo che richiede tempo e pazienza.

Un altro aspetto fondamentale della fiducia è la capacità di essere autentici. Essere sicuri di sé non implica nascondere le proprie vulnerabilità o cercare di apparire perfetti agli occhi degli altri, ma piuttosto avere il coraggio di mostrarsi per ciò che si è realmente. L'autenticità è una delle qualità più potenti perché permette di costruire relazioni più profonde e sincere, basate sulla fiducia reciproca. Quando si è autentici, non si cerca l'approvazione esterna, ma si vive in armonia con i propri valori e le proprie convinzioni. Questa coerenza interna è ciò che rende una persona veramente sicura di sé, capace di navigare le complessità delle relazioni e delle sfide con serenità e determinazione.

La cura di sé, fisica ed emotiva, gioca un ruolo chiave nel rafforzare la fiducia. Prendersi cura del proprio benessere, attraverso una corretta alimentazione, l'esercizio fisico, il riposo e la gestione dello stress, non solo migliora la salute generale, ma alimenta anche un senso di controllo sulla propria vita. Quando ci si sente bene fisicamente e mentalmente, si è più pronti ad affrontare le difficoltà con energia e positività. Inoltre, dedicare del tempo alla riflessione personale, alla meditazione o ad altre pratiche che favoriscono la calma interiore, aiuta a mantenere un equilibrio emotivo che si traduce in una maggiore fiducia nelle proprie capacità.

La gestione delle emozioni è un altro fattore determinante per lo sviluppo della fiducia. Imparare a riconoscere e accettare le proprie emozioni, senza reprimerle o negarle, permette di affrontare le situazioni con maggiore lucidità e consapevolezza. Una persona sicura di sé non cerca di evitare le emozioni difficili, ma le affronta con coraggio, sapendo che fanno parte dell'esperienza umana. Sviluppare l'intelligenza emotiva, ossia la capacità di comprendere e gestire le proprie emozioni e quelle degli altri, è una competenza essenziale per rafforzare la fiducia. Quando si è in grado di gestire le proprie emozioni in modo equilibrato, si affrontano le sfide con maggiore serenità e controllo.

Il dialogo interiore positivo è un altro strumento potente per aumentare la fiducia in sé stessi. Spesso, siamo i nostri peggiori critici, con pensieri negativi che ci minano dall'interno. Imparare a trasformare questo dialogo, sostituendo le autocritiche con affermazioni positive e incoraggianti, può avere un impatto significativo sulla nostra percezione di noi stessi. Quando ci parliamo con gentilezza e rispetto, rafforziamo la nostra autostima e creiamo un ambiente interno favorevole alla crescita e alla fiducia.

Le aspettative realistiche giocano anch'esse un ruolo importante nella costruzione della fiducia. Essere troppo severi con sé stessi e aspettarsi la perfezione può portare a frustrazione e insicurezza. La fiducia si sviluppa quando impariamo a essere indulgenti con noi stessi, a celebrare i piccoli successi e a vedere i fallimenti come tappe naturali del processo di crescita. Il perfezionismo è spesso un ostacolo alla fiducia, perché crea standard irrealistici e inarrivabili. Accettare che il miglioramento avviene gradualmente e che ogni progresso, per quanto piccolo, contribuisce a rafforzare la fiducia in sé stessi, è un segno di maturità e consapevolezza.

Infine, la gratitudine è una pratica potente per alimentare la fiducia. Essere grati per ciò che si ha, per le proprie esperienze e per le opportunità di crescita, permette di sviluppare una visione positiva e proattiva della vita. Quando ci concentriamo su ciò che è positivo, su ciò che abbiamo raggiunto e su ciò che possiamo fare, la fiducia in noi stessi cresce naturalmente. La gratitudine ci aiuta a spostare l'attenzione dalle mancanze e dai fallimenti, e ci ricorda che, nonostante le difficoltà, abbiamo sempre qualcosa su cui costruire. Coltivare la gratitudine non solo ci rende più felici, ma ci dà la forza e la sicurezza necessarie per affrontare le sfide con una mentalità aperta e resiliente.

In sintesi, la fiducia in sé stessi non è un punto di arrivo, ma un processo continuo che richiede impegno e consapevolezza. È il risultato di un equilibrio tra autoconsapevolezza, autenticità, cura di sé, gestione delle emozioni e un dialogo interiore positivo. Quando questi elementi sono coltivati con attenzione, la fiducia diventa una qualità intrinseca che non dipende dalle circostanze esterne o dalle opinioni degli altri. Essa si trasforma in una risorsa che ci accompagna in ogni aspetto della vita, permettendoci di affrontare le sfide con coraggio, di costruire relazioni autentiche e di vivere con una serenità che deriva dalla profonda conoscenza e accettazione di noi stessi.

In conclusione, la fiducia in sé stessi rappresenta una risorsa fondamentale per il benessere personale e le relazioni interpersonali. È una qualità che richiede tempo e impegno per essere coltivata, ma i benefici che apporta sono inestimabili. La fiducia in sé non si sviluppa da un giorno all'altro, né è il risultato di un singolo successo o fallimento. Piuttosto, è un processo che nasce dall'interno, dall'autoconsapevolezza e dalla capacità di accettare e lavorare su se stessi. È la capacità di rimanere fedeli ai propri valori, alle proprie convinzioni e alla propria autenticità, indipendentemente dalle pressioni esterne.

Uno dei concetti più importanti da tenere a mente è che la fiducia autentica non è sinonimo di perfezione. Anzi, le persone più sicure di sé sono quelle che sanno accettare i propri difetti e imperfezioni, e non lasciano che questi definiscano il loro valore. Il riconoscimento dei propri limiti non mina la fiducia, ma la rafforza, poiché dimostra una profonda consapevolezza e maturità. Quando si impara ad accogliere le proprie imperfezioni, si diventa più resilienti e capaci di affrontare le sfide della vita senza sentirsi sopraffatti.

L'indipendenza emotiva è un altro aspetto cruciale della fiducia in sé. Essere autosufficienti dal punto di vista emotivo significa non dipendere costantemente dall'approvazione o dal riconoscimento degli altri per sentirsi validi. È un segno di vera forza interiore e permette di affrontare critiche o rifiuti senza che questi abbiano un impatto devastante sulla propria autostima. Le persone sicure di sé sanno che il loro valore non è determinato dalle opinioni altrui e, per questo, non hanno bisogno di cercare costantemente la validazione esterna.

Un altro pilastro della fiducia in sé è l'abilità di gestire le emozioni. Chi ha una solida fiducia in sé stessi non cerca di evitare o reprimere le emozioni difficili, ma le affronta con equilibrio e consapevolezza. Riconoscere e comprendere le proprie emozioni è un atto di intelligenza emotiva che permette di affrontare situazioni complesse con lucidità e controllo. Quando si sviluppa la capacità di navigare attraverso le proprie emozioni senza esserne travolti, la fiducia in sé stessi diventa ancora più forte e stabile.

L'autenticità è probabilmente uno degli aspetti più potenti della fiducia. Essere autentici significa avere il coraggio di essere sé stessi, senza cercare di conformarsi a ciò che si pensa gli altri vogliano vedere. Questo richiede una profonda accettazione di sé e una forte convinzione del proprio valore. Le persone autentiche attraggono naturalmente fiducia da parte degli altri perché trasmettono sincerità, trasparenza e integrità. Quando si è autentici, non si ha paura di mostrarsi vulnerabili, e questa vulnerabilità, lungi dall'essere un segno di debolezza, diventa una delle fonti più potenti di connessione umana.

Il modo in cui ci parliamo internamente è un altro elemento cruciale per costruire e mantenere la fiducia in sé stessi. Spesso, senza nemmeno rendercene conto, siamo i nostri peggiori critici. Un dialogo interiore negativo può minare gravemente la fiducia e limitare il nostro potenziale. Imparare a trasformare questo dialogo, sostituendo le critiche con affermazioni positive e costruttive, è fondamentale per alimentare la propria autostima. Essere gentili con sé stessi, trattarsi con lo stesso rispetto e compassione che riserveremmo a un amico, crea un ambiente interno favorevole alla crescita e al rafforzamento della fiducia.

Anche l'accettazione del fallimento gioca un ruolo centrale. La fiducia non si basa sull'assenza di errori, ma sulla capacità di rialzarsi dopo una caduta e di vedere i fallimenti come opportunità di apprendimento. Chi ha una buona fiducia in sé non si lascia abbattere dagli insuccessi, ma li accoglie come parte integrante del percorso verso il miglioramento. Il fallimento non è mai definitivo, ma solo una tappa temporanea che può portare a un maggiore sviluppo personale. Ogni volta che si supera una difficoltà, la fiducia cresce, e si sviluppa la consapevolezza di poter affrontare e superare nuove sfide in futuro.

La gratitudine è un altro strumento potente per alimentare la fiducia in sé stessi. Essere grati per ciò che si ha, per i progressi fatti e per le opportunità che la vita offre, aiuta a mantenere una visione positiva e realistica di sé e del proprio percorso. La gratitudine ci ricorda che, nonostante le difficoltà, abbiamo sempre qualcosa su cui costruire e su cui fare affidamento. Questo atteggiamento di riconoscenza contribuisce a spostare l'attenzione dai fallimenti e dalle mancanze verso i successi e le potenzialità, creando un circolo virtuoso che alimenta la fiducia.

Infine, è essenziale ricordare che la fiducia in sé non è un obiettivo fisso da raggiungere una volta per tutte, ma un processo in continua evoluzione. Ci saranno momenti in cui la fiducia vacillerà, e questo è naturale. Tuttavia, l'importante è saper riprendere il controllo, imparare dalle esperienze e continuare a lavorare su di sé con pazienza e determinazione. La fiducia non si sviluppa attraverso scorciatoie, ma attraverso un costante impegno verso la crescita personale, la consapevolezza di sé e l'accettazione del proprio percorso unico.

In definitiva, la fiducia in sé stessi è una risorsa inestimabile che, una volta sviluppata, permea ogni aspetto della vita. Essa consente di affrontare le sfide con serenità, di costruire relazioni autentiche e di vivere con una maggiore sensazione di appagamento e significato. La fiducia non elimina le difficoltà, ma ci dà gli strumenti per affrontarle con coraggio e resilienza, rendendoci più forti, più equilibrati e più capaci di vivere una vita piena e soddisfacente.

8. Essere giocosi senza sembrare infantili: Come usare l'umorismo per creare complicità.

Essere giocosi nel flirting è un'arte sottile che può migliorare significativamente le interazioni sociali, soprattutto quando si tratta di creare complicità e connessione con l'altra persona. L'umorismo è uno strumento potentissimo in questo contesto, poiché aiuta a rompere il ghiaccio, a creare un ambiente rilassato e ad instaurare una connessione emotiva. Tuttavia, è importante mantenere un equilibrio tra l'essere giocosi e il non sembrare infantili o immaturi. Quando l'umorismo è usato nel modo giusto, può aggiungere leggerezza all'interazione e rendere il flirting molto più divertente e naturale. Al contrario, se non viene calibrato correttamente, può far sembrare una persona meno matura e ridurre l'attrazione.

Uno dei segreti per usare l'umorismo nel flirting senza sembrare infantili è sviluppare un tipo di gioco che sia sofisticato e leggermente provocatorio, ma sempre rispettoso. L'umorismo dovrebbe essere usato per coinvolgere l'altra persona, non per metterla a disagio. Questo significa che bisogna saper leggere l'atmosfera, riconoscere i segnali che indicano se l'altra persona è a suo agio e capire quando è il momento di scherzare e quando è meglio essere più seri. Essere giocosi significa divertirsi insieme, in modo reciproco, senza mai mettere l'altro in una posizione di inferiorità o fargli perdere il rispetto.

Un altro aspetto importante dell'umorismo nel flirting è la capacità di usare il sarcasmo o l'ironia in modo sottile e intelligente. Il sarcasmo, se usato bene, può essere un ottimo modo per creare una tensione positiva e giocosa, ma deve essere calibrato con attenzione. Evitare battute che possano sembrare offensive o troppo pungenti è cruciale per non rovinare l'atmosfera. Invece, una leggera ironia, che coinvolga entrambi i partecipanti del flirt, può essere un modo divertente per mantenere alto l'interesse e creare un senso di complicità. Un esempio potrebbe essere una battuta scherzosa su un argomento leggero che coinvolga entrambi, facendo sentire l'altra persona parte di un piccolo gioco privato e complice.

La differenza tra essere giocosi ed essere infantili spesso risiede nel modo in cui si reagisce all'umorismo. Le persone mature sanno usare l'umorismo per sollevare l'atmosfera senza far sembrare il contesto frivolo o banale. Mantenere un certo grado di autoironia può essere molto attraente, poiché dimostra che una persona non prende troppo sul serio sé stessa, ma è comunque consapevole del contesto. Ridere di sé stessi è una forma di umorismo giocoso e genuino che spesso crea un senso di intimità con l'altra persona. Quando una persona mostra di essere a proprio agio con i propri difetti o piccole imperfezioni, l'interazione diventa più autentica e rilassata.

Un altro approccio per essere giocosi senza sembrare infantili è evitare umorismo che possa sembrare troppo immaturo o scolastico. Scherzi esagerati, riferimenti a temi infantili o comportamenti eccessivamente rumorosi e fuori luogo possono far perdere l'equilibrio della conversazione. È importante capire che l'umorismo nel flirting deve servire a creare una connessione, non a far sembrare l'interazione una farsa. Mantenere un certo grado di raffinatezza nelle battute e nel modo in cui si scherza può fare una grande differenza. L'umorismo più sottile, che richiede un po' di riflessione o di intelligenza, è spesso quello che crea una complicità più profonda, perché invita l'altra persona a partecipare attivamente al gioco e a cogliere il senso della battuta.

Un'altra tecnica efficace per essere giocosi senza sembrare infantili è usare l'umorismo per sfidare l'altra persona in modo leggero e non minaccioso. Questo tipo di umorismo si basa su una provocazione gentile, che stimola una risposta e mantiene viva l'attenzione. Ad esempio, si potrebbe scherzare su qualcosa che l'altra persona ha detto o fatto, ma in modo tale che la battuta inviti a una risposta, rendendo la conversazione più dinamica e divertente. Questi piccoli scambi scherzosi aiutano a creare un ritmo piacevole nell'interazione e a instaurare una sorta di complicità giocosa che mantiene entrambe le persone coinvolte e impegnate.

Il tempismo è un altro elemento cruciale quando si usa l'umorismo nel flirt. Scherzare al momento giusto può far decollare la conversazione, mentre farlo nel momento sbagliato può rompere l'atmosfera. Saper dosare le battute, evitando di essere troppo insistenti, è essenziale per non sembrare infantili o forzati. Un buon flirt gioca sull'alternanza tra momenti leggeri e momenti più profondi, e l'umorismo deve inserirsi in questo flusso in modo naturale. Troppo umorismo, o battute fuori luogo, possono dare l'impressione che si stia cercando troppo di piacere, o che si stia nascondendo una certa insicurezza dietro le risate.

Inoltre, usare l'umorismo per creare una "storia condivisa" è un modo efficace per costruire complicità. Quando si crea un piccolo mondo scherzoso o un codice segreto con l'altra persona, l'interazione diventa più intima e divertente. Questo può avvenire attraverso battute ricorrenti o riferimenti che solo voi due capite. Ad esempio, se in una conversazione emerge un episodio divertente o un gioco di parole che entrambi trovate particolarmente divertente, richiamarlo successivamente può consolidare la connessione e far sentire l'altra persona inclusa in un piccolo universo privato di scherzi. Questi riferimenti interni rafforzano la complicità e creano una sensazione di vicinanza.

Infine, è importante ricordare che l'umorismo deve essere sempre positivo e rispettoso. Scherzare a spese dell'altra persona o fare battute che potrebbero risultare offensive o denigratorie non solo spezza la complicità, ma può anche creare tensioni o mettere l'altra persona a disagio. L'umorismo migliore è quello che solleva l'altra persona, che la fa sentire inclusa e a proprio agio, e che non mette mai in imbarazzo o ridicolizza. Quando si utilizza l'umorismo nel flirt, l'obiettivo è creare un ambiente di gioco e divertimento reciproco, non uno in cui si prende il controllo o si cerca di dominare l'interazione con battute inappropriate.

In conclusione, essere giocosi senza sembrare infantili nel flirting significa saper bilanciare l'umorismo con intelligenza, raffinatezza e rispetto. È un'abilità che si sviluppa con l'esperienza, ma che si basa su alcuni principi fondamentali: mantenere l'umorismo positivo e leggero, essere consapevoli del contesto e del tempismo, utilizzare l'ironia e l'autoironia in modo sottile e creare complicità attraverso piccoli giochi di battute o riferimenti condivisi. Quando l'umorismo è ben calibrato, diventa uno strumento potente per creare una connessione autentica e divertente, rendendo l'interazione più piacevole e memorabile.

Essere giocosi senza sembrare infantili è una vera e propria arte, soprattutto quando si cerca di utilizzare l'umorismo come mezzo per creare complicità. L'umorismo può essere uno strumento molto potente nel flirt, perché ha il potenziale di abbattere le barriere emotive, creare un'atmosfera rilassata e favorire una connessione profonda tra le persone. Tuttavia, è facile cadere nell'eccesso e risultare immaturi, il che può spegnere rapidamente l'attrazione. Per questo motivo, è essenziale capire come dosare la leggerezza e il gioco in modo tale da mantenere un equilibrio tra divertimento e maturità.

Un elemento importante nel rendere l'umorismo un punto di forza è la capacità di essere consapevoli del contesto. Ogni interazione ha il suo tono e la sua atmosfera, e il modo in cui si usa l'umorismo deve riflettere ciò che sta succedendo in quel momento. Ad esempio, in una situazione iniziale di conoscenza, l'umorismo potrebbe essere più leggero, volto a creare un clima di rilassamento e apertura. Man mano che la conversazione prosegue e si instaura una maggiore confidenza, l'umorismo potrebbe evolversi, diventando più sofisticato e basato su una connessione reciproca che si è andata costruendo. Questo permette di mantenere viva l'energia dell'interazione senza mai sembrare eccessivamente esuberanti o inappropriati.

Il modo in cui si sceglie di essere giocosi deve anche tener conto della personalità dell'altra persona. Alcune persone apprezzano un umorismo più sottile e raffinato, mentre altre potrebbero preferire uno stile più energico e vivace. La chiave per non sembrare infantili sta nell'adattare il proprio stile di umorismo alle preferenze dell'altra persona, creando un'interazione che si adatta naturalmente alle dinamiche tra di voi. Un umorismo giocoso, ma rispettoso, richiede la capacità di ascoltare e osservare attentamente le reazioni dell'altro, regolando di conseguenza il proprio approccio. Quando si riesce a sintonizzarsi con l'altra persona in questo modo, l'umorismo diventa un potente collante per creare una complicità autentica e significativa.

Il gioco e l'umorismo sono strumenti preziosi per rompere il ghiaccio, soprattutto nelle prime fasi di una conversazione o di un flirt. Tuttavia, essere giocosi non significa necessariamente riempire la conversazione di battute continue o esagerare con l'ironia. Al contrario, l'umorismo più efficace è spesso quello che lascia spazio alla conversazione, che non cerca di monopolizzare l'attenzione, ma piuttosto favorisce un flusso naturale di scambi. La vera arte dell'umorismo nel flirt sta nell'essere capaci di inserire una battuta al momento giusto, di cogliere l'occasione per alleggerire un momento di tensione o di rendere una conversazione più vivace con un tocco di leggerezza. Questo non solo rende l'interazione più piacevole, ma crea anche una dinamica che permette di esplorare l'altro a un livello più profondo, scoprendo lati della personalità che potrebbero rimanere nascosti in una conversazione più seria o formale.

Uno dei segreti per usare l'umorismo in modo efficace è mantenere sempre un tono positivo. Essere giocosi non significa essere sarcastici o fare battute che possono mettere l'altra persona in una posizione scomoda. Scherzi pungenti o troppo critici possono dare l'impressione di insicurezza o di bisogno di affermare il proprio ego a spese dell'altro. Al contrario, un umorismo che mette in luce aspetti divertenti della situazione o che crea un gioco condiviso è molto più efficace nel creare una complicità che rafforza la connessione tra le persone. Quando l'umorismo è positivo e inclusivo, l'altra persona si sentirà coinvolta e a proprio agio, il che facilita lo sviluppo di una conversazione più naturale e rilassata.

Il tempismo è un altro fattore fondamentale nell'uso dell'umorismo. Le battute più efficaci sono quelle che arrivano al momento giusto, quando c'è l'opportunità di alleggerire una situazione o di aggiungere un tocco di divertimento senza interrompere il flusso della conversazione. Se si scherza troppo presto o troppo tardi, si rischia di sembrare inappropriati o fuori contesto. Saper leggere i segnali dell'altra persona e capire quando è il momento di inserire una battuta o di mantenere un tono più serio è ciò che distingue un flirt giocoso e coinvolgente da uno che potrebbe apparire immaturo. In molte situazioni, lasciare che il momento crei l'opportunità per un gioco verbale o una battuta rende tutto più naturale, invece di forzare l'umorismo in situazioni che non lo richiedono.

Un altro aspetto importante per essere giocosi senza sembrare infantili è l'uso dell'autoironia. Mostrare di saper ridere di se stessi è una qualità molto attraente, perché dimostra sicurezza e capacità di prendersi poco sul serio. L'autoironia crea immediatamente un'atmosfera di leggerezza e invita l'altra persona a sentirsi più a proprio agio. Ridere dei propri piccoli errori o delle proprie idiosincrasie dimostra una consapevolezza di sé che è tutt'altro che infantile: è segno di maturità e di apertura. L'autoironia è un ponte che permette di abbattere le barriere, rendendo l'interazione più autentica e facilitando il senso di complicità, perché l'altra persona si sentirà meno sotto pressione e più libera di essere se stessa.

Essere giocosi significa anche essere capaci di rispondere con leggerezza a situazioni che potrebbero altrimenti diventare tese o imbarazzanti. In una conversazione flirtosa, possono sorgere momenti di silenzio o piccole incomprensioni, ma l'umorismo può essere uno strumento per disinnescare questi momenti e trasformarli in opportunità per rilassarsi e continuare a interagire. Un sorriso o una battuta che riconosce il momento in modo giocoso, senza insistere troppo su ciò che è accaduto, può aiutare a far riprendere il ritmo dell'interazione e a riportare l'atmosfera su un piano leggero e piacevole.

Un modo efficace per mantenere l'umorismo giocoso senza scivolare nell'infantilità è quello di creare una sorta di gioco di ruoli o di immaginazione condivisa. Questo tipo di umorismo invita l'altra persona a partecipare attivamente alla conversazione, magari immaginando scenari ipotetici o scherzando su situazioni assurde ma divertenti. Il gioco di immaginazione non solo rende la conversazione più dinamica, ma crea un senso di complicità, poiché entrambi i partecipanti entrano nello stesso "gioco" mentale, collaborando per creare un'esperienza condivisa. Questo tipo di umorismo, basato sulla creatività e sull'intelligenza, tende a rafforzare l'attrazione, poiché dimostra capacità di pensare fuori dagli schemi e di divertirsi in modo leggero e coinvolgente.

Infine, è importante ricordare che l'umorismo nel flirt non è mai un fine in sé stesso, ma un mezzo per creare connessione. Il gioco e la leggerezza devono sempre servire a far sentire l'altra persona a proprio agio e a costruire una dinamica di scambio reciproco. Essere giocosi non significa cercare di far ridere a tutti i costi, ma piuttosto invitare l'altra persona a partecipare a un'interazione che sia leggera, divertente e basata su una condivisione autentica. Quando l'umorismo è utilizzato in questo modo, diventa un ponte che avvicina le persone, permettendo di creare una complicità che va oltre il semplice gioco delle battute, e che costruisce le basi per una connessione più profonda e duratura.

Essere giocosi senza sembrare infantili è un equilibrio delicato che, una volta raggiunto, può trasformare le interazioni in esperienze piacevoli, divertenti e ricche di complicità. L'umorismo, se usato correttamente, diventa un potente strumento per stabilire una connessione con l'altra persona, creando un clima di leggerezza e intimità senza però perdere la maturità e il rispetto reciproco. La difficoltà sta proprio nel trovare la giusta misura: come mantenere una conversazione vivace, stimolante e scherzosa senza scivolare in comportamenti che possano essere percepiti come immaturi o eccessivamente giocosi?

Un aspetto centrale di questa dinamica è la capacità di mantenere una consapevolezza situazionale costante. In ogni momento dell'interazione, è essenziale saper leggere l'atmosfera e capire quale sia il livello di gioco e umorismo che l'altra persona è pronta a ricevere. Se, ad esempio, il contesto è già particolarmente rilassato e leggero, potrebbe essere appropriato inserire battute più spensierate. Tuttavia, in situazioni più serie o formali, potrebbe essere necessario un umorismo più sottile, che non interrompa la serietà del momento, ma che piuttosto riesca a introdurre un tocco di leggerezza senza deviare troppo il tono della conversazione.

Essere giocosi non significa necessariamente essere sempre al centro dell'attenzione con battute continue o cercare costantemente di far ridere. Anzi, l'eccessiva insistenza nel cercare di mantenere un livello elevato di gioco può far sembrare una persona meno matura e sicura di sé. Le persone che sono davvero sicure di sé sanno quando lasciare che ci sia spazio per la serietà e per il silenzio, senza sentirsi obbligate a riempire ogni momento con battute o scherzi. Il vero gioco consiste nel saper bilanciare momenti di risate con quelli di conversazione autentica e personale, creando così una dinamica più profonda e sfaccettata. L'umorismo, in questo contesto, diventa una sorta di condimento che aggiunge sapore all'interazione, ma non la domina.

Un altro elemento chiave è il tipo di umorismo utilizzato. L'umorismo infantile o troppo sciocco, che può essere caratterizzato da battute banali o situazioni di cui si ride solo per il gusto di farlo, rischia di alienare l'altra persona, soprattutto se questa è in cerca di una connessione più matura. Al contrario, l'umorismo intelligente, che si basa sulla sottigliezza, sull'autoironia e sull'intuizione, crea un gioco mentale tra le due persone. L'umorismo sottile e leggero può far ridere senza scendere nella superficialità, stimolando un'intesa che si fonda sulla comprensione reciproca, sulla capacità di leggere tra le righe e di cogliere le sfumature. Questo tipo di umorismo è quello che più facilmente favorisce la complicità, perché lascia spazio all'immaginazione e alla creatività di entrambe le parti.

L'autoironia è probabilmente una delle forme di umorismo più efficaci per apparire giocosi senza sembrare immaturi. Quando una persona è in grado di scherzare su sé stessa, dimostra di avere una forte autostima e di non prendersi troppo sul serio. Questo crea un'atmosfera rilassata e invitante, perché l'altra persona non sente la pressione di dover impressionare o essere perfetta. L'autoironia non solo rende più accessibile chi la pratica, ma comunica anche un senso di autenticità che spesso è irresistibile. Tuttavia, anche in questo caso, c'è una linea sottile da non oltrepassare: l'eccesso di autoironia può dare l'impressione di insicurezza o di mancanza di fiducia in sé, quindi è importante dosarla con equilibrio.

Un altro modo per mantenere un tono giocoso senza sembrare infantili è giocare con il linguaggio. Le battute intelligenti, i giochi di parole o le allusioni sottili che richiedono un po' di riflessione sono sempre ben accolti, soprattutto quando l'altra persona è in grado di rispondere con lo stesso livello di arguzia. Questo tipo di interazione crea una sfida intellettuale che mantiene viva la conversazione e stimola entrambe le persone a partecipare attivamente. Quando si riesce a coinvolgere l'altra persona in un gioco verbale che è divertente e stimolante allo stesso tempo, si crea un legame che va oltre la superficie, un'intesa che si basa su un rispetto reciproco delle capacità e dell'intelligenza dell'altro.

Il flirt giocoso può anche includere un elemento di provocazione gentile, che aggiunge un tocco di sfida alla conversazione. La provocazione, quando è fatta con rispetto e leggerezza, può creare tensione positiva e mantenere alto il livello di interesse. Un commento giocoso su un'opinione espressa dall'altro, o una battuta su un argomento trattato, può far emergere una risposta che dà nuova energia alla conversazione. Tuttavia, è importante che la provocazione non diventi mai troppo personale o offensiva: la chiave è mantenere un tono leggero, che faccia sentire l'altra persona sfidata in modo positivo e non giudicata o criticata.

Anche il tempismo è cruciale. Sapere quando inserire una battuta o un commento giocoso è fondamentale per non spezzare il ritmo della conversazione. Scherzare nei momenti giusti può migliorare l'interazione, ma farlo nei momenti sbagliati può sembrare forzato o inappropriato. Il tempismo perfetto si sviluppa attraverso l'ascolto attivo: prestare attenzione non solo a ciò che l'altra persona dice, ma anche al suo linguaggio del corpo, al tono di voce e all'atmosfera generale del momento. È questa capacità di leggere la situazione che permette di inserire l'umorismo in modo organico, senza sembrare fuori luogo o eccessivi.

Inoltre, l'umorismo giocoso può essere un mezzo per far emergere la vulnerabilità in modo sottile e accattivante. Quando si scherza su qualcosa di personale, ma non in modo offensivo o eccessivamente critico, si lascia spazio all'altra persona per aprirsi e condividere aspetti di sé. Questo crea una dinamica di apertura reciproca, in cui entrambi si sentono più a proprio agio nel rivelare parti della loro personalità in modo leggero e giocoso. Questa vulnerabilità, espressa attraverso il gioco, può spesso avvicinare due persone molto più di una conversazione profondamente seria, perché tocca corde emotive in modo indiretto ma efficace.

Infine, non bisogna dimenticare che essere giocosi senza sembrare infantili significa anche essere autentici. Le persone percepiscono quando qualcuno sta forzando un certo tipo di comportamento o cercando di sembrare divertente a tutti i costi. L'umorismo genuino nasce dall'essere a proprio agio con sé stessi e con l'altra persona, e dalla capacità di trovare il divertimento nelle piccole cose che emergono naturalmente nella conversazione. Non è necessario cercare di far ridere costantemente: a volte, un sorriso o una semplice battuta possono avere un impatto molto più profondo e autentico di una serie di battute forzate. Quando l'umorismo è autentico, diventa un'estensione naturale della propria personalità, e questo rende l'interazione più piacevole e appagante per entrambe le persone coinvolte.

In definitiva, l'umorismo gioca un ruolo fondamentale nel creare una complicità autentica e duratura. Essere giocosi senza sembrare infantili richiede una combinazione di consapevolezza, intelligenza emotiva e capacità di leggere la situazione, ma il risultato è una connessione più profonda e più genuina con l'altra persona. L'umorismo ben dosato può abbattere le barriere, favorire l'apertura reciproca e trasformare una semplice interazione in un'esperienza significativa e memorabile.

Essere giocosi senza sembrare infantili richiede una comprensione raffinata del contesto sociale, del proprio comportamento e delle dinamiche interpersonali che si sviluppano durante il flirt o una conversazione più generale. Il gioco e l'umorismo hanno un ruolo fondamentale nell'avvicinare le persone, nel rompere il ghiaccio e nel creare un'atmosfera di leggerezza che invita all'apertura e alla complicità. Tuttavia, l'essere troppo giocosi o il cadere in un umorismo infantile può minare la qualità dell'interazione e compromettere la percezione di maturità o di serietà che si vuole trasmettere. Questo equilibrio tra gioco e maturità è quindi delicato e prezioso, ed è strettamente legato alla capacità di calibrare le proprie reazioni e di adattarsi all'energia dell'altro.

Un modo per raggiungere questo equilibrio è riconoscere che il gioco nel flirt non deve essere sempre rivolto a fare battute o a cercare il sorriso immediato. Spesso, essere giocosi significa stimolare la curiosità dell'altro, coinvolgendolo in una conversazione più vivace e stimolante, ma sempre con un fondo di rispetto e consapevolezza. La vera arte del flirt giocoso sta nel sapere quando usare il gioco e quando invece essere più diretti o seri. Non si tratta di far ridere a tutti i costi, ma piuttosto di creare momenti di leggerezza che facilitano una connessione naturale. In molti casi, una battuta leggera o un commento ironico ben piazzato può dare il via a una conversazione più profonda, allontanando l'imbarazzo che a volte può caratterizzare i primi momenti di interazione.

Un altro elemento cruciale per mantenere il giusto tono giocoso è l'attenzione alle reazioni dell'altra persona. Ogni persona ha un diverso livello di comfort con l'umorismo, e ciò che può essere divertente o accettabile per uno potrebbe risultare eccessivo o inappropriato per un altro. Leggere i segnali, sia verbali che non verbali, è fondamentale per capire se si sta mantenendo un livello di gioco appropriato o se si rischia di oltrepassare i limiti. L'umorismo giocoso deve sempre coinvolgere l'altra persona in modo positivo, facendola sentire

inclusa e parte di un'interazione leggera, non messa in difficoltà
o a disagio. La risata, infatti, dovrebbe essere un mezzo per
creare una complicità più profonda, non per prendere in giro o
per far sentire l'altro fuori luogo.

Un tipo di umorismo che si rivela particolarmente efficace nel
flirt è quello che gioca sull'intelligenza e sull'autoironia. Le
persone che sono capaci di ridere di se stesse dimostrano un alto
livello di sicurezza e maturità emotiva, poiché non hanno paura
di mostrarsi vulnerabili. Questo tipo di umorismo non solo
alleggerisce la conversazione, ma invita l'altra persona a fare lo
stesso, creando un ambiente in cui non c'è pressione di apparire
perfetti. La bellezza dell'autoironia è che rende il flirt più
rilassato e meno legato alla performance: si diventa più autentici
e naturali, e questo facilita l'emergere di una connessione
genuina. Quando si riesce a ridere insieme dei propri piccoli
difetti o delle proprie stranezze, si crea una sorta di intimità che
rende il flirt molto più coinvolgente.

Un'altra strategia per mantenere il gioco senza scivolare
nell'infantilità è l'uso dell'umorismo basato sulla creatività e
sull'immaginazione. Ad esempio, si può scherzare su situazioni
ipotetiche o scenari surreali che coinvolgono entrambi i
partecipanti nella creazione di un "mondo" divertente e
immaginario. Questo tipo di gioco è spesso molto stimolante,
perché consente di esplorare il lato più fantasioso e originale
dell'altra persona, senza perdere il contatto con la realtà. Questa
forma di umorismo, che richiede un certo livello di
partecipazione attiva da parte di entrambi, rafforza la
sensazione di essere in una sorta di "gioco di squadra",
un'esperienza condivisa che rende l'interazione più intensa e
significativa.

Il gioco verbale, sotto forma di battute o doppi sensi, può essere
un altro strumento efficace, purché sia utilizzato con misura e
sensibilità. I giochi di parole o le battute che richiedono una
comprensione più fine del linguaggio dimostrano intelligenza e

creano una dinamica di complicità che può portare l'altra persona a sentirsi stimolata e incuriosita. Tuttavia, è fondamentale evitare di cadere nel banale o nel prevedibile, perché l'umorismo superficiale può facilmente scivolare nel territorio dell'infantilità. Il segreto per mantenere il tono giusto sta nell'offrire battute che abbiano più livelli di interpretazione, lasciando all'altra persona la libertà di cogliere quelle sfumature che meglio si adattano al momento e al proprio stile.

Il flirt giocoso si basa anche sulla capacità di non prendersi troppo sul serio, ma senza sembrare poco rispettosi del contesto o dell'altra persona. Quando si riesce a mantenere una certa leggerezza, soprattutto nei momenti in cui si affrontano argomenti più personali o delicati, si crea una connessione che non è appesantita dalla serietà o dalla tensione. Un atteggiamento rilassato e aperto aiuta l'altra persona a sentirsi meno sotto pressione, permettendole di mostrarsi per ciò che è, senza timore di giudizio. In questo modo, il gioco diventa uno strumento per facilitare l'apertura reciproca, mantenendo sempre un senso di rispetto e attenzione per i confini personali.

L'umorismo giocoso può anche essere utilizzato per sfidare in modo leggero l'altra persona, creando una tensione positiva che mantiene alta l'attenzione. Una provocazione gentile, che non sia offensiva o troppo diretta, può stimolare una risposta altrettanto giocosa, alimentando così la dinamica del flirt. Questo tipo di gioco non è mai aggressivo o competitivo, ma piuttosto crea una danza verbale in cui entrambe le persone si sentono parte di uno scambio divertente e stimolante. La provocazione, quando ben calibrata, può essere un modo per esplorare i limiti dell'altra persona, scoprendo quali sono i suoi punti di forza e di debolezza, senza mai mettere in pericolo l'equilibrio dell'interazione.

È inoltre importante saper variare il ritmo del gioco e dell'umorismo. Essere giocosi non significa mantenere lo stesso tono per tutta l'interazione: alternare momenti di leggerezza a momenti più riflessivi o personali rende la conversazione più dinamica e interessante. Questo cambio di ritmo permette di esplorare diversi aspetti della personalità dell'altra persona, creando un'interazione più ricca e completa. Quando si passa con naturalezza da una battuta a un discorso più serio, si dimostra la capacità di essere flessibili e di adattarsi al flusso della conversazione, il che contribuisce a rendere l'interazione più autentica e appagante.

Anche l'uso del linguaggio del corpo gioca un ruolo fondamentale nel mantenere un equilibrio tra gioco e maturità. I gesti, il contatto visivo e le espressioni facciali possono comunicare molto del tono che si vuole dare all'interazione. Un sorriso sincero o un'occhiata complice possono essere più efficaci di una battuta verbale, perché trasmettono un messaggio di gioco e coinvolgimento senza bisogno di parole. Inoltre, il linguaggio del corpo aiuta a stabilire una connessione fisica più sottile, che può rafforzare l'intimità dell'interazione senza sembrare invadente o eccessiva. Il gioco, infatti, non è solo verbale: si estende anche ai gesti, al modo in cui si occupa lo spazio e a come si interagisce con l'altro sul piano non verbale.

Un ultimo elemento da considerare è che l'umorismo giocoso deve sempre essere spontaneo. Quando il gioco diventa forzato o sembra essere una strategia per ottenere qualcosa, perde immediatamente la sua efficacia e può essere percepito come insincero o manipolativo. L'autenticità è la chiave per mantenere il giusto equilibrio: essere spontanei nel gioco e nelle battute dimostra una naturalezza che è altamente attraente. Le persone sono più inclini a connettersi con chi si mostra genuino e aperto, piuttosto che con chi cerca di impressionare o di mantenere un'immagine costruita.

In sintesi, l'arte di essere giocosi senza sembrare infantili si basa sulla capacità di mantenere un equilibrio tra leggerezza e maturità, di usare l'umorismo come strumento per creare complicità e connessione, e di essere sempre consapevoli del contesto e delle reazioni dell'altra persona.

Essere giocosi senza sembrare infantili richiede una comprensione sottile delle dinamiche interpersonali, una capacità innata di adattarsi alle situazioni e un equilibrio costante tra divertimento e maturità. L'umorismo, quando usato correttamente, diventa una forma di linguaggio che non solo alleggerisce l'atmosfera, ma costruisce legami più profondi e rende l'interazione più piacevole. Tuttavia, la linea tra il sembrare divertente e il sembrare immaturo può essere sottile, e comprenderne le sfumature è essenziale per evitare di rovinare il momento. Uno degli aspetti fondamentali è la capacità di leggere l'energia dell'interlocutore e del contesto: un buon umorista nel flirt sa riconoscere quando è il momento di scherzare e quando, invece, è il caso di mantenere un tono più serio.

L'umorismo nel flirting dovrebbe sempre essere inteso come uno strumento di connessione, non come una performance. Cercare costantemente di fare battute o intrattenere l'altra persona con scherzi rischia di far sembrare l'interazione forzata o eccessiva, piuttosto che spontanea e autentica. Il gioco deve avvenire naturalmente, senza la pressione di dover "essere divertenti" a tutti i costi. Spesso, le persone più sicure di sé non cercano di far ridere in ogni momento, ma lasciano che l'umorismo emerga in modo organico dalle circostanze o da ciò che l'altra persona dice. Questa leggerezza nell'approccio fa sentire l'interlocutore a proprio agio e libero di partecipare al gioco senza sentirsi sotto pressione. In questo modo, l'umorismo diventa un mezzo per instaurare un rapporto di reciprocità e di scambio, piuttosto che una semplice esibizione.

Essere giocosi nel flirt richiede anche una buona dose di consapevolezza di sé. Le persone che sanno divertirsi senza sembrare infantili sono quelle che hanno una solida autostima e che non temono di mostrare vulnerabilità. Questo non significa fare battute su sé stessi continuamente, ma essere aperti a ridere dei propri errori o delle proprie piccole imperfezioni. L'autoironia è una delle forme di umorismo più attraenti, poiché dimostra che una persona non ha bisogno di proteggere il proprio ego in modo rigido, ma è abbastanza sicura da accogliere il lato divertente delle proprie debolezze. Questa forma di leggerezza non solo mette l'interlocutore a proprio agio, ma crea una connessione più profonda, poiché invita l'altra persona a fare lo stesso, abbassando le proprie difese e rendendo la conversazione più autentica e spontanea.

Un altro aspetto cruciale è l'adattamento. Non esiste un tipo di umorismo che funzioni per tutte le persone o in tutte le situazioni. Essere giocosi senza sembrare infantili implica la capacità di variare il tipo di umorismo in base alla persona con cui si sta parlando e al momento. Alcuni potrebbero apprezzare battute più sottili e argute, mentre altri potrebbero rispondere meglio a un umorismo più vivace e energico. La chiave sta nel saper leggere l'altra persona e capire quale tipo di gioco è più adatto per farla sentire a proprio agio e per mantenere la conversazione interessante. Questo non significa essere falsi o manipolatori, ma semplicemente saper modulare il proprio approccio in base al contesto, dimostrando così una maggiore sensibilità e intelligenza emotiva.

L'umorismo intelligente spesso si sviluppa su più livelli. Le battute che richiedono una riflessione o una comprensione più profonda possono creare una complicità speciale tra le persone coinvolte. Quando si riesce a far ridere qualcuno non con una battuta ovvia, ma con un gioco di parole o una sottile ironia, si crea una connessione che va oltre la superficie. Questo tipo di umorismo stimola anche una forma di intesa che può essere percepita come un segno di intelligenza e maturità. Le persone tendono ad apprezzare chi riesce a giocare con il linguaggio o con le idee in modo creativo, piuttosto che limitarsi a battute prevedibili o a un umorismo troppo semplice. Tuttavia, è importante che questo tipo di battute non risultino mai esclusive o elitiste, ma che invitino l'altra persona a partecipare al gioco, rendendola parte di quel momento di condivisione intellettuale.

Un altro aspetto importante nel mantenere il giusto equilibrio tra gioco e maturità è il tempismo. L'umorismo, per essere efficace, deve entrare in gioco al momento giusto. Spesso, la differenza tra una battuta riuscita e una che cade nel vuoto sta proprio nella capacità di inserire il commento divertente nel momento più appropriato. Inserire una battuta in un momento di eccessiva serietà o in cui l'altra persona si sta aprendo potrebbe dare l'impressione di non prendere sul serio l'interlocutore, facendo sembrare l'interazione poco rispettosa. D'altra parte, fare una battuta ben calibrata in un momento in cui la conversazione sta diventando un po' pesante o troppo formale può alleggerire l'atmosfera e far emergere una nuova energia. Il tempismo, dunque, richiede un ascolto attento e una percezione acuta del flusso della conversazione.

Un altro elemento che può aiutare a mantenere il tono giusto è l'uso di un umorismo collaborativo, in cui entrambe le persone sono coinvolte attivamente. Piuttosto che fare battute che potrebbero sembrare unilaterali o fini a sé stesse, è molto più efficace creare un senso di gioco condiviso, in cui si costruisce una sorta di "gioco di squadra" nella conversazione. Questo può avvenire attraverso scambi scherzosi in cui entrambe le persone contribuiscono a sviluppare la battuta o l'idea divertente. In questo modo, l'interazione diventa un'esperienza collaborativa, in cui il gioco non è semplicemente una sequenza di battute, ma un vero e proprio scambio di energie, in cui si costruisce insieme il momento divertente. Questo tipo di umorismo rafforza la complicità, perché fa sentire entrambe le persone coinvolte e impegnate nella creazione di qualcosa di piacevole e leggero.

L'umorismo giocoso può anche assumere una forma di gentile provocazione. Quando si provoca leggermente l'altra persona in modo affettuoso e rispettoso, si stimola una risposta che può mantenere viva la conversazione. La provocazione, se ben calibrata, aggiunge un tocco di sfida alla dinamica, ma senza mai risultare offensiva o invadente. È una forma di umorismo che può generare una tensione positiva, tenendo alta l'attenzione dell'altra persona e stimolandola a rispondere con altrettanta vivacità. Tuttavia, è importante assicurarsi che la provocazione non scivoli mai verso il sarcasmo troppo pungente o verso il ridicolo, perché questo rischierebbe di mettere a disagio l'interlocutore. La provocazione deve sempre essere leggera e giocosa, non un modo per far sentire l'altro inferiore.

Un altro punto fondamentale per mantenere il giusto tono di gioco è la capacità di mescolare l'umorismo con momenti di sincerità e vulnerabilità. Essere giocosi non significa evitare la profondità o fuggire dalle conversazioni più serie; piuttosto, significa saper alternare tra leggerezza e autenticità. Le persone apprezzano chi sa passare con naturalezza da una battuta divertente a una riflessione più personale, perché dimostra di essere a proprio agio con entrambe le dimensioni. Questo equilibrio è fondamentale per non sembrare immaturi: chi riesce a usare l'umorismo per alleggerire la conversazione, ma è anche capace di ascoltare e condividere momenti più intensi, trasmette una maturità che è accattivante e genuina.

Infine, essere giocosi senza sembrare infantili richiede una certa flessibilità mentale e apertura all'imprevisto. L'umorismo più efficace spesso nasce dall'improvvisazione e dalla capacità di adattarsi alle situazioni man mano che si presentano. Essere troppo rigidi o cercare di pianificare ogni battuta può far sembrare l'interazione artificiale. Al contrario, le persone che sanno adattarsi, che sono aperte a ciò che succede in quel momento e che riescono a trovare l'aspetto divertente anche nelle piccole cose della vita quotidiana, appaiono naturalmente più sicure e autentiche. L'umorismo spontaneo, che emerge senza forzature, è spesso quello più apprezzato, perché riflette una personalità che sa vivere il presente e godersi il momento.

In definitiva, la chiave per essere giocosi senza sembrare infantili è l'equilibrio. Un equilibrio tra leggerezza e profondità, tra provocazione e rispetto, tra battute e ascolto attento.

In conclusione, essere giocosi senza sembrare infantili è un'abilità sofisticata che richiede consapevolezza, empatia e un senso innato dell'equilibrio. L'umorismo può essere una delle chiavi principali per stabilire un legame profondo e autentico, ma deve essere usato con delicatezza per evitare di compromettere l'impressione di maturità o serietà che si vuole trasmettere. Il flirt giocoso, quando ben gestito, può rompere il ghiaccio, creare complicità e favorire una connessione più forte, ma è essenziale che il gioco sia sempre rispettoso e appropriato al contesto.

Uno degli elementi più importanti è la capacità di adattarsi alla situazione e di modulare il proprio stile di umorismo in base alla persona con cui si sta interagendo. Ogni persona ha una diversa sensibilità e una diversa risposta all'umorismo: mentre alcuni apprezzeranno battute vivaci e scherzose, altri potrebbero preferire un umorismo più sottile e riflessivo. Saper leggere i segnali, sia verbali che non verbali, e rispondere di conseguenza è fondamentale per evitare di sembrare fuori luogo o troppo infantili. L'umorismo non deve mai essere percepito come un tentativo di impressionare o di attirare l'attenzione a tutti i costi, ma piuttosto come un mezzo per creare una conversazione leggera e fluida, in cui entrambe le persone si sentano a proprio agio e coinvolte.

Un altro aspetto fondamentale per mantenere questo equilibrio è il tempismo. Il tempismo perfetto può rendere una battuta incredibilmente efficace, mentre un momento sbagliato può rovinare l'interazione. Saper inserire l'umorismo nei momenti giusti, magari per alleggerire una conversazione troppo seria o per ridere insieme di un piccolo imprevisto, può far emergere il lato umano e accessibile di una persona, senza farla sembrare immatura o troppo superficiale. Il tempismo ben calibrato dimostra anche una certa abilità sociale, perché implica la capacità di percepire i ritmi e le sfumature della conversazione, reagendo in modo appropriato e rispettoso.

L'autoironia è una delle forme di umorismo più potenti per risultare giocosi senza scivolare nell'infantilità. Quando una persona è capace di ridere di se stessa, dimostra di avere fiducia in sé e di non prendersi troppo sul serio, il che è incredibilmente attraente. L'autoironia, tuttavia, deve essere utilizzata con misura: un eccesso di battute su se stessi può dare l'impressione di insicurezza o di mancanza di autostima. Il giusto dosaggio di autoironia, invece, mostra apertura e autenticità, creando un clima di rilassatezza che rende la conversazione più intima e naturale.

Un altro elemento chiave è la capacità di mantenere un umorismo positivo e inclusivo. Scherzi che coinvolgono entrambi e che non mettono in imbarazzo nessuno contribuiscono a creare una complicità giocosa che è al cuore del flirt. L'umorismo non deve mai essere usato per ferire o per far sentire l'altro inferiore; al contrario, deve servire a creare un senso di alleanza e di divertimento reciproco. Le persone si sentono più attratte da chi le fa sentire bene, non solo perché ride con loro, ma perché crea un ambiente in cui possono esprimersi liberamente senza paura di essere giudicate.

Essere giocosi richiede anche una certa consapevolezza dei propri limiti e della propria vulnerabilità. Le persone che sanno bilanciare l'umorismo con momenti di sincerità e riflessione dimostrano una maturità che va oltre il semplice divertimento. Il gioco, infatti, non deve mai essere fine a sé stesso, ma piuttosto un modo per creare un ambiente di apertura, dove l'umorismo e la profondità possono coesistere. Le persone sono naturalmente attratte da chi sa ridere e far ridere, ma anche da chi è in grado di ascoltare e partecipare a conversazioni più significative quando necessario.

Infine, uno degli aspetti più importanti è la spontaneità. L'umorismo più efficace è spesso quello che nasce spontaneamente, senza forzature o pianificazioni. Quando si cerca di essere troppo divertenti, si rischia di apparire costruiti o insinceri, il che può spegnere l'attrazione. Le persone che vivono il momento, che sanno cogliere le piccole opportunità per scherzare in modo naturale, creano un'atmosfera di leggerezza che è irresistibile. La spontaneità dimostra anche una certa sicurezza e capacità di adattamento, due qualità che sono fondamentali per mantenere un'interazione interessante e autentica.

In definitiva, essere giocosi senza sembrare infantili significa saper bilanciare la leggerezza con la profondità, l'umorismo con la sincerità, e la spontaneità con la consapevolezza del contesto. È un'abilità che si sviluppa con l'esperienza e che, una volta acquisita, può rendere il flirt e le interazioni sociali molto più divertenti e appaganti. Il gioco e l'umorismo, se ben utilizzati, creano una dinamica di complicità che non solo rende l'interazione più piacevole, ma favorisce anche una connessione più profonda e genuina tra le persone.

9. I segnali di interesse femminile: Come riconoscere quando una donna è interessata e quando non lo è.

Riconoscere i segnali di interesse femminile è un'abilità fondamentale quando si flirta, poiché permette di capire se l'interazione sta progredendo positivamente o se è meglio fare un passo indietro. Non sempre questi segnali sono espliciti o diretti, e spesso si manifestano attraverso il linguaggio del corpo, il tono di voce o piccoli gesti che possono essere facilmente fraintesi. Saperli leggere correttamente può fare una grande differenza nel capire se c'è un interesse reale da parte di una donna o se l'interazione è solo amichevole o formale.

Uno dei primi segnali di interesse femminile è il contatto visivo. Se una donna ti guarda spesso negli occhi, soprattutto durante momenti di silenzio, o mantiene un contatto visivo prolungato mentre parla, è possibile che sia interessata. Tuttavia, il contatto visivo deve essere naturale e non forzato: se lei distoglie lo sguardo solo per un momento e poi torna a guardarti, potrebbe essere un segno positivo. Al contrario, se evita il contatto visivo o guarda costantemente altrove, potrebbe significare che non è interessata o che si sente a disagio.

Il linguaggio del corpo gioca un ruolo importante nel rivelare l'interesse. Una donna interessata tenderà a orientare il proprio corpo verso di te durante la conversazione, piuttosto che allontanarsi. Se si inclina leggermente in avanti, magari spostando il peso del corpo nella tua direzione, o cerca di avvicinarsi fisicamente, è probabile che stia cercando di stabilire una connessione più profonda. Inoltre, se lei gioca con i suoi capelli o tocca il proprio viso mentre parla con te, questi sono spesso segnali inconsci di attrazione. Anche il modo in cui gestisce il contatto fisico può essere un indicatore: se trova il modo di toccarti leggermente, magari sfiorandoti la spalla o il braccio durante la conversazione, potrebbe essere un segnale di interesse. D'altro canto, se incrocia le braccia, si allontana o crea una barriera fisica tra di voi (come una borsa o una giacca), potrebbe indicare disinteresse o una volontà di mantenere una distanza emotiva.

Il sorriso è un altro potente indicatore. Un sorriso autentico e frequente durante la conversazione è un segnale chiaro che lei sta godendo della tua compagnia. È importante notare la differenza tra un sorriso genuino, che coinvolge anche gli occhi, e un sorriso di cortesia, che è solo una risposta educata. Se una donna sorride spesso e lo fa in modo naturale, è probabile che sia attratta da te o che trovi la conversazione piacevole. Al contrario, se mantiene un'espressione neutra o sembra forzare un sorriso, potrebbe non essere così coinvolta.

Un altro segnale da osservare è l'impegno nella conversazione. Se una donna è interessata, cercherà di mantenere viva la conversazione, facendo domande su di te, mostrando curiosità per ciò che dici e aggiungendo dettagli personali ai propri racconti. Se cerca di prolungare la conversazione, dimostrando interesse per ciò che pensi o per la tua vita, è un ottimo segnale di attrazione. D'altro canto, se le sue risposte sono brevi, vaghe o se non fa domande a sua volta, potrebbe essere un segno che non è particolarmente coinvolta. Anche i segnali di impazienza, come guardare spesso l'orologio o il telefono, possono indicare che è meno interessata a proseguire la conversazione.

La disponibilità a trascorrere più tempo insieme è un altro indicatore importante. Se, ad esempio, accetta con entusiasmo di passare del tempo con te, sia che si tratti di prolungare un incontro o di organizzare un altro appuntamento, è probabile che sia interessata. Una donna interessata potrebbe cercare occasioni per vederti di nuovo, anche solo per un caffè o una breve chiacchierata. Se, invece, rifiuta spesso inviti o trova scuse per non proseguire l'interazione, potrebbe essere un segnale che non condivide lo stesso livello di interesse.

Un altro segnale sottile di interesse è l'imitazione dei tuoi gesti. Questo comportamento, noto anche come "mirroring", si verifica quando una persona riflette inconsciamente i gesti, le posture o i modi di parlare dell'altra persona. Se una donna inizia a imitare il tuo linguaggio del corpo, come incrociare le gambe nello stesso modo, appoggiarsi come fai tu o adottare un tono simile di conversazione, potrebbe essere un segnale che è attratta e si sta sincronizzando con te a un livello più profondo. Questo tipo di comportamento è spesso un indicatore positivo di connessione emotiva.

I segnali verbali sono altrettanto importanti. Una donna interessata potrebbe farti dei complimenti, sia espliciti che più sottili. Potrebbe commentare positivamente sul tuo aspetto, sul tuo modo di parlare o su qualcosa che hai detto. I complimenti non devono essere necessariamente esagerati o romantici; anche piccoli commenti come "Sei davvero divertente" o "Mi piace il tuo punto di vista" possono essere indicatori di interesse. Inoltre, una donna interessata potrebbe usare il linguaggio per creare una sensazione di intimità, magari chiamandoti con un soprannome giocoso o cercando di stabilire un terreno comune su cui costruire una conversazione più personale.

La disponibilità a entrare in contatto su piani più personali è un altro segnale di interesse. Se una donna condivide dettagli della sua vita, delle sue passioni o delle sue esperienze personali, sta cercando di creare una connessione più profonda. Parlare di sogni, interessi o momenti importanti della propria vita è spesso un modo per indicare che si è aperti a un'interazione più intima e significativa. Al contrario, se una donna evita di rivelare troppo di sé o mantiene la conversazione su un piano molto superficiale, potrebbe essere un segnale che non è interessata a portare avanti l'interazione su un livello più profondo.

D'altro canto, i segnali di disinteresse sono altrettanto importanti da riconoscere. Oltre a evitare il contatto visivo e mantenere una distanza fisica, una donna disinteressata potrebbe fare commenti che indicano chiaramente che non è alla ricerca di una relazione romantica. Frasi come "Non sono pronta per una relazione in questo momento" o "Mi piace uscire con te, ma solo come amici" sono indicatori diretti che l'interesse non è romantico. Anche i segnali di distrazione, come controllare costantemente il telefono o guardarsi intorno mentre parlate, suggeriscono che la sua attenzione è altrove.

Un altro segnale di disinteresse potrebbe essere la mancanza di reciprocità nel flirt. Se una donna non risponde ai tuoi tentativi di flirt, non ricambia i sorrisi o le battute, o non cerca di mantenere il contatto, è probabile che non condivida lo stesso livello di interesse. In questi casi, è importante rispettare i segnali e non forzare l'interazione.

In conclusione, i segnali di interesse femminile si manifestano attraverso una combinazione di linguaggio del corpo, espressioni verbali e comportamenti sottili. Essere in grado di riconoscerli e interpretarli correttamente ti permette di capire meglio se l'interazione sta andando nella direzione desiderata o se è meglio cambiare approccio o rispettare un eventuale disinteresse. Il rispetto e l'attenzione alle reazioni dell'altra persona sono fondamentali per garantire un'interazione piacevole e autentica.

Riconoscere i segnali di interesse femminile è una capacità che si affina con l'esperienza e l'attenzione ai dettagli. Non sempre questi segnali sono chiari o evidenti, e molto spesso si manifestano in modo sottile, attraverso il linguaggio del corpo o il tono della conversazione. Per questo motivo, è essenziale sviluppare una sensibilità verso questi indizi, imparando a leggere tra le righe e a interpretare i comportamenti non verbali che potrebbero indicare attrazione o disinteresse. La chiave per riconoscere questi segnali è la consapevolezza e la capacità di adattarsi rapidamente all'energia che la donna sta trasmettendo.

Uno dei segnali più evidenti di interesse femminile è il modo in cui una donna si comporta a livello fisico. Il linguaggio del corpo è spesso il primo indicatore da osservare. Se una donna è interessata, tenderà ad orientare il suo corpo verso di te. Il suo viso, le sue spalle e il suo tronco saranno probabilmente rivolti nella tua direzione, un segnale inconscio che indica apertura e coinvolgimento. Potresti notare anche che accorcia la distanza fisica tra voi, avvicinandosi leggermente mentre parlate. Al contrario, se tiene il suo corpo rivolto altrove, oppure mantiene una distanza evidente, è probabile che non sia così coinvolta. Il contatto visivo gioca un ruolo altrettanto cruciale: se una donna ti guarda spesso negli occhi, magari sorridendo mentre lo fa, questo può essere un segno di interesse. È importante anche notare se lei mantiene il contatto visivo prolungato, magari distogliendo lo sguardo solo per brevi momenti e poi tornando a guardarti. Questo tipo di gioco visivo, che può sembrare quasi un invito silenzioso a proseguire, è un indizio positivo. Tuttavia, se evita il contatto visivo, potrebbe indicare disagio o disinteresse, soprattutto se accompagna questa mancanza di sguardi con movimenti che allontanano il suo corpo.

Il modo in cui una donna sorride è un altro segnale potente. Un sorriso aperto e genuino, che coinvolge anche gli occhi (spesso chiamato "sorriso Duchenne"), è un ottimo segnale di attrazione. È importante saper distinguere tra un sorriso autentico e uno di cortesia: mentre un sorriso di cortesia può essere usato per essere gentili o formali, un sorriso più ampio e spontaneo è un segno che lei si sta godendo la tua compagnia. Se una donna sorride spesso durante la conversazione, specialmente nei momenti in cui non ci sono motivi evidenti per farlo, questo potrebbe indicare che trova la tua presenza piacevole e coinvolgente. Tuttavia, un sorriso forzato, che appare solo in determinati momenti o che non coinvolge completamente il viso, potrebbe essere un segnale che sta cercando di mantenere la conversazione su un piano di cortesia, senza un reale coinvolgimento emotivo.

Anche i piccoli tocchi o gesti fisici sono segnali importanti di interesse. Se una donna trova modi per toccarti in modo casuale, come ad esempio sfiorarti il braccio mentre parla o aggiustare qualcosa sulla tua camicia, potrebbe voler stabilire una connessione fisica. Questi tocchi leggeri e apparentemente non significativi sono spesso segnali inconsci di attrazione. Tuttavia, è fondamentale prestare attenzione alla loro naturalezza: se i tocchi sembrano essere spontanei e rilassati, è probabile che siano segni positivi. D'altro canto, se lei evita completamente il contatto fisico, incrocia le braccia o si ritrae leggermente quando ti avvicini, questi potrebbero essere segnali che non desidera portare l'interazione su un piano più intimo.

Un altro segnale interessante da osservare è il cosiddetto "mirroring". Questo fenomeno si verifica quando una persona, inconsciamente, imita i movimenti o le posizioni dell'altra. Ad esempio, se incroci le gambe e lei fa lo stesso, o se ti appoggi su un lato e lei adotta una postura simile, potrebbe essere un segno che sta cercando di allinearsi con te, sia fisicamente che emotivamente. Il mirroring è una forma di sincronizzazione naturale che avviene quando due persone sono a loro agio l'una con l'altra e desiderano creare una connessione. Questo fenomeno può verificarsi anche nel modo in cui parlate: se noti che lei adotta un tono o un ritmo simile al tuo, potrebbe essere un segnale di attrazione.

Il coinvolgimento nella conversazione è un altro indicatore cruciale. Quando una donna è interessata, farà uno sforzo per mantenere viva la conversazione, cercando argomenti di comune interesse, facendo domande personali o mostrando curiosità nei confronti della tua vita. Se le sue domande sono specifiche, mostrando che vuole conoscerti meglio, questo è un segnale positivo. Potrebbe, ad esempio, chiederti dei tuoi hobby, del tuo lavoro o delle tue esperienze passate, cercando di costruire una conversazione su un terreno più personale. Le donne che sono attratte tenderanno a trovare modi per prolungare l'interazione, magari facendo domande di follow-up o cercando di approfondire un argomento che hai menzionato. Al contrario, se la conversazione è fredda, con risposte brevi e poco impegnate, questo potrebbe indicare un basso livello di interesse. Se lei sembra distratta o se risponde con monosillabi, potrebbe essere un segnale che non è realmente coinvolta o che non condivide lo stesso entusiasmo.

Le conversazioni giocose o piene di piccole provocazioni possono anche essere un segnale positivo. Se lei scherza con te o lancia piccole sfide verbali, potrebbe cercare di mantenere l'interazione vivace e divertente, il che spesso è un indicatore di attrazione. L'umorismo condiviso è una delle forme più efficaci di connessione, e se una donna si sente a proprio agio nel prenderti in giro amichevolmente o nel partecipare a un gioco verbale con te, è probabile che sia interessata. Tuttavia, se le battute sono eccessivamente pungenti o sembrano avere un tono critico, potrebbe essere un segnale di disinteresse o di disagio.

L'uso del tempo è un altro indicatore significativo di interesse. Se una donna è disposta a prolungare un incontro, o se accetta con entusiasmo un invito a uscire di nuovo, è probabile che ci sia un interesse. Spesso, una donna interessata cercherà di trovare scuse per trascorrere più tempo con te, anche solo per un caffè veloce o una breve passeggiata. Al contrario, se lei appare sempre impegnata o rifiuta più volte i tuoi inviti senza suggerire alternative, potrebbe essere un segnale che non condivide lo stesso desiderio di vedersi. Anche il modo in cui reagisce alle proposte di futuro, come discutere di un possibile appuntamento o di un'attività da fare insieme, è un buon indicatore del suo livello di interesse. Se lei risponde con entusiasmo e proattività, è un segno positivo; se invece risponde in modo vago o evita di dare risposte precise, potrebbe non essere così coinvolta.

Un altro segnale da considerare è la capacità di rivelare dettagli personali. Quando una donna si sente a suo agio e interessata, tenderà a condividere aspetti della sua vita personale. Potrebbe aprirsi su questioni più intime, raccontando storie che rivelano i suoi sogni, le sue paure o le sue esperienze di vita. Questa apertura indica fiducia e desiderio di stabilire una connessione più profonda. Al contrario, se mantiene la conversazione su un piano molto superficiale e non si apre, potrebbe indicare una mancanza di interesse o una certa riservatezza.

Infine, è importante non sottovalutare i segnali verbali espliciti. Se una donna ti dice chiaramente che non è interessata, magari con frasi come "mi piace uscire con te, ma solo come amico" o "non cerco nulla di romantico", è fondamentale rispettare questi segnali. Anche i comportamenti evitanti, come controllare frequentemente il telefono, guardare l'orologio o mostrare impazienza, sono segnali di disinteresse.

In sintesi, i segnali di interesse femminile si esprimono attraverso una vasta gamma di indicatori, che spaziano dal linguaggio del corpo alle conversazioni più intime. La chiave per riconoscerli è prestare attenzione a questi dettagli sottili e, allo stesso tempo, mantenere un atteggiamento rispettoso e sensibile, accettando anche i segnali di disinteresse con maturità e dignità.

Riconoscere i segnali di interesse femminile è un processo che richiede osservazione attenta, sensibilità e una buona dose di intuizione. Le dinamiche interpersonali spesso si sviluppano su piani non verbali, dove piccole sfumature nel comportamento possono rivelare molto più di quanto viene detto a parole. Tuttavia, l'interpretazione di questi segnali non è sempre semplice, poiché ogni persona è diversa, e ciò che potrebbe indicare interesse in una donna potrebbe essere un segno neutro in un'altra. Per questo è essenziale affinare la capacità di cogliere non solo i segnali più evidenti, ma anche quelli più sottili che potrebbero sfuggire a un'osservazione superficiale.

Uno dei principali indicatori di interesse è il modo in cui una donna gestisce il suo spazio fisico in tua presenza. Questo si manifesta, ad esempio, nella sua tendenza ad accorciare la distanza tra voi due. Se si avvicina fisicamente mentre state parlando, si inclina leggermente verso di te o trova modi per avvicinarsi, è un chiaro segnale che è a suo agio e desidera stabilire un contatto più intimo. Questa riduzione dello spazio personale è spesso inconscia e rivela una predisposizione a creare una connessione più stretta. Tuttavia, se una donna tende a mantenere una certa distanza o a spostarsi leggermente indietro quando ti avvicini, potrebbe essere segno di disinteresse o di una barriera emotiva che non è ancora pronta a superare.

Il linguaggio del corpo offre altri segnali chiave per interpretare l'interesse femminile. Spesso, una donna interessata utilizza gesti aperti, come tenere le mani rilassate e visibili o mantenere una postura accogliente, con il corpo rivolto verso di te. Al contrario, se incrocia le braccia, tiene le mani nascoste o assume una posizione chiusa, potrebbe indicare che si sente protettiva o distaccata, il che potrebbe essere un segnale di disinteresse o di disagio. La posizione delle gambe è un altro indicatore utile: se una donna incrocia le gambe verso di te o tiene i piedi rivolti nella tua direzione, potrebbe indicare che è attenta e coinvolta nella conversazione. Invece, se le gambe o i piedi sono rivolti lontano da te, potrebbe inconsciamente indicare una volontà di allontanarsi o un disinteresse.

Il contatto visivo è un altro potente strumento di comunicazione non verbale. Quando una donna è attratta, tende a stabilire un contatto visivo frequente e prolungato. Questo tipo di sguardo, che può essere accompagnato da un lieve sorriso o da una scintilla negli occhi, è un chiaro segno che sta cercando di connettersi con te a un livello più profondo. Inoltre, la dinamica dello sguardo può includere momenti di "gioco visivo", come guardarti e poi distogliere lo sguardo rapidamente per poi tornare a fissarti di nuovo. Questo gesto spesso indica un mix di attrazione e un po' di timidezza, segnalando che potrebbe sentirsi lusingata dalla tua attenzione, ma anche leggermente nervosa. Tuttavia, se il contatto visivo è limitato, o se evita lo sguardo prolungato, potrebbe essere un segnale che non è altrettanto coinvolta emotivamente.

Un altro indicatore importante di interesse è il tocco. Se una donna è attratta, potrebbe trovare modi casuali per stabilire un contatto fisico. Questi tocchi possono essere molto sottili, come una mano che ti sfiora mentre ride, o una scusa per toccare il tuo braccio o la tua spalla durante una conversazione. Questi gesti di solito non sono casuali: il tocco, infatti, è uno dei modi più antichi e diretti per stabilire una connessione emotiva. Tuttavia, è importante notare il contesto: se questi tocchi sembrano naturali e non forzati, è probabile che siano un segnale di interesse. Al contrario, se una donna evita il contatto fisico o si ritrae leggermente quando ti avvicini, potrebbe essere un indicatore che preferisce mantenere una certa distanza, sia fisica che emotiva.

Un altro elemento interessante da osservare è la comunicazione verbale. Le donne che sono interessate tendono a mantenere una conversazione attiva, cercando di prolungarla e di esplorare argomenti che potrebbero creare una connessione più profonda. Se una donna ti pone domande personali, mostra curiosità su aspetti della tua vita o cerca di trovare punti in comune, è probabile che voglia approfondire l'interazione. Al contrario, se risponde in modo breve, senza fare domande di ritorno, o se sembra non particolarmente interessata agli argomenti trattati, potrebbe non essere altrettanto coinvolta. Anche il tono di voce può rivelare molto: un tono più morbido e rilassato può indicare interesse, mentre un tono più piatto o distante potrebbe segnalare disinteresse.

Un altro segnale importante di attrazione è il modo in cui una donna reagisce all'umorismo. L'umorismo è spesso un mezzo potente per costruire connessioni emotive, e una donna interessata probabilmente risponderà con risate sincere alle tue battute, anche se non sono particolarmente brillanti. Questo tipo di risate, spesso accompagnate da sorrisi o da brevi tocchi, è un modo per esprimere apertura e complicità. D'altro canto, se una donna sembra poco coinvolta o non risponde affatto all'umorismo, potrebbe essere un segnale che non c'è un forte interesse emotivo.

Osservare come una donna gestisce il tempo durante l'interazione è un altro indicatore di grande valore. Una donna interessata spesso cerca di prolungare l'interazione. Se trova motivi per restare, per continuare la conversazione o accetta con entusiasmo inviti a incontrarsi di nuovo, è probabile che sia coinvolta. Al contrario, se sembra trovare scuse per concludere rapidamente l'incontro o rifiuta inviti futuri senza offrire alternative, è possibile che non condivida lo stesso interesse. Inoltre, se una donna dimostra di avere piacere nel passare tempo con te, potrebbe cercare occasioni per incontrarsi più spesso, organizzando appuntamenti o suggerendo attività che vi coinvolgano entrambi. Questo tipo di iniziativa è un segnale chiaro che vuole portare l'interazione su un livello più profondo.

Un altro segnale spesso trascurato è la coerenza nell'interazione. Se una donna ti cerca regolarmente, risponde rapidamente ai messaggi e dimostra costanza nella comunicazione, è probabile che sia interessata. L'interesse si manifesta anche nella qualità delle risposte: una donna attratta non solo risponderà in modo puntuale, ma aggiungerà spesso dettagli personali, scherzi o commenti che tengono viva la conversazione. Al contrario, una risposta fredda, ritardata o monosillabica potrebbe essere un segnale di disinteresse o di una conversazione che non ha lo stesso valore per lei.

I segnali di imitazione o "mirroring" possono essere anch'essi indicativi di interesse. Se una donna inizia a riflettere i tuoi movimenti o i tuoi gesti, potrebbe farlo inconsciamente perché è sincronizzata con te emotivamente. Ad esempio, se prendi un bicchiere e lei lo fa subito dopo, o se ti inclini in avanti e lei adotta una postura simile, è un segnale di una connessione subconscia che potrebbe rivelare attrazione. Questo tipo di comportamento riflette il desiderio di essere in sintonia con l'altra persona, e spesso avviene senza che ci sia una consapevolezza attiva da parte sua.

Inoltre, un altro segnale di interesse può essere il coinvolgimento emotivo nella conversazione. Quando una donna è attratta, potrebbe condividere con te pensieri o esperienze più personali, aprendo uno spazio di vulnerabilità.

Parlare di sogni, paure o aspetti della propria vita che solitamente non condivide con chiunque può essere un modo per indicare che sta cercando una connessione più profonda. La disponibilità a condividere questi dettagli intimi è un forte indicatore di fiducia e interesse. Se una donna, invece, evita di rivelare troppo di sé o mantiene la conversazione su argomenti superficiali, potrebbe non essere pronta a portare l'interazione su un piano più profondo.

Infine, i segnali di disinteresse sono altrettanto importanti da riconoscere. Se una donna ti dà risposte brevi, evita di fare domande o sembra distratta durante la conversazione, potrebbe non essere interessata a proseguire l'interazione. Anche se mantiene un comportamento educato o cortese, i segnali di disimpegno sono evidenti quando la conversazione diventa unilaterale e non c'è uno scambio reciproco.

Riconoscere i segnali di interesse femminile è una capacità che va oltre la semplice osservazione superficiale, richiede una comprensione profonda delle dinamiche umane e una sensibilità verso i dettagli più sottili. Le donne, proprio come gli uomini, possono manifestare il proprio interesse in molti modi diversi, e ciascuno di questi segnali può variare in base alla personalità, al contesto culturale e alla situazione emotiva del momento. Pertanto, è fondamentale sviluppare una sorta di radar emotivo che permetta di captare e interpretare correttamente questi segnali, sapendo che alcuni potrebbero essere evidenti mentre altri richiedono un'analisi più attenta.

Uno degli indicatori più importanti da tenere d'occhio è la postura e il linguaggio del corpo di una donna. Quando una donna è interessata, tende inconsciamente a rivolgersi verso la persona con cui sta parlando, sia fisicamente che emotivamente. Questo significa che il suo corpo sarà orientato verso di te: se lei siede o sta in piedi di fronte a te, con il busto rivolto nella tua direzione e magari si avvicina leggermente, è un segnale di apertura e di interesse. Anche piccoli movimenti, come l'aggiustarsi i vestiti, giocherellare con i capelli o sistemarsi un accessorio, possono essere indicatori di attrazione, poiché sono spesso comportamenti involontari che riflettono un desiderio di apparire più attraenti.

Un altro elemento essenziale è l'espressione del volto. Un viso rilassato, sorridente e con una luminosità negli occhi spesso rivela che la persona è a suo agio e interessata. Le donne tendono a mostrare il loro interesse attraverso sorrisi naturali, che coinvolgono non solo la bocca, ma anche gli occhi. Il cosiddetto "sorriso Duchenne", che coinvolge i muscoli intorno agli occhi, è un chiaro segnale di un sorriso genuino, di divertimento e, spesso, di attrazione. Se una donna sorride frequentemente durante la conversazione, soprattutto in risposta a qualcosa che hai detto o fatto, e mantiene un contatto visivo mentre lo fa, è un ottimo indicatore che potrebbe essere interessata. Tuttavia, è importante distinguere tra un sorriso di cortesia, usato per essere educati, e uno che esprime vero piacere. Un sorriso cortese può essere fugace e limitato a situazioni formali, mentre uno autentico e coinvolgente è più duraturo e accompagnato da segnali corporei che indicano apertura.

Anche il modo in cui una donna gestisce il contatto fisico può offrire indizi preziosi. Se cerca opportunità per sfiorarti, magari toccandoti leggermente il braccio mentre ride, dandoti una pacca sulla spalla o trovando scuse per avvicinarsi fisicamente, è probabile che stia cercando di stabilire una connessione fisica. Il contatto fisico è un potente segnale di interesse, soprattutto se è delicato e naturale. Tuttavia, non è solo la presenza del contatto fisico a contare, ma anche la sua qualità: se il tocco è casuale, amichevole, ma sembra più di routine, potrebbe non essere un segnale romantico. D'altra parte, un contatto che è lieve, prolungato o che sembra carico di un certo grado di attenzione e consapevolezza, può indicare un interesse più profondo. Se, però, la donna evita sistematicamente il contatto fisico, si ritrae quando ti avvicini o sembra mantenere una certa distanza, è probabile che voglia mantenere l'interazione su un piano più distaccato.

Il linguaggio del corpo, comunque, non si limita solo alla postura o al contatto fisico, ma si estende anche ai gesti. Una donna che è interessata potrebbe "specchiare" i tuoi movimenti. Questo fenomeno, noto come mirroring, avviene quando una persona riflette inconsciamente la postura, i gesti o i movimenti dell'altra. Se, ad esempio, ti inclini in avanti e lei fa lo stesso, o se incroci le gambe e lei lo fa poco dopo, potrebbe essere un segnale che si sente connessa con te e desidera armonizzare i suoi movimenti ai tuoi. Questo tipo di comportamento non è solo un indicatore di interesse romantico, ma anche di un comfort emotivo, poiché suggerisce che entrambi state condividendo un certo livello di intesa non verbale.

Un altro segnale importante è l'attenzione che presta alla conversazione. Quando una donna è attratta, sarà attivamente coinvolta nella conversazione, mostrando un sincero interesse per ciò che dici. Le donne interessate non solo ascoltano con attenzione, ma fanno domande, cercano di scoprire di più su di te e tendono a prolungare la conversazione trovando nuovi argomenti o rilanciando ciò che hai detto. Un segno di interesse è anche quando una donna condivide dettagli personali della sua vita: questo tipo di apertura può indicare che si sente a suo agio e desidera costruire una connessione più profonda. Al contrario, se noti che la conversazione è unidirezionale, con lei che risponde in modo breve e conciso senza fare domande di ritorno, potrebbe essere un segnale che non è coinvolta emotivamente quanto te.

Anche l'umorismo può essere un elemento rivelatore. Se una donna ride alle tue battute, anche a quelle meno brillanti, è probabile che stia cercando di stabilire una connessione positiva. L'umorismo è una delle modalità più naturali per creare complicità, e le risate possono essere un forte segnale di attrazione. Quando una donna trova divertenti le tue battute o partecipa attivamente a giochi di parole o a scambi scherzosi, è probabile che stia cercando di creare un'atmosfera rilassata e piacevole. Al contrario, se lei non ride o sembra non apprezzare il tuo umorismo, potrebbe essere un indicatore che non è altrettanto coinvolta.

L'interesse femminile può anche manifestarsi nel modo in cui una donna gestisce il tempo che trascorre con te. Se è disposta a prolungare l'incontro, magari suggerendo di fermarsi per un caffè o accettando con entusiasmo un altro invito, è un segnale positivo. In molti casi, una donna interessata potrebbe cercare scuse per rimanere più a lungo o per vederti di nuovo. Inoltre, una donna che cerca di organizzare il tempo insieme o di pianificare un futuro appuntamento sta probabilmente dimostrando il suo interesse a lungo termine. Al contrario, se noti che sembra cercare scuse per terminare rapidamente l'incontro, potrebbe essere segno di disinteresse.

La coerenza è un altro aspetto da considerare. Una donna che è realmente interessata probabilmente ti cercherà, risponderà ai tuoi messaggi in modo tempestivo e manterrà una comunicazione regolare. L'interesse si manifesta anche nella qualità delle conversazioni: se lei si impegna e fa sforzi per mantenere viva la conversazione, dimostra che apprezza il tempo trascorso con te. Tuttavia, se le sue risposte sono brevi, ritardate o rare, potrebbe essere un segnale che non condivide lo stesso livello di coinvolgimento.

Infine, anche il linguaggio verbale offre molti indizi. Se una donna ti fa complimenti, anche sottili, potrebbe essere un segno che è attratta. Non devono essere necessariamente complimenti espliciti sul tuo aspetto: anche commenti su quanto sei interessante, divertente o stimolante possono indicare un interesse. Il modo in cui usa il linguaggio per stabilire una connessione più intima, magari chiamandoti con soprannomi affettuosi o creando allusioni che solo voi due potete capire, è un altro segnale di complicità e attrazione.

Tuttavia, è altrettanto importante riconoscere i segnali di disinteresse. Se una donna è distante, distratta o poco coinvolta nella conversazione, potrebbe non essere altrettanto interessata. Guardare frequentemente il telefono, dare risposte monosillabiche o evitare di fare domande di ritorno sono tutti segnali che indicano un basso livello di coinvolgimento. Anche il rifiuto ripetuto di inviti o la mancanza di iniziativa per incontrarsi di nuovo possono essere segnali di disinteresse.

In sintesi, i segnali di interesse femminile sono spesso una combinazione di elementi verbali e non verbali, e la chiave per interpretarli correttamente è prestare attenzione a come questi si manifestano in modo coerente e armonioso nel contesto dell'interazione. Essere sensibili a questi segnali ti permetterà di comprendere meglio se l'interesse è reciproco o se è meglio rispettare un disinteresse.

In conclusione, riconoscere i segnali di interesse femminile richiede una combinazione di osservazione attenta, comprensione delle dinamiche non verbali e capacità di interpretare le sfumature emotive. Non si tratta solo di decifrare gesti o parole isolate, ma di cogliere il quadro più ampio, in cui il linguaggio del corpo, le espressioni facciali, il tono di voce e il comportamento generale contribuiscono a trasmettere un messaggio chiaro o, talvolta, velato.

Uno degli aspetti chiave per capire se una donna è interessata è il suo linguaggio del corpo. Una donna che orienta il suo corpo verso di te, che mantiene il contatto visivo e che si avvicina fisicamente sta mandando segnali forti di apertura. Questo non solo indica comfort, ma spesso anche desiderio di connettersi a un livello più intimo. I segnali non verbali, come il sorriso, il mirroring e il contatto fisico, sono spesso più sinceri delle parole, poiché sono reazioni spontanee e inconsce che emergono naturalmente quando una persona è attratta da qualcuno. Se una donna sorride frequentemente, mantiene un contatto visivo prolungato e cerca occasioni per sfiorarti, sono tutti indicatori positivi di attrazione.

L'atteggiamento durante la conversazione è un altro potente indicatore. Le donne che sono realmente coinvolte e interessate mostreranno curiosità verso di te, facendo domande, ascoltando con attenzione e cercando di scoprire di più sulla tua vita. La qualità della conversazione è spesso più importante della quantità: se lei investe tempo ed energia nell'approfondire temi che vi legano o che le stanno a cuore, è un segnale di interesse. Se si apre su aspetti più personali della sua vita o se condivide dettagli intimi, potrebbe voler creare un legame più profondo e significativo.

Il contatto fisico, anche quando casuale, è un altro indicatore da non sottovalutare. Se una donna trova modi naturali per toccarti o avvicinarsi a te, è probabile che stia cercando di creare una connessione fisica oltre che emotiva. Tocchi leggeri e delicati, come una mano sul braccio o un gesto affettuoso durante una risata, possono essere segnali potenti di attrazione. Tuttavia, è importante fare attenzione alla qualità e al contesto di questi tocchi: se sono naturali e spontanei, è un buon segno; se invece sembra che eviti il contatto fisico o mantenga una distanza costante, potrebbe indicare che non è interessata a un coinvolgimento più intimo.

Il tempo che una donna è disposta a trascorrere con te e la sua disponibilità a incontrarsi di nuovo sono segnali chiari di interesse. Se accetta con entusiasmo i tuoi inviti, se prolunga l'incontro o cerca opportunità per vedervi nuovamente, è probabile che sia attratta da te. Al contrario, se trova scuse per accorciare il tempo insieme o rifiuta più inviti senza proporre alternative, potrebbe non condividere lo stesso livello di interesse.

Un altro elemento fondamentale è la coerenza nel comportamento. Una donna interessata manterrà una comunicazione regolare, rispondendo prontamente ai tuoi messaggi e cercando di mantenere viva la conversazione. La qualità delle risposte è altrettanto importante: risposte lunghe, dettagliate e piene di domande o commenti personali dimostrano che è coinvolta. Se invece noti una comunicazione sporadica, risposte brevi o mancanza di iniziativa per vedersi, questi potrebbero essere segnali di un disinteresse crescente.

È essenziale anche prestare attenzione ai segnali verbali più diretti. Se una donna fa complimenti, dimostra apprezzamento per la tua compagnia o utilizza un linguaggio affettuoso, sta probabilmente cercando di comunicare il suo interesse in modo esplicito. Anche le piccole battute, i giochi di parole o i soprannomi affettuosi possono essere un modo per stabilire una connessione più personale. Tuttavia, se il suo tono di voce è distaccato o formale e non vi è alcun tentativo di mantenere una conversazione più leggera o giocosa, potrebbe indicare che il suo interesse è limitato a un livello puramente amichevole o superficiale.

Riconoscere i segnali di disinteresse è altrettanto importante. Evitare il contatto visivo, mantenere una postura chiusa, rispondere con monosillabi o mostrare segni di distrazione sono chiari indicatori che potrebbe non esserci un forte coinvolgimento emotivo. Anche il rifiuto di inviti o la tendenza a evitare conversazioni profonde sono segnali che suggeriscono che non è interessata a proseguire l'interazione a livello romantico.

In definitiva, la capacità di riconoscere i segnali di interesse femminile richiede una lettura attenta e sfumata del comportamento, sia verbale che non verbale. È importante non basarsi solo su un singolo segnale, ma piuttosto interpretare l'insieme delle interazioni per avere una visione più chiara. Quando una donna è realmente interessata, spesso lo dimostra attraverso una combinazione di segnali: il corpo si avvicina, la conversazione si approfondisce, il contatto fisico diventa naturale e la comunicazione è fluida e coerente. La chiave è sviluppare la sensibilità per cogliere questi segnali e, allo stesso tempo, rispettare i confini e i segnali di disinteresse, in modo da garantire un'interazione rispettosa e autentica.

10. Creare un'atmosfera di complicità: Costruire una connessione emozionale e far sentire l'altra persona a proprio agio.

Creare un'atmosfera di complicità è uno degli elementi fondamentali per costruire una connessione emozionale con qualcuno e far sentire l'altra persona a proprio agio. Questa atmosfera si basa sulla fiducia reciproca, sull'empatia e sulla capacità di comprendere i bisogni e i desideri dell'altra persona senza forzare l'interazione. La complicità non nasce solo da parole o gesti diretti, ma si sviluppa attraverso la creazione di un ambiente in cui entrambe le persone si sentono libere di esprimersi senza timori o preoccupazioni di giudizio. È il risultato di un processo graduale che richiede attenzione, ascolto attivo e una profonda comprensione delle dinamiche interpersonali.

Uno degli aspetti più importanti nel creare questa complicità è la capacità di ascoltare attentamente. L'ascolto attivo non consiste solo nel sentire ciò che l'altra persona sta dicendo, ma anche nel mostrare interesse genuino per ciò che viene condiviso. Questo significa prestare attenzione non solo alle parole, ma anche al linguaggio non verbale, come il tono di voce, le espressioni facciali e i gesti. Quando dimostri di essere presente e coinvolto nella conversazione, l'altra persona si sentirà valorizzata e compresa. Un ascolto attento implica anche la capacità di fare domande che approfondiscono i temi trattati, mostrando curiosità per i pensieri e le esperienze dell'altro. Questo non solo stimola una conversazione più significativa, ma favorisce anche la creazione di un legame emotivo più forte.

L'empatia gioca un ruolo cruciale nella costruzione della complicità. Essere empatici significa mettersi nei panni dell'altra persona, cercando di comprendere non solo ciò che sta dicendo, ma anche come si sta sentendo. Dimostrare empatia non vuol dire necessariamente risolvere i problemi dell'altro, ma piuttosto condividere i suoi sentimenti e farle capire che sei lì, disposto ad ascoltare e comprendere. Questa capacità di connettersi emotivamente crea un'atmosfera di fiducia e intimità, dove entrambe le persone si sentono al sicuro nell'esprimere le proprie emozioni. Quando una persona sente che i propri sentimenti vengono compresi e rispettati, è più propensa ad aprirsi, a condividere di più e a sviluppare una maggiore connessione emotiva.

Un altro elemento fondamentale per creare complicità è il modo in cui si comunica. La comunicazione aperta e sincera è essenziale per stabilire una base di fiducia. Quando parli in modo genuino, senza maschere o finzioni, trasmetti un messaggio di autenticità che l'altra persona percepisce come rassicurante. Essere autentici significa non cercare di apparire perfetti o di adattarsi a ciò che si pensa l'altro voglia vedere. Al contrario, è mostrarsi per ciò che si è, con le proprie imperfezioni e vulnerabilità. La vulnerabilità, in particolare, può essere un ponte verso la creazione di una connessione più profonda, poiché dimostra coraggio nell'aprirsi e fiducia nel fatto che l'altra persona non giudicherà. Quando ci si sente sicuri nell'essere sé stessi, l'interazione diventa più fluida e naturale, contribuendo a rafforzare il legame.

L'umorismo è un altro strumento potente nella costruzione della complicità. Ridere insieme non solo alleggerisce l'atmosfera, ma crea anche un senso di vicinanza e intesa. L'umorismo condiviso permette di abbattere le barriere e favorisce un ambiente di gioco e leggerezza. Tuttavia, è importante che l'umorismo sia spontaneo e rispettoso, e che nasca naturalmente dalla conversazione. Le battute che fanno ridere entrambe le persone creano un terreno comune su cui costruire la complicità, mentre ridere di situazioni o aneddoti condivisi rafforza l'intesa. Il sorriso e la risata agiscono come collanti emozionali che avvicinano le persone, facendo sentire entrambe più rilassate e a proprio agio.

Il linguaggio del corpo gioca un ruolo altrettanto significativo nella costruzione di un'atmosfera di complicità. Un atteggiamento aperto e accogliente, accompagnato da gesti gentili e rilassati, invita l'altra persona a fare lo stesso. Ad esempio, mantenere un contatto visivo sincero, senza essere invadente, aiuta a stabilire una connessione visiva che esprime interesse e partecipazione. Il contatto visivo prolungato, accompagnato da un sorriso, può trasmettere una sensazione di calore e disponibilità. Anche l'uso di piccoli tocchi, come una mano sul braccio o una pacca leggera sulla spalla, può contribuire a creare una sensazione di intimità e di connessione fisica, purché questi gesti siano appropriati e ben accolti dall'altra persona. Questi segnali non verbali aiutano a creare un senso di familiarità e vicinanza che rafforza la complicità.

Un altro fattore importante per costruire una connessione emotiva è il ritmo della conversazione. Essere in grado di alternare momenti di leggerezza a momenti più profondi crea un flusso naturale nell'interazione, che mantiene viva l'attenzione e stimola il coinvolgimento. Le conversazioni troppo superficiali o, al contrario, troppo intense, possono mettere a disagio l'altra persona. Trovare un equilibrio tra il serio e il giocoso permette di esplorare diversi aspetti della personalità di entrambi, rendendo l'interazione più dinamica e completa. Mostrare che sei in grado di adattarti a questi cambiamenti di tono dimostra flessibilità e sensibilità, due qualità fondamentali per creare un clima di complicità.

Un altro strumento molto efficace è la condivisione di esperienze. Fare qualcosa insieme, che sia un'attività semplice come una passeggiata, una cena o anche la condivisione di un progetto o di un interesse comune, aiuta a costruire un legame che va oltre le parole. Le esperienze condivise creano ricordi e storie che diventano parte del bagaglio emotivo comune, rafforzando il senso di complicità. Anche parlare di esperienze passate, soprattutto se condividete passioni o interessi comuni, può favorire la creazione di una connessione più profonda. L'empatia che si sviluppa attraverso la condivisione di esperienze rende l'altra persona più incline a sentirsi legata emotivamente a te.

Infine, il rispetto dei tempi e dei confini dell'altra persona è essenziale per costruire una connessione autentica. Forzare l'intimità o cercare di accelerare il processo di costruzione della complicità può avere l'effetto opposto, facendo sentire l'altra persona sotto pressione. È importante lasciare che l'intesa si sviluppi gradualmente, rispettando i segnali dell'altro e adattandosi al suo ritmo. La pazienza e la comprensione in questo contesto non solo dimostrano rispetto, ma creano anche le basi per una connessione più solida e duratura. Far sentire l'altra persona a proprio agio significa dare spazio alla sua libertà di espressione e di movimento, senza mai farla sentire costretta o obbligata.

In definitiva, creare un'atmosfera di complicità richiede empatia, autenticità, ascolto attivo e la capacità di adattarsi all'altra persona. È un processo che si sviluppa attraverso piccoli gesti, parole sincere e momenti condivisi. Quando l'altra persona si sente accolta, compresa e rispettata, la complicità si costruisce in modo naturale, portando a una connessione emozionale più profonda e autentica.

Creare un'atmosfera di complicità richiede la capacità di costruire una connessione emotiva genuina, basata su rispetto, ascolto e partecipazione attiva. La complicità non si instaura immediatamente, ma si sviluppa nel tempo attraverso una serie di interazioni che favoriscono la fiducia e la vicinanza tra due persone. È un insieme di piccole cose, dai gesti più semplici ai momenti più profondi, che alla fine permettono di creare un ambiente di intimità e apertura reciproca. Ogni persona ha bisogno di sentirsi ascoltata, apprezzata e compresa per potersi rilassare e abbassare le proprie difese, e la chiave per costruire questa intimità è saper gestire al meglio l'interazione, cogliendo l'umore e l'energia dell'altro.

Un fattore importante per costruire complicità è la sincronia emotiva. Questo implica entrare in sintonia con lo stato d'animo dell'altra persona, adeguando il proprio comportamento al suo. Se l'altra persona è tranquilla e riflessiva, saper rispecchiare quell'atteggiamento, con un tono di voce più basso e rilassato, può farla sentire compresa e in sintonia con te. Al contrario, se la persona è vivace e piena di energia, essere in grado di rispondere con un atteggiamento giocoso e dinamico aiuta a mantenere l'interazione fluida e piacevole. Riconoscere l'energia che l'altra persona sta esprimendo e rispecchiarla è un modo potente per creare una connessione immediata, perché trasmette il messaggio che sei presente e completamente coinvolto nell'interazione.

Inoltre, uno degli elementi più delicati nel creare complicità è l'abilità di far emergere la vulnerabilità. Le persone si sentono a proprio agio quando percepiscono che possono essere sé stesse senza dover mantenere maschere o barriere difensive. Mostrare vulnerabilità, anche attraverso piccoli gesti o condivisioni personali, crea un clima di reciproca apertura. Essere pronti a condividere momenti di insicurezza, dubbi o persino storie di fallimenti personali può rendere la conversazione molto più autentica e profonda. Tuttavia, questa vulnerabilità deve emergere naturalmente e non come una tattica studiata, perché altrimenti potrebbe sembrare forzata o manipolativa. Quando una persona percepisce che ti stai aprendo in modo genuino, si sente più sicura nel fare altrettanto, e questo porta a una connessione più significativa. Saper gestire i momenti in cui l'altra persona condivide qualcosa di personale è altrettanto importante: ascoltare con attenzione, senza giudizio, e rispondere in modo empatico, conferma che sei davvero coinvolto emotivamente.

Il tono della conversazione ha un ruolo chiave nella creazione di complicità. Trovare il giusto equilibrio tra serietà e leggerezza è fondamentale per mantenere l'atmosfera rilassata ma coinvolgente. Parlare di argomenti troppo pesanti all'inizio potrebbe mettere a disagio l'altra persona, mentre rimanere sempre su argomenti superficiali potrebbe non permettere lo sviluppo di una connessione più profonda. È utile iniziare con temi leggeri, che permettano a entrambi di sentirsi a proprio agio, per poi passare a discussioni più personali e significative quando l'interazione si fa più confidenziale. Questo andamento fluido tra conversazioni superficiali e momenti più seri permette di esplorare l'emotività dell'altra persona senza forzarla ad aprirsi prima di essere pronta.

Un aspetto spesso trascurato ma fondamentale nella creazione di complicità è la pazienza. Non bisogna avere fretta di costruire un legame profondo o di far emergere un livello più intimo di connessione. La complicità si sviluppa in modo naturale e graduale, man mano che entrambi si sentono più sicuri e a loro agio. Forzare troppo la mano può far sentire l'altra persona sotto pressione e compromettere la naturalezza dell'interazione. La pazienza, invece, permette all'intimità di crescere organicamente, dando spazio alla curiosità reciproca e alla scoperta graduale. A volte, il silenzio e i momenti di pausa sono altrettanto importanti quanto le parole, perché offrono spazio per riflettere e assimilare ciò che sta accadendo.

Un altro elemento cruciale per creare complicità è il senso di rispetto reciproco. Far sentire l'altra persona rispettata significa ascoltare senza interrompere, mostrare considerazione per i suoi punti di vista e valorizzare ciò che ha da dire, anche quando potrebbe non essere in linea con il proprio pensiero. Questo tipo di rispetto si traduce in una comunicazione più aperta e fluida, in cui l'altra persona si sente apprezzata e accettata per ciò che è, senza la necessità di conformarsi a un'immagine ideale o di mascherare i propri difetti. In un clima di rispetto, la persona si sente libera di esprimersi senza timori, sapendo che non verrà giudicata o fraintesa.

Un altro strumento molto efficace per creare complicità è l'uso del linguaggio non verbale. Il contatto visivo, per esempio, può esprimere molto più di quanto possano fare le parole. Quando si stabilisce un contatto visivo prolungato, accompagnato da un sorriso genuino, si crea un'atmosfera di intimità che fa sentire l'altra persona vista e riconosciuta. Tuttavia, è importante che il contatto visivo sia naturale e non invadente: deve trasmettere calore e attenzione, senza risultare eccessivo o troppo intenso. Anche il modo in cui ci si siede o ci si muove nell'ambiente può influenzare il grado di complicità. Adottare una postura rilassata e aperta, che inviti all'interazione, comunica che sei a tuo agio e pronto a coinvolgerti. I piccoli gesti, come un tocco delicato sul braccio mentre parlate, se accolti positivamente, possono rafforzare la sensazione di connessione fisica e emotiva, ma devono essere sempre discreti e adeguati al contesto.

Un altro aspetto interessante nella costruzione di complicità è il gioco di ruoli all'interno della conversazione. Quando due persone si sentono a proprio agio l'una con l'altra, spesso emergono scherzi o battute ricorrenti, piccoli riferimenti o "codici" che solo loro capiscono. Questi giochi creano un mondo condiviso, un terreno comune su cui costruire intimità. Ridere insieme di una situazione particolare o creare una sorta di linguaggio privato aiuta a creare un senso di esclusività e vicinanza che rafforza il legame. Le battute che vengono riprese nel tempo, o le allusioni che solo voi due comprendete, creano un filo invisibile che collega le interazioni, anche quando non si è fisicamente presenti.

Inoltre, la condivisione di esperienze è un potente catalizzatore di complicità. Vivere momenti insieme, anche se semplici, come guardare un film, cucinare o esplorare un nuovo posto, crea ricordi condivisi che contribuiscono a rafforzare la connessione. Ogni esperienza vissuta insieme diventa parte della storia comune, un patrimonio di momenti che rafforzano la sensazione di essere uniti. Anche solo raccontare storie di esperienze passate, che fanno emergere emozioni o pensieri simili, può costruire un ponte emotivo tra due persone. La condivisione di interessi comuni o di passioni crea un terreno fertile per lo sviluppo della complicità, perché permette di approfondire il rapporto su un piano più personale e intimo.

La capacità di saper riconoscere i momenti giusti per fare piccoli gesti premurosi è un'altra componente importante. Mostrare attenzione per i bisogni dell'altra persona, come ricordare un dettaglio che ti ha raccontato o notare quando potrebbe aver bisogno di un po' di conforto, è un segno di cura che non passa inosservato. Questi piccoli gesti comunicano in modo silenzioso ma efficace che ti importa del suo benessere e che sei attento ai suoi stati d'animo. Le persone tendono a sviluppare un forte senso di complicità con chi dimostra di essere attento ai loro bisogni e desideri, anche senza che debbano essere espressi verbalmente.

Infine, la capacità di mantenere la conversazione leggera, senza che diventi banale, ma lasciando spazio alla spontaneità, è un elemento chiave. Le conversazioni che fluiscono senza sforzo, in cui entrambi si sentono liberi di essere se stessi, contribuiscono a creare un clima di rilassatezza e fiducia reciproca. La complicità si sviluppa quando entrambi sentono di non dover impressionare l'altro, ma possono semplicemente godersi il momento insieme. Quando le conversazioni diventano un flusso naturale, senza pressioni o aspettative, la connessione si rafforza spontaneamente, creando una base solida su cui costruire relazioni più profonde e durature.

Creare un'atmosfera di complicità è un processo che coinvolge una serie di dinamiche interpersonali raffinate e complesse. È una miscela di empatia, sincronia emotiva e comunicazione autentica, che si manifesta a diversi livelli. Non è solo una questione di parole o azioni visibili, ma un fluire costante di energia tra due persone, in cui entrambe si sentono ascoltate, comprese e apprezzate. La complicità non si sviluppa dall'oggi al domani, ma si costruisce gradualmente, passo dopo passo, attraverso momenti di condivisione e scambio che, anche se piccoli, sono ricchi di significato. Un approccio paziente e genuino è fondamentale per far emergere questa sintonia speciale, dove l'altra persona si sente a proprio agio, libera di essere se stessa senza filtri o inibizioni.

Uno degli elementi chiave per costruire la complicità è la creazione di un'atmosfera di fiducia. La fiducia non si ottiene semplicemente promettendo di essere affidabili, ma si costruisce dimostrando, attraverso azioni concrete, che l'altra persona può contare su di te, non solo nei grandi momenti, ma anche in quelli piccoli. Ogni gesto premuroso, ogni ascolto attento, ogni parola detta con sincerità è un mattone che aggiunge solidità alla relazione. Questa fiducia si manifesta anche nel rispetto dei confini dell'altra persona. Rispettare i suoi tempi, capire quando vuole spazio o quando desidera avvicinarsi, è una delle forme più sottili e potenti per farle capire che sei lì, pronto a condividere, ma senza invadere il suo mondo. È proprio questo rispetto, unito a una presenza costante e non invadente, che fa sì che l'altra persona si senta sempre più a suo agio e incline ad aprirsi.

In questo processo di creazione della complicità, anche la cura dei dettagli più piccoli può fare una grande differenza. Prestare attenzione ai particolari della conversazione, ricordare piccole cose che l'altra persona ha detto, notare i suoi gusti o preferenze, trasmette un messaggio forte: "Sto ascoltando, e ciò che dici ha valore per me." Questo tipo di attenzione crea un senso di unicità, in cui l'altra persona si sente speciale e riconosciuta in modo profondo. La memoria di questi dettagli e il richiamarli al momento opportuno non solo dimostra interesse, ma anche un coinvolgimento emotivo che spesso sfugge nelle interazioni superficiali. È questa cura nel ricordare i dettagli personali che fa percepire che c'è qualcosa di più autentico e significativo dietro la conversazione, costruendo così una base solida per la complicità.

Il linguaggio del corpo ha un peso enorme nella creazione di un'atmosfera di complicità, e va ben oltre ciò che viene detto verbalmente. I segnali non verbali, come il contatto visivo, il sorriso, la postura rilassata, comunicano sensazioni di comfort e di coinvolgimento reciproco. Un contatto visivo che non sia sfuggente, ma nemmeno invadente, stabilisce un legame silenzioso che parla di attenzione e di ascolto. Il sorriso, soprattutto se spontaneo e frequente, è un segnale di apertura emotiva. È un modo per dire "Mi piace essere qui, in questo momento, con te." Anche il modo in cui ti avvicini o ti sposti fisicamente verso l'altra persona ha il potere di trasmettere vicinanza e intimità. Spesso, i piccoli gesti, come aggiustarsi i capelli o fare movimenti leggeri e naturali che creano un avvicinamento, possono facilitare una comunicazione non verbale che, a sua volta, costruisce un'atmosfera di comfort e reciproca apertura.

La sincronia emozionale, che si sviluppa anche attraverso il cosiddetto "mirroring" (la capacità di riflettere i movimenti e il comportamento dell'altro), è un altro elemento fondamentale. Questo comportamento inconscio, dove due persone iniziano a rispecchiarsi a livello fisico e gestuale, crea un senso di armonia e sintonia. Non si tratta solo di imitare automaticamente ciò che l'altro fa, ma di entrare in risonanza con l'energia emotiva che sta emergendo. Se l'altra persona è rilassata e tu rispondi con un atteggiamento altrettanto rilassato, stai contribuendo a creare un legame invisibile ma molto potente. Questi momenti di sincronia possono sembrare semplici o addirittura banali, ma sono in realtà il cuore della costruzione della complicità. Si manifestano attraverso gesti come incrociare le gambe allo stesso momento, ridere insieme allo stesso ritmo, inclinare il capo quando l'altro lo fa, o mantenere una postura speculare durante la conversazione.

Un altro elemento cruciale nella creazione di complicità è l'uso della comunicazione empatica. Essere empatici non significa semplicemente capire ciò che l'altra persona sta dicendo, ma anche interpretare le emozioni non espresse e rispondere in modo che l'altro si senta compreso. L'empatia crea uno spazio sicuro, dove le persone si sentono libere di aprirsi e di essere vulnerabili senza paura di essere giudicate. Quando rispondi con empatia, fai capire che sei in sintonia con i bisogni emotivi dell'altra persona, rafforzando così il legame. Anche un semplice gesto di incoraggiamento, come annuire mentre l'altra persona parla o fare un commento che mostri che stai realmente ascoltando, può fare una grande differenza.

Il gioco e la leggerezza sono altrettanto essenziali per costruire complicità. Scherzare insieme, ridere delle piccole cose, creare battute interne che solo voi due potete capire, sono modi efficaci per far crescere il senso di intesa. Il gioco aggiunge un elemento di spontaneità e divertimento all'interazione, abbattendo le barriere e creando un'atmosfera in cui entrambe le persone si sentono libere di essere più autentiche. Tuttavia, è importante che l'umorismo sia adeguato e non metta mai l'altra persona a disagio. Un umorismo leggero, che invita alla complicità senza offendere o sminuire, è il tipo di umorismo che costruisce legami e non crea distanza. Anche piccoli momenti di ironia condivisa, in cui si ride di un evento o di una situazione che vi accomuna, possono rafforzare la sensazione di "essere sulla stessa lunghezza d'onda".

La condivisione di esperienze è un altro modo potente per creare complicità. Quando due persone vivono insieme momenti significativi, si crea un legame emotivo più profondo. Questo può avvenire attraverso attività condivise, che siano semplici come preparare insieme una cena o esplorare un nuovo luogo, o anche attraverso la condivisione di ricordi o esperienze personali. L'importanza della condivisione risiede nel fatto che crea una memoria comune, un qualcosa che lega le persone non solo nel presente, ma anche attraverso il passato. Ogni esperienza condivisa diventa un punto di riferimento che rafforza il senso di intimità e di connessione, fornendo terreno fertile per la crescita della complicità.

Anche la gestione del tempo svolge un ruolo cruciale nella creazione di complicità. Essere pazienti e saper rispettare i tempi dell'altra persona è fondamentale per costruire una relazione basata sulla fiducia. La complicità non può essere forzata o accelerata: è un processo graduale che richiede tempo per maturare. Prendersi il tempo per conoscersi, senza spingere troppo velocemente verso una connessione più intima, dimostra rispetto e sensibilità nei confronti dell'altra persona. La capacità di dare spazio all'altro, lasciando che la relazione cresca organicamente, è un segno di maturità emotiva e di consapevolezza delle dinamiche relazionali. Questo approccio paziente non solo permette all'altra persona di sentirsi a proprio agio, ma costruisce anche una base solida per una connessione duratura.

Infine, è importante ricordare che la complicità è un processo dinamico e in continua evoluzione. Non è qualcosa che si raggiunge una volta per tutte, ma una qualità che cresce e si sviluppa con il tempo e con l'interazione. Ogni nuova esperienza condivisa, ogni conversazione significativa, ogni momento di vulnerabilità contribuisce a rafforzare questa intesa. Costruire complicità significa creare uno spazio in cui entrambe le persone possono essere sé stesse, sentendosi accolte e accettate per ciò che sono, senza paura di essere giudicate o respinte.

Creare un'atmosfera di complicità è un'abilità che si sviluppa nel tempo e che richiede una profonda comprensione delle dinamiche relazionali. Quando si parla di complicità, non si tratta solo di raggiungere un'intesa superficiale basata su interessi comuni o conversazioni piacevoli, ma di costruire uno spazio emotivo in cui due persone si sentano completamente a loro agio e sicure di essere accettate per ciò che sono. Questo spazio è caratterizzato dalla fiducia reciproca, dall'autenticità e dalla condivisione emotiva. Far sì che l'altra persona si senta a proprio agio significa entrare in sintonia con i suoi bisogni, i suoi ritmi e le sue emozioni, adattandosi a questi senza forzarli.

La capacità di creare complicità passa inevitabilmente attraverso un ascolto profondo e autentico. Non si tratta solo di ascoltare le parole, ma di saper cogliere ciò che c'è dietro, le emozioni non dette, i significati nascosti nelle pause e nei silenzi. Quando ascolti davvero qualcuno, gli stai dicendo che la sua esperienza, il suo punto di vista e i suoi sentimenti hanno valore. Questo tipo di ascolto crea una connessione immediata perché fa sentire l'altra persona vista e compresa in modo genuino. L'ascolto attivo, accompagnato da segnali di feedback come annuire o fare domande pertinenti, dimostra che sei completamente presente nel momento. È come se stessi dicendo: "Sono qui, con te, e ogni parola che dici conta". La complicità, quindi, nasce dalla capacità di dare spazio all'altro di esprimersi liberamente, senza interruzioni o giudizi.

La comunicazione è il fondamento di qualsiasi relazione e, nel caso della creazione di complicità, diventa un canale privilegiato per costruire una connessione emotiva. Tuttavia, la comunicazione non si limita alle parole. Il modo in cui si parla, il tono di voce, il ritmo della conversazione, tutto contribuisce a creare un clima di apertura o chiusura. Un tono di voce morbido e rassicurante, ad esempio, trasmette tranquillità e disponibilità all'ascolto. Quando le parole sono accompagnate da gesti che dimostrano accoglienza, come un sorriso gentile o un contatto visivo sostenuto, l'altra persona si sentirà più incline a lasciarsi andare e ad aprirsi. La complicità si crea anche nel saper alternare conversazioni profonde a momenti di leggerezza, nel trovare un equilibrio tra serietà e divertimento, tra riflessione e gioco.

Il gioco, infatti, rappresenta una dimensione fondamentale nella creazione della complicità. Attraverso il gioco, le persone abbassano le difese, lasciando emergere un lato più autentico e spontaneo. Scherzare insieme, ridere delle piccole cose, creare battute interne o giocare con situazioni assurde sono modi per costruire un linguaggio comune che solo voi due capite. Questo linguaggio segreto diventa un ponte tra le vostre emozioni e le vostre personalità, rendendo l'interazione unica. Quando due persone condividono lo stesso senso dell'umorismo o si divertono in modo simile, creano un terreno comune che permette di sviluppare una relazione più profonda. Il gioco diventa così un mezzo per esplorare l'intimità in modo leggero, senza dover necessariamente affrontare subito conversazioni serie o impegnative.

Il linguaggio del corpo, come menzionato in precedenza, è un altro canale importante per stabilire complicità. Gli esseri umani comunicano una grande quantità di informazioni attraverso il linguaggio non verbale, e spesso è proprio attraverso i gesti, le espressioni e i movimenti del corpo che si stabilisce una connessione emotiva. Un leggero contatto fisico, come una mano che sfiora il braccio o una pacca amichevole sulla spalla, può trasmettere un livello di intimità che va oltre le parole. Quando questi gesti sono naturali e appropriati al contesto, dimostrano un interesse sincero e creano un senso di vicinanza. Anche il modo in cui ci si posiziona fisicamente rispetto all'altro ha un impatto: una postura aperta e rilassata invita l'altra persona a sentirsi più a suo agio, mentre una postura chiusa o tesa può trasmettere l'impressione di distanza o disinteresse.

Un altro aspetto fondamentale nella creazione della complicità è l'empatia. L'empatia non è solo la capacità di comprendere l'altro, ma di sentire ciò che l'altra persona sta vivendo, di rispecchiare le sue emozioni e di rispondere con sensibilità. Questo può avvenire sia a livello verbale che non verbale. Dimostrare empatia significa riconoscere e accettare i sentimenti dell'altro, anche quando non sono espressi chiaramente. L'empatia crea uno spazio sicuro in cui entrambe le persone si sentono libere di esprimere le proprie emozioni, senza paura di essere giudicate o fraintese. È un segno di intimità emotiva quando ci si sente a proprio agio nel condividere vulnerabilità, sapendo che l'altra persona sarà lì per ascoltare e sostenere senza pregiudizi. Questo tipo di connessione empatica rafforza il legame tra le persone e alimenta la complicità.

Le esperienze condivise sono un altro importante mattoncino per la costruzione della complicità. Vivere qualcosa insieme, che sia un'attività piacevole, un'avventura, o semplicemente un momento speciale, crea ricordi comuni che uniscono le persone. Queste esperienze diventano punti di riferimento nella relazione, momenti su cui tornare con nostalgia e che rafforzano la sensazione di "noi". Anche la semplice condivisione di piccoli momenti quotidiani può avere un impatto significativo. Passare del tempo insieme in modo naturale, senza forzare l'interazione, permette alla complicità di crescere in modo organico. Quando si condividono attività che entrambi trovano piacevoli, si crea un senso di appartenenza e di connessione che arricchisce la relazione.

Il rispetto dei confini è un'altra componente essenziale per far sentire l'altra persona a proprio agio e per favorire la complicità. Rispettare i confini personali significa comprendere che ognuno ha il proprio spazio emotivo e fisico, e che invadere questi confini senza il consenso dell'altra persona può farla sentire a disagio o minacciata. La vera complicità nasce quando si rispettano i limiti dell'altro, offrendo supporto senza mai spingersi oltre ciò che l'altra persona è pronta a condividere. Questo tipo di rispetto non solo costruisce fiducia, ma dimostra una maturità emotiva che è fondamentale per una relazione autentica.

Un altro aspetto interessante della complicità è la capacità di saper cogliere i momenti giusti per fare piccoli gesti di gentilezza o attenzione. Mostrare premura per i dettagli della vita dell'altro, come ricordare un evento importante o notare un cambiamento nell'umore, sono segnali che trasmettono che sei presente e attento. Questi gesti, anche se apparentemente semplici, creano un senso di cura che rafforza il legame. Quando l'altra persona percepisce che sei attento ai suoi bisogni e desideri, anche senza che debbano essere espressi, si sente accolta e compresa. Questa premura crea un circolo virtuoso di affetto e apprezzamento reciproco, che nutre la complicità.

Infine, è essenziale comprendere che la complicità si costruisce su una base di autenticità. Essere autentici significa essere se stessi senza paura di mostrarsi vulnerabili o imperfetti. Quando una persona sente che non deve fingere o adeguarsi a un'immagine ideale per essere accettata, si sente libera di esprimersi pienamente. Questa autenticità, sia nei gesti che nelle parole, crea un clima di fiducia reciproca, in cui entrambe le persone si sentono a proprio agio nel mostrare le proprie vere emozioni. La complicità autentica si basa su questa libertà di essere ciò che si è, senza doversi preoccupare di giudizi o aspettative.

Creare un'atmosfera di complicità è un processo che coinvolge una miriade di fattori, molti dei quali si sviluppano in modo naturale nel corso delle interazioni. Questo non avviene automaticamente, ma richiede un livello di consapevolezza e una sensibilità verso l'altra persona che permetta di costruire un terreno comune di fiducia e comprensione. Ogni piccola interazione diventa un'opportunità per rafforzare questo legame invisibile ma potentissimo, che si basa su una comunicazione sincera e una predisposizione all'ascolto reciproco.

Uno degli aspetti centrali per costruire complicità è la capacità di adattarsi al ritmo e all'energia dell'altra persona. La sincronia tra due individui può svilupparsi a diversi livelli, dalla velocità della conversazione fino ai movimenti del corpo. Quando le persone sono complici, spesso si verifica una sorta di danza non verbale, in cui le reazioni e i gesti diventano fluidi e naturali, quasi come se le due persone fossero sincronizzate. Questa sintonia non è solo fisica, ma anche emotiva: significa saper capire quando l'altra persona è pronta a ridere, quando invece ha bisogno di uno spazio di riflessione o di conforto, e saper rispondere a queste necessità senza imporre il proprio ritmo.

La complicità può anche nascere dalla capacità di trovare punti di contatto unici, che trasformano una semplice interazione in qualcosa di più profondo. Questi punti di contatto possono essere molto vari: una passione condivisa, un'esperienza simile vissuta in passato, o anche la creazione di una sorta di linguaggio privato che solo voi due capite. Questo linguaggio non si esprime solo attraverso parole, ma anche attraverso gesti, sguardi o piccoli segni che diventano il simbolo di un'intesa speciale. Quando si sviluppa questo tipo di "codice segreto", le persone si sentono come se fossero parte di un mondo esclusivo, separato dal resto del contesto, e questo alimenta un senso di appartenenza reciproca che rafforza la complicità.

Un'altra chiave per creare questa atmosfera è la capacità di lasciare spazio all'improvvisazione e alla spontaneità. Le relazioni complici non sono costruite su rigide aspettative o schemi prestabiliti, ma si sviluppano in modo organico, seguendo il flusso delle emozioni e delle situazioni. Essere capaci di cogliere al volo le opportunità che si presentano, di fare una battuta nel momento giusto o di proporre un'attività spontanea può rendere l'interazione molto più dinamica e viva. La spontaneità ha il potere di mantenere l'interesse alto, di far emergere la vera essenza delle persone e di abbattere le barriere che possono esistere nelle prime fasi di una relazione. Quando le persone si sentono libere di essere spontanee, si crea un ambiente in cui possono esprimersi senza timori, rafforzando ulteriormente il legame di complicità.

La fiducia reciproca è un pilastro centrale della complicità. Non si può costruire una relazione complice se non c'è un profondo senso di fiducia. Questa fiducia si guadagna con il tempo, attraverso gesti concreti e consistenti. Dimostrare che sei affidabile, che mantieni le promesse, anche quelle piccole, e che sei presente nei momenti importanti crea le basi per una relazione duratura e complice. La fiducia si manifesta anche nella capacità di essere vulnerabili: quando una persona si sente sicura con te, si permette di aprirsi, di condividere i propri dubbi, le proprie paure o le proprie insicurezze, sapendo che non verrà giudicata. In un clima di fiducia, ogni interazione diventa più profonda, perché si basa sulla sicurezza emotiva e sul rispetto reciproco.

L'autenticità è strettamente legata alla fiducia e rappresenta un altro fattore cruciale nella creazione della complicità. Essere autentici significa mostrarsi per ciò che si è, senza indossare maschere o cercare di impressionare l'altra persona con comportamenti forzati. Le persone si sentono attratte da chi è genuino, perché l'autenticità crea un senso di stabilità e di apertura. Quando ci si presenta in modo sincero, si invita l'altra persona a fare lo stesso, creando una dinamica di trasparenza che favorisce l'intimità emotiva. L'autenticità elimina la necessità di mantenere le apparenze, permettendo a entrambe le persone di relazionarsi in modo più genuino e spontaneo. Questo approccio naturale è ciò che consente alla complicità di svilupparsi su basi solide.

Un altro aspetto importante è la capacità di creare esperienze condivise, perché le esperienze comuni creano ricordi che cementano la relazione. Queste esperienze non devono essere per forza eventi straordinari o viaggi indimenticabili, ma possono anche essere momenti quotidiani vissuti con significato. Cucinate insieme, guardate un film, fate una passeggiata: tutto questo contribuisce a creare una storia comune che rafforza il legame tra due persone. Condividere qualcosa di significativo, anche solo una conversazione profonda o una risata sincera, può trasformare una semplice interazione in un ricordo prezioso. Col tempo, questi ricordi diventano punti di riferimento che arricchiscono la relazione, alimentando la sensazione di complicità.

La capacità di leggere i bisogni emotivi dell'altra persona è un'abilità sottile ma estremamente potente. Creare un'atmosfera di complicità significa anche saper percepire quando l'altra persona ha bisogno di conforto, quando ha bisogno di parlare, o semplicemente quando desidera la tua presenza silenziosa. Saper interpretare questi segnali e rispondere in modo adeguato è una dimostrazione di empatia e attenzione, e rafforza il legame emotivo. A volte non servono grandi discorsi, ma solo la capacità di essere presenti in modo discreto ma costante. Questo tipo di sensibilità verso l'altro crea una connessione profonda, che va oltre le parole e si fonda su un'intesa emotiva.

Il rispetto è un altro pilastro imprescindibile. Rispettare l'altra persona significa valorizzare la sua opinione, il suo spazio, il suo tempo. Quando rispetti l'altra persona, le dimostri che la consideri importante e degna di attenzione. Il rispetto si manifesta in molti modi, dal non interrompere mentre l'altro parla, al considerare le sue esigenze e i suoi desideri. Questo atteggiamento fa sentire l'altra persona apprezzata e crea un ambiente sicuro in cui entrambe le parti possono esprimersi liberamente. La complicità, infatti, nasce proprio in quegli spazi di rispetto reciproco, dove ognuno si sente accolto e libero di essere sé stesso.

L'umorismo è un'altra componente essenziale nella creazione della complicità. Ridere insieme è un modo immediato per rompere il ghiaccio, per creare un clima di leggerezza e per far sentire l'altra persona a proprio agio. L'umorismo condiviso, in particolare, genera una sorta di "codice" tra due persone, che possono capire al volo una battuta o un riferimento senza bisogno di spiegazioni. Questa forma di connessione è molto potente perché crea un senso di esclusività, come se esistesse un mondo privato fatto di battute e riferimenti che solo voi due potete comprendere. Tuttavia, è importante che l'umorismo sia sempre rispettoso e che non faccia sentire l'altra persona a disagio o presa di mira. L'umorismo che avvicina è quello che invita entrambe le persone a ridere insieme, senza far sentire nessuno inferiore o ridicolizzato.

Un altro aspetto cruciale nella creazione della complicità è la flessibilità. Le relazioni complici sono caratterizzate dalla capacità di adattarsi alle circostanze, ai bisogni e ai desideri dell'altra persona. Essere flessibili significa essere disposti a cambiare programma all'ultimo minuto, a rispondere a un'improvvisa necessità dell'altro o semplicemente a lasciare che l'interazione segua il suo corso naturale. La flessibilità trasmette l'idea che sei aperto, che sei disposto a lasciarti andare e a seguire il flusso della relazione, senza rigidità o aspettative eccessive. Questo approccio rilassato permette all'altra persona di sentirsi meno sotto pressione e più a proprio agio nel mostrarsi per ciò che è.

L'arte di creare complicità è anche legata alla capacità di mantenere viva la curiosità reciproca. Quando ci si interessa sinceramente alla vita, alle idee e alle emozioni dell'altra persona, si crea uno spazio in cui ogni conversazione diventa un'opportunità di scoperta. La curiosità è ciò che spinge a fare domande, a esplorare nuovi territori emotivi e a scoprire sfumature che forse non erano evidenti all'inizio. Mostrare un interesse genuino per l'altro, senza che questo sembri invadente o forzato, è uno dei modi più efficaci per costruire una connessione solida e duratura.

In conclusione, creare un'atmosfera di complicità richiede una combinazione di attenzione, empatia, autenticità e pazienza. La complicità non si costruisce dall'oggi al domani, ma si sviluppa nel tempo attraverso interazioni sincere e significative, in cui entrambe le persone si sentono comprese, rispettate e libere di esprimersi senza filtri. Ogni elemento che contribuisce alla complicità, dal linguaggio del corpo alla comunicazione verbale, dal rispetto reciproco alla condivisione di esperienze, è parte di un delicato equilibrio che favorisce l'intimità emotiva e la connessione personale.

Uno degli aspetti fondamentali di questo processo è la capacità di adattarsi ai bisogni emotivi dell'altra persona. Saper percepire quando l'altro ha bisogno di parlare, di ridere, o semplicemente di stare in silenzio è una dimostrazione di attenzione che rafforza il legame emotivo. Questo tipo di sensibilità non solo dimostra empatia, ma crea anche un senso di fiducia reciproca, perché entrambe le persone sanno di poter contare l'una sull'altra nei momenti di bisogno, senza dover sempre esprimere a parole ciò che provano. In questo modo, si instaura una connessione silenziosa ma profonda, dove la comunicazione non verbale gioca un ruolo centrale.

L'empatia e l'ascolto attivo sono due ingredienti essenziali per costruire complicità. Essere presenti, non solo fisicamente ma anche emotivamente, rende l'altra persona sicura nel condividere pensieri e sentimenti. L'ascolto attivo implica molto più che semplicemente sentire ciò che viene detto: richiede un impegno consapevole per comprendere l'altro a un livello più profondo, cogliendo anche le emozioni nascoste dietro le parole. L'empatia permette di rispecchiare e riconoscere queste emozioni, creando un ambiente in cui l'altra persona si sente completamente accolta e non giudicata. Quando si crea questo tipo di spazio emotivo, la complicità diventa qualcosa di naturale e spontaneo.

Un altro aspetto chiave è l'autenticità. Mostrare la propria vera natura, con le proprie imperfezioni e vulnerabilità, invita l'altra persona a fare lo stesso. L'autenticità è un potente catalizzatore per la costruzione di legami forti, perché elimina la necessità di mascherarsi o di conformarsi a ruoli predefiniti. Quando due persone sono autentiche, possono relazionarsi su un piano più reale e profondo, il che rende la complicità molto più autentica e duratura. L'autenticità crea fiducia, e la fiducia è il collante che mantiene viva la complicità nel tempo.

Anche il rispetto dei confini personali gioca un ruolo cruciale. Ogni persona ha i propri limiti, sia emotivi che fisici, e il rispetto di questi limiti è fondamentale per mantenere una relazione sana e basata sulla fiducia. Non forzare l'intimità, ma lasciare che essa si sviluppi naturalmente, permette all'altra persona di sentirsi al sicuro e di abbassare le proprie difese. Quando il rispetto è reciproco, si crea una base solida su cui la complicità può crescere e prosperare. Questo rispetto non riguarda solo i confini emotivi, ma anche il modo in cui ci si relaziona alle opinioni, ai desideri e alle esperienze dell'altro, valorizzandoli senza imporre la propria visione.

Le esperienze condivise rafforzano la sensazione di essere complici. Attraverso momenti vissuti insieme, che siano esperienze significative o anche solo piccoli gesti quotidiani, si creano ricordi comuni che diventano parte integrante della relazione. Queste esperienze fungono da punti di riferimento, creando un terreno comune su cui la complicità si sviluppa. Ogni ricordo, ogni momento vissuto insieme, aggiunge un tassello al mosaico della relazione, rafforzando il senso di appartenenza reciproca e rendendo la connessione più forte.

L'umorismo e la leggerezza contribuiscono a mantenere viva l'atmosfera di complicità. Ridere insieme, giocare con le parole, creare un linguaggio o un codice privato sono tutti modi per mantenere la relazione dinamica e vivace. L'umorismo rompe le barriere e favorisce un clima di rilassatezza, in cui entrambe le persone possono sentirsi a proprio agio nel mostrarsi per ciò che sono. La leggerezza non significa superficialità, ma la capacità di godersi i momenti senza appesantirli inutilmente, creando un equilibrio tra profondità e divertimento che mantiene l'interazione fresca e coinvolgente.

La pazienza è un altro elemento chiave. La complicità si sviluppa nel tempo e non può essere forzata. Lasciar maturare la relazione in modo naturale, rispettando i tempi dell'altra persona e permettendo alla connessione di crescere organica, è segno di una maturità relazionale che favorisce lo sviluppo di un legame autentico. Forzare troppo rapidamente l'intimità o cercare di accelerare il processo rischia di compromettere la naturale evoluzione della relazione. La pazienza, invece, permette a entrambe le persone di conoscersi a fondo, creando una base solida e duratura per la complicità.

In definitiva, creare un'atmosfera di complicità richiede una combinazione di molti fattori: attenzione, ascolto, empatia, autenticità, rispetto e pazienza. Ognuno di questi elementi contribuisce a costruire una relazione solida e profonda, in cui entrambe le persone si sentono libere di esprimersi, di condividere, di ridere e di crescere insieme. Quando la complicità si sviluppa in questo modo, diventa una forza silenziosa che arricchisce e rinforza la relazione nel tempo, permettendo a entrambi di sentirsi sicuri, apprezzati e connessi a un livello più profondo.

11. Il tempismo del flirting: Quando flirtare è appropriato e come leggere il contesto sociale.

Il tempismo nel flirting è uno degli aspetti più cruciali per garantire che l'interazione sia naturale, piacevole e rispettosa. Flirtare al momento giusto può creare una connessione significativa, mentre farlo nel momento sbagliato può generare imbarazzo o addirittura compromettere una relazione potenziale. Riconoscere il contesto e saper adattare il proprio comportamento è fondamentale per stabilire il giusto equilibrio tra interesse e rispetto. In questo senso, il tempismo non riguarda solo il "quando" flirtare, ma anche il "come" farlo, tenendo sempre in considerazione le dinamiche sociali e il comfort dell'altra persona.

Un aspetto chiave del tempismo è la capacità di leggere il contesto sociale. Ogni situazione sociale ha delle dinamiche specifiche, e il modo in cui si flirta deve essere modulato in base a queste. Ad esempio, il flirt in un ambiente informale, come una festa o una serata tra amici, sarà molto diverso da quello in un contesto lavorativo o professionale, dove è necessario mantenere un certo livello di formalità. In situazioni sociali rilassate, le persone tendono ad essere più aperte e disponibili a interazioni di natura giocosa, mentre in ambienti più formali o strutturati, è fondamentale essere più attenti a non oltrepassare i confini del rispetto e della professionalità.

Un altro fattore essenziale è la sensibilità verso lo stato d'animo dell'altra persona. Se una persona è visibilmente stressata, preoccupata o semplicemente concentrata su altro, può non essere il momento più opportuno per flirtare. Anche se può sembrare che il flirt sia un modo per alleggerire l'atmosfera, in questi casi potrebbe essere percepito come fuori luogo. Al contrario, quando l'altra persona è rilassata, sorridente o coinvolta in una conversazione leggera, il flirt può inserirsi in modo naturale. Leggere il linguaggio del corpo, il tono di voce e le espressioni facciali dell'altra persona è fondamentale per capire se è il momento giusto per introdurre un elemento di gioco e di flirt.

Inoltre, è importante considerare il livello di familiarità tra le persone coinvolte. Il flirt tra due persone che si conoscono da tempo può essere più diretto e personale, poiché c'è una maggiore conoscenza reciproca e spesso un'intesa preesistente. In queste situazioni, c'è già una base di fiducia che permette di esplorare il flirt in modo più aperto, senza il rischio di sembrare invadenti. Tuttavia, in un'interazione con una persona che si conosce da poco, il flirt deve essere più sottile e calibrato. In questi casi, il contatto visivo, il tono di voce e i gesti delicati possono essere strumenti efficaci per trasmettere interesse senza risultare troppo diretti o eccessivi. Anche qui, il contesto gioca un ruolo cruciale: ciò che può sembrare appropriato con una persona conosciuta da anni potrebbe risultare inopportuno con qualcuno appena incontrato.

Il tempismo del flirt non riguarda solo il "quando" iniziare, ma anche il "quanto" flirtare. Saper dosare l'interazione in modo da non risultare troppo insistenti è fondamentale per mantenere un equilibrio sano e rispettoso. Un flirt troppo insistente, soprattutto se non accolto con entusiasmo, può creare disagio e spezzare l'intesa. Al contrario, flirtare in modo graduale e rispettoso, osservando le reazioni dell'altra persona e adattandosi ad esse, consente di mantenere l'interazione piacevole e leggera. In questo senso, il flirt dovrebbe essere come una danza: un gioco di andata e ritorno, in cui entrambe le persone partecipano attivamente e con entusiasmo. Se una persona sembra disinteressata o non ricambia il flirt, è importante saper fare un passo indietro, lasciando spazio per una comunicazione più neutra e non forzata.

Un elemento altrettanto importante nel tempismo del flirt è la capacità di saper interrompere al momento giusto. Sapere quando fermarsi è essenziale per non superare i limiti del rispetto o del comfort. Non ogni momento è adatto per spingere ulteriormente un'interazione flirtante, e una battuta o un gesto che in un contesto potrebbe essere divertente, in un altro potrebbe sembrare inappropriato o fuori luogo. Se si avverte che l'altra persona non è più a suo agio o che il contesto sta cambiando (ad esempio, se la conversazione diventa più seria o formale), è importante essere in grado di adattarsi e rallentare il tono del flirt, mostrando rispetto per il nuovo stato d'animo della situazione.

Il contesto culturale è un altro aspetto fondamentale da considerare. Le norme culturali giocano un ruolo importante nel determinare cosa è appropriato e cosa non lo è in termini di flirt. In alcune culture, il flirt può essere visto come una parte naturale della conversazione sociale, mentre in altre può essere percepito come un comportamento riservato a situazioni specifiche o intime. Essere consapevoli delle differenze culturali e adattare il proprio comportamento in base a queste è essenziale per evitare fraintendimenti o situazioni di disagio. In contesti multiculturali, ad esempio, un approccio più conservativo e rispettoso può essere una scelta sicura per evitare di oltrepassare confini che potrebbero non essere immediatamente visibili.

Un altro aspetto cruciale del tempismo nel flirt riguarda il momento in cui una relazione inizia a evolversi. All'inizio di un'interazione, il flirt è spesso più lieve e indiretto, poiché entrambe le persone stanno ancora cercando di conoscersi e capire i limiti reciproci. Tuttavia, man mano che la relazione si sviluppa e cresce la familiarità, il flirt può diventare più esplicito e personale. È importante saper calibrare il livello di flirt in base a come evolve la relazione, tenendo conto del livello di fiducia che si è costruito. Una buona regola è quella di avanzare gradualmente, mantenendo sempre un atteggiamento rispettoso e consapevole delle reazioni dell'altra persona.

Infine, il tempismo del flirt è anche strettamente legato alla percezione del rischio. Flirtare implica un certo grado di vulnerabilità, poiché si sta manifestando un interesse o un'attrazione verso un'altra persona. Saper scegliere il momento giusto per flirtare significa anche avere la capacità di valutare il rischio e l'opportunità della situazione. In alcuni casi, flirtare troppo presto o in modo troppo esplicito può compromettere la possibilità di sviluppare una connessione autentica, mentre in altri casi, aspettare troppo a lungo potrebbe far perdere l'opportunità di creare una scintilla. La chiave è trovare un equilibrio tra l'audacia e la sensibilità, saper leggere i segnali dell'altra persona e avere il coraggio di flirtare quando il momento è giusto, ma senza mai forzare l'interazione.

In sintesi, il tempismo nel flirting è una combinazione di sensibilità, rispetto e consapevolezza sociale. Saper leggere il contesto, capire lo stato d'animo dell'altra persona, dosare l'interazione e riconoscere i limiti sono tutti elementi essenziali per flirtare in modo appropriato e piacevole.

Il tempismo del flirting è una delle componenti più sottili e complesse del comportamento sociale. Flirtare efficacemente significa saper leggere i segnali dell'ambiente e dell'altra persona, capire quando è il momento giusto per manifestare un interesse romantico e adattarsi alle sfumature dell'interazione in corso. Questo non riguarda solo l'atto di flirtare in sé, ma anche il contesto, lo stato emotivo delle persone coinvolte e il grado di conoscenza reciproca. È una questione di equilibrio, dove il successo dipende dalla capacità di gestire l'interazione in modo fluido, mantenendo sempre il rispetto per l'altra persona e l'ambiente circostante.

Uno degli aspetti fondamentali del tempismo nel flirting è la capacità di interpretare correttamente i segnali non verbali. Molte volte, le persone comunicano più attraverso il linguaggio del corpo che con le parole. Il contatto visivo, per esempio, è uno dei primi indicatori del fatto che l'altra persona potrebbe essere aperta a un'interazione flirtante. Uno sguardo prolungato o un sorriso possono essere segnali che è il momento giusto per iniziare a flirtare, ma solo se accompagnati da un linguaggio corporeo aperto e accogliente. Se l'altra persona invece evita lo sguardo, ha una postura chiusa, come braccia incrociate, o sembra distante, è probabilmente un segno che non è il momento adatto per flirtare o che potrebbe non esserci interesse.

Inoltre, è fondamentale saper leggere i segnali di comfort o disagio dell'altra persona. Un flirt di successo avviene solo quando entrambe le persone sono a proprio agio nell'interazione. Se, per esempio, durante la conversazione l'altra persona sembra nervosa o a disagio, potrebbe non essere il momento giusto per avanzare con un approccio più diretto. In questi casi, è meglio rallentare e cercare di creare un ambiente più rilassato prima di riprendere eventuali segnali flirtanti. D'altra parte, se l'altra persona risponde con un atteggiamento rilassato, risate genuine e coinvolgimento attivo nella conversazione, allora è un segnale che il flirt sta funzionando e si può proseguire in quella direzione.

Il contesto sociale è forse uno degli elementi più determinanti nel flirt. Ciò che è appropriato in una situazione può risultare del tutto fuori luogo in un'altra. In un ambiente informale, come una festa tra amici o una serata in un bar, le persone sono generalmente più aperte a interazioni sociali leggere e giocose, rendendo il flirt più accettabile e persino atteso. In questi contesti, l'atmosfera rilassata facilita il flirt naturale, spesso senza bisogno di un grande impegno verbale: basta una battuta o un sorriso per avviare un'interazione. Al contrario, in contesti più formali, come un ambiente di lavoro o una cena ufficiale, è necessario essere molto più attenti e discreti nel flirtare, poiché ci sono aspettative e norme sociali diverse. Qui, un flirt troppo esplicito o fuori contesto potrebbe essere mal interpretato o persino risultare inappropriato.

La capacità di adattare il proprio comportamento al contesto e al momento è fondamentale per evitare di mettere a disagio l'altra persona o di compromettere l'interazione. Questo è particolarmente importante in situazioni in cui ci sono dinamiche di potere o ruoli professionali coinvolti, dove il flirt potrebbe non essere percepito come un comportamento appropriato. In questi casi, il tempismo richiede una lettura ancora più attenta delle circostanze e una maggiore discrezione.

Un altro elemento cruciale del tempismo nel flirting è la gradualità. Flirtare in modo graduale e progressivo permette di testare l'acqua senza rischiare di essere troppo intensi o invadenti. Ad esempio, all'inizio può essere sufficiente un sorriso o un commento leggero per vedere come l'altra persona reagisce. Se la reazione è positiva, si può avanzare lentamente, magari includendo più contatto visivo o piccoli gesti di vicinanza, come inclinarsi leggermente verso l'altra persona. Se invece la reazione è fredda o distante, è il segnale che forse è meglio rallentare o cambiare approccio. Il flirt, quando è ben dosato, si sviluppa in una sorta di danza tra due persone, in cui entrambe contribuiscono all'interazione senza che una delle due sembri forzata.

Il tempismo non riguarda solo quando iniziare a flirtare, ma anche quando fermarsi. Sapere quando smettere è altrettanto importante quanto sapere quando iniziare. È fondamentale non insistere nel flirtare quando l'altra persona non sembra interessata o se l'interazione sta andando in una direzione diversa. Continuare a flirtare nonostante segnali di disinteresse o disagio può rovinare un'amicizia o una relazione potenziale, oltre a mettere l'altra persona in una posizione scomoda. Capire i segnali che indicano quando il flirt ha raggiunto il suo punto massimo e lasciare che l'interazione evolva in modo naturale è una parte essenziale di un flirt di successo. Riconoscere il momento giusto per cambiare tono o per lasciare spazio a una conversazione più seria o personale permette di mantenere l'equilibrio dell'interazione e di rispettare i limiti dell'altra persona.

Il contesto emotivo è altrettanto importante. Le persone possono attraversare momenti di stress o di vulnerabilità, e il flirt in quei momenti potrebbe non essere ben accolto. Ad esempio, se l'altra persona ha appena affrontato una situazione difficile, flirtare potrebbe sembrare fuori luogo o insensibile. In questi casi, è meglio offrire sostegno emotivo, ascolto o semplicemente rispettare il silenzio, piuttosto che cercare di alleggerire l'atmosfera con un flirt fuori tempo. Essere empatici e comprendere le emozioni dell'altra persona è fondamentale per calibrare il proprio comportamento e garantire che il flirt non sia percepito come una mancanza di tatto.

Anche la durata del flirt ha un ruolo nel tempismo. Un flirt troppo breve potrebbe non essere sufficiente per creare una connessione significativa, mentre un flirt troppo prolungato può stancare o mettere pressione all'altra persona. Trovare il giusto equilibrio, mantenendo l'interazione interessante senza esagerare, è una questione di sensibilità. La chiave sta nel mantenere l'interesse reciproco senza sembrare troppo insistenti o affrettati, ma anche senza perdere il momento.

Infine, è importante considerare le aspettative e le intenzioni dell'altra persona. Spesso, il flirt nasce da una situazione in cui entrambi cercano un momento di leggerezza e connessione, ma può capitare che una delle due persone abbia aspettative diverse rispetto all'interazione. Leggere i segnali e capire quali sono le intenzioni dell'altra persona, senza fare assunzioni affrettate, è fondamentale per non compromettere l'interazione. Il flirt, per funzionare, deve essere reciprocamente apprezzato e accolto con entusiasmo da entrambe le parti.

In sintesi, il tempismo del flirting è una questione di saper leggere il contesto, le dinamiche emotive e i segnali sociali. Saper quando flirtare, come dosare il proprio comportamento e quando fermarsi è ciò che distingue un flirt di successo da uno mal riuscito. Il segreto sta nella sensibilità, nella capacità di adattarsi e nell'attenzione costante all'altra persona, garantendo sempre che l'interazione rimanga piacevole, rispettosa e appropriata al momento.

Il tempismo del flirting è una delle componenti più delicate nelle dinamiche sociali, poiché coinvolge un insieme complesso di fattori emotivi, ambientali e relazionali che richiedono attenzione, sensibilità e una lettura accurata del contesto. Quando si parla di flirtare, non si tratta semplicemente di lanciare battute o di cercare di attrarre l'altra persona in modo diretto. Il vero flirt di successo si basa su una comprensione approfondita di come e quando interagire, tenendo sempre presente che ogni situazione e ogni individuo richiede un approccio unico e differenziato. Saper gestire il tempismo implica non solo capire il momento adatto per flirtare, ma anche sapere come modulare l'intensità dell'interazione in base alla risposta dell'altra persona e al contesto in cui ci si trova.

Un elemento chiave del tempismo nel flirting è la capacità di riconoscere e adattarsi all'energia del momento. Le dinamiche sociali non sono statiche, ma fluttuano costantemente a seconda del contesto, dell'ambiente e delle emozioni che circolano. Flirtare richiede una sorta di "radar" emotivo per captare se l'energia è quella giusta per un'interazione leggera e giocosa o se la situazione richiede una maggiore serietà. Ad esempio, in una conversazione dove si sta discutendo di argomenti personali o delicati, introdurre un flirt potrebbe spezzare l'intensità emotiva del momento e risultare fuori luogo. D'altro canto, in una situazione più rilassata e distesa, come una serata con amici o una conversazione casuale, il flirt può inserirsi in modo più naturale, quasi come un gioco che arricchisce l'interazione.

Leggere l'energia e lo stato emotivo dell'altra persona è essenziale. Ogni persona esprime i propri stati d'animo non solo con le parole, ma soprattutto con il linguaggio del corpo, il tono di voce e le espressioni facciali. Quando una persona è aperta a interazioni giocose, sarà più propensa a sorridere, mantenere il contatto visivo, rilassare le spalle e avere una postura aperta. Questi sono segnali che suggeriscono che l'interazione può procedere su un piano più leggero e flirtante. Al contrario, se noti segnali di disagio, come un'espressione tesa, braccia incrociate o un tono di voce che sembra distante, potrebbe essere il momento di fermarsi e capire se la situazione richiede un cambiamento di approccio. Il flirt è come una danza: richiede una costante attenzione al ritmo e ai movimenti dell'altra persona, affinché entrambi si muovano in sintonia.

Il tempismo del flirting, inoltre, non riguarda solo l'inizio dell'interazione, ma anche la capacità di sapere quando intensificare o quando rallentare. A volte, quando il flirt funziona, può essere naturale desiderare di aumentare l'intensità dell'interazione, ad esempio facendo battute più personali o accorciando la distanza fisica. Tuttavia, anche in questi casi è fondamentale procedere con cautela. Spingere troppo in fretta può far sembrare il flirt forzato o troppo aggressivo, soprattutto se l'altra persona non è ancora completamente a suo agio. La gradualità è cruciale: lasciare che l'interazione fluisca in modo organico, mantenendo un equilibrio tra leggerezza e rispetto, permette di costruire una connessione più autentica e piacevole. Il flirt deve essere sempre percepito come un gioco reciproco, in cui entrambe le persone si sentono libere di partecipare o di ritirarsi senza sentirsi sotto pressione.

Un aspetto fondamentale del tempismo è anche la consapevolezza della situazione sociale in cui avviene l'interazione. Ci sono momenti e contesti in cui flirtare è completamente naturale, come in una festa o durante un appuntamento, e altri in cui può essere inappropriato. Ad esempio, in un contesto lavorativo, il flirt può essere percepito come inopportuno o persino problematico, poiché le dinamiche di potere e professionalità richiedono un maggiore controllo e rispetto per le regole del contesto. In questi ambienti, il flirt dovrebbe essere limitato o molto sottile, per evitare malintesi o situazioni scomode. Anche in contesti sociali più rilassati, come una riunione di famiglia o un incontro con un gruppo misto di amici, il flirt deve essere gestito con attenzione, considerando il fatto che altre persone potrebbero essere coinvolte o presenti. Il tempismo, in questi casi, significa anche saper riconoscere quali interazioni dovrebbero rimanere private e quali possono essere manifestate più apertamente.

Il tempismo del flirting dipende molto anche dal grado di familiarità con l'altra persona. Se hai appena incontrato qualcuno, è probabile che tu debba procedere con cautela, testando gradualmente il terreno per vedere come l'altra persona risponde. Una battuta leggera o un complimento casuale possono essere un buon punto di partenza per capire se c'è spazio per un'interazione più flirtante. Se invece c'è già un legame preesistente o una certa confidenza, è possibile essere più diretti e giocosi, perché ci si conosce meglio e si hanno più informazioni su come l'altra persona potrebbe reagire. Questo tipo di progressione naturale è fondamentale per mantenere l'interazione fluida, evitando di sembrare troppo frettolosi o troppo lenti. Il flirt è spesso una danza di piccoli passi avanti e indietro, in cui entrambi i partecipanti contribuiscono all'armonia dell'interazione.

Un altro elemento da considerare è l'umore dell'altra persona. Anche la persona più aperta al flirt può non essere nel giusto stato emotivo per accogliere un'interazione giocosa in un determinato momento. Se l'altra persona è preoccupata, stanca o concentrata su qualcosa di importante, potrebbe non essere il momento adatto per flirtare. Forzare un flirt in questi momenti può essere percepito come insensibile o fuori contesto. In questi casi, è meglio concentrarsi sull'offrire supporto o semplicemente rispettare il silenzio e l'emotività del momento, per poi magari riprendere il tono giocoso in un altro contesto. Essere empatici e saper riconoscere le emozioni dell'altra persona è un segno di maturità emotiva, e questo gioca un ruolo chiave nel determinare il tempismo corretto del flirt.

Un altro aspetto importante riguarda l'intensità del flirt nel tempo. Un flirt che funziona bene non deve essere esagerato o portato all'estremo. Flirtare in modo sottile, giocando su piccoli gesti, sguardi e battute leggere, può essere molto più efficace e attraente rispetto a un flirt troppo insistente o esplicito. Dosare l'interazione, lasciando spazio all'immaginazione e mantenendo un tono leggero, può creare una tensione positiva e mantenere alto l'interesse senza rischiare di stancare l'altra persona. Flirtare eccessivamente, senza mai lasciare una pausa, potrebbe invece far sembrare l'interazione troppo forzata o noiosa, riducendo la magia dell'interazione. Il flirt, quando ben gestito, deve avere un ritmo dinamico: a volte si intensifica, altre volte si ritira, lasciando che entrambi i partecipanti si adattino e rispondano in modo naturale.

La pazienza è un'altra componente essenziale nel tempismo del flirting. Non bisogna mai avere fretta di far evolvere il flirt verso un risultato immediato. In molti casi, il flirt più efficace è quello che si sviluppa lentamente nel tempo, permettendo alle emozioni di crescere e alla connessione di rafforzarsi. Essere troppo precipitosi può rovinare l'atmosfera e far sembrare l'interazione troppo finalizzata a uno scopo preciso, piuttosto che a godersi il momento. Il flirt è anche un modo per esplorare la connessione con l'altra persona, per testare l'acqua, vedere dove l'interazione potrebbe portare senza forzarla. Essere pazienti permette di mantenere l'interesse vivo più a lungo e di creare un'esperienza che si arricchisce man mano che ci si conosce meglio.

In definitiva, il tempismo del flirting è un'arte che richiede intuizione, sensibilità e attenzione costante ai segnali provenienti dall'altra persona e dal contesto. È una questione di bilanciamento, in cui bisogna saper leggere l'energia dell'interazione, adattarsi ai cambiamenti e gestire l'intensità in modo fluido. Quando si riesce a gestire bene il tempismo, il flirt diventa una forma di comunicazione potente e sottile, capace di creare una connessione autentica e coinvolgente tra due persone, senza mai risultare invadente o inappropriato.

In conclusione, il tempismo del flirting è un equilibrio delicato che si costruisce attraverso una combinazione di fattori: consapevolezza del contesto, sensibilità verso le emozioni dell'altra persona, capacità di leggere i segnali non verbali e il saper dosare l'intensità dell'interazione. Saper flirtare al momento giusto, senza mai sembrare invadenti o fuori luogo, richiede una profonda comprensione della situazione in cui ci si trova e un'attenzione costante ai segnali che l'altra persona invia, consciamente o inconsciamente. Questa abilità si sviluppa attraverso l'esperienza, ma si basa principalmente sulla capacità di essere presenti nel momento e di adattarsi rapidamente alle circostanze.

Uno degli aspetti più importanti del tempismo è la gradualità. Un flirt efficace non deve mai essere eccessivamente accelerato o forzato. Iniziare con piccoli segnali, come sorrisi o contatto visivo, e poi avanzare gradualmente in base alla risposta dell'altra persona, è fondamentale per garantire che l'interazione rimanga naturale e spontanea. Quando il flirt viene dosato in modo corretto, lascia spazio per una connessione autentica, senza mettere pressione sull'altra persona o spingere troppo velocemente verso una situazione più intima. È come camminare su una linea sottile: bisogna trovare il giusto ritmo, che permetta di mantenere viva l'interazione senza mai renderla pesante o imbarazzante.

Il contesto sociale e ambientale gioca un ruolo altrettanto cruciale. Saper riconoscere quali situazioni sono adatte al flirt e quali, invece, richiedono maggiore formalità o discrezione è una delle chiavi per un flirt di successo. In ambienti informali e rilassati, il flirt può essere giocoso e leggero, ma in contesti più formali o professionali, è essenziale mantenere un atteggiamento più riservato e rispettoso delle dinamiche presenti. Essere consapevoli delle regole sociali e del contesto culturale è altrettanto importante, poiché il comportamento flirtante accettabile varia notevolmente a seconda delle norme e delle aspettative sociali della situazione. Flirtare con successo in diversi contesti richiede una grande capacità di adattamento e una continua attenzione alle sfumature del momento.

Il rispetto per i limiti dell'altra persona è un altro aspetto essenziale del tempismo. Non tutti sono sempre pronti o disponibili a ricevere segnali flirtanti, e forzare un'interazione quando l'altra persona non è interessata o non è nel giusto stato d'animo può creare situazioni spiacevoli. Il flirt deve essere sempre un gioco reciproco, dove entrambe le persone partecipano con piacere e coinvolgimento. Se una delle due non sembra entusiasta o mostra segni di disagio, è fondamentale saper fare un passo indietro e rispettare i suoi confini. Questa capacità di riconoscere i segnali e di adattarsi alle reazioni dell'altra persona non solo evita di rovinare l'interazione, ma dimostra anche maturità e sensibilità emotiva.

Inoltre, sapere quando fermarsi è tanto importante quanto sapere quando iniziare. Il flirt, se protratto troppo a lungo o in modo eccessivo, può stancare o mettere pressione sull'altra persona. Saper lasciare delle pause, alternare momenti più leggeri a conversazioni più profonde, e non insistere quando si percepisce una diminuzione dell'interesse, permette di mantenere l'interazione fresca e dinamica. Spesso, il flirt più efficace è quello che non svela tutto immediatamente, ma lascia spazio all'immaginazione e alla curiosità, mantenendo viva la tensione positiva tra le due persone. Sapere quando smettere di flirtare, per poi riprendere in un momento successivo, contribuisce a creare un ritmo naturale che arricchisce l'interazione senza mai risultare forzato.

Un altro aspetto chiave del tempismo riguarda l'empatia e la lettura dello stato emotivo dell'altra persona. Le persone attraversano diversi stati d'animo e momenti emotivi durante la giornata o in un determinato periodo della vita, e flirtare in un momento in cui l'altra persona è preoccupata, triste o stressata può essere percepito come insensibile. In queste situazioni, è spesso più appropriato offrire sostegno emotivo o semplicemente essere presenti in modo silenzioso, lasciando che l'interazione evolva in modo più rispettoso e comprensivo. Flirtare non deve essere visto come una strategia da applicare sempre e comunque, ma come una parte della comunicazione che si adatta alle esigenze del momento. La capacità di leggere e rispettare il contesto emotivo dell'altra persona dimostra una profonda consapevolezza sociale e un alto livello di intelligenza emotiva.

La durata del flirt è un altro elemento che rientra nel discorso del tempismo. Un flirt troppo breve potrebbe non essere sufficiente a creare una connessione reale, mentre un flirt troppo prolungato potrebbe rischiare di diventare ripetitivo o scomodo. Trovare il giusto equilibrio tra un'interazione leggera e giocosa e momenti più rilassati è fondamentale per mantenere vivo l'interesse reciproco. Il flirt non deve essere percepito come un atto separato dall'interazione generale, ma come parte integrante della conversazione, che si intreccia naturalmente con altri aspetti della relazione, come la condivisione di esperienze, emozioni o pensieri.

Infine, il tempismo del flirting implica anche la capacità di gestire il rischio. Flirtare richiede un certo grado di vulnerabilità, poiché significa manifestare un interesse o un'attrazione nei confronti di un'altra persona. Parte del successo nel flirt dipende dalla capacità di leggere i segnali dell'altra persona e di decidere se il momento è opportuno per esprimere questo interesse. A volte, un flirt prematuro o troppo esplicito può risultare inappropriato, mentre in altri casi, aspettare troppo a lungo può far perdere l'occasione di stabilire una connessione più profonda. Saper valutare quando è il momento giusto per flirtare, in base alle circostanze e alle reazioni dell'altra persona, è una competenza che si affina con il tempo e con l'esperienza.

In sintesi, il tempismo del flirting è un'arte complessa che richiede intuizione, pazienza, rispetto e attenzione costante all'altra persona e al contesto. Flirtare al momento giusto, con la giusta intensità e rispettando i limiti e le emozioni dell'altra persona, è la chiave per creare un'interazione autentica e piacevole, che rafforza la connessione tra le persone e permette di esplorare nuove dimensioni di intimità e gioco. Quando il tempismo è gestito con cura, il flirt diventa uno strumento potente per costruire una relazione, capace di evolvere in modo naturale e rispettoso.

12. Gestire il rifiuto: Come affrontare il rifiuto in modo elegante e maturo.

Gestire il rifiuto è una delle sfide più complesse nel mondo delle relazioni, specialmente quando si tratta di flirting e interazioni romantiche. Il rifiuto può colpire l'autostima, generare frustrazione e mettere in discussione le proprie capacità di leggere correttamente i segnali dell'altra persona. Tuttavia, il modo in cui si affronta un rifiuto è altrettanto importante quanto il flirt stesso. Affrontare il rifiuto in modo elegante e maturo non solo permette di mantenere la propria dignità, ma può anche preservare le relazioni future, dimostrando rispetto per l'altra persona e per se stessi. Questo atteggiamento maturo e rispettoso non solo aiuta a evitare situazioni spiacevoli, ma può anche trasformare il rifiuto in un'opportunità di crescita personale.

Il primo passo per gestire il rifiuto in modo elegante è accettarlo con serenità. Il rifiuto è una parte naturale della vita, e nessuno può aspettarsi di piacere a tutti o di ricevere sempre una risposta positiva. Quando una persona non ricambia il flirt o l'interesse, è essenziale non prenderla sul personale. Non è un giudizio definitivo sul proprio valore o sulle proprie capacità di attrarre qualcuno. In molti casi, il rifiuto può dipendere da una vasta gamma di fattori che non hanno nulla a che fare con te come persona: l'altra persona potrebbe non essere emotivamente disponibile, potrebbe avere altre priorità o semplicemente non essere alla ricerca di una connessione in quel momento.

Una delle reazioni più mature al rifiuto è rispondere con rispetto e gratitudine. Dire qualcosa di semplice come "Grazie per averlo detto" o "Capisco, apprezzo la tua sincerità" mostra che sei in grado di gestire la situazione senza rancore o drammi. Questo atteggiamento di accettazione non solo ti farà apparire come una persona equilibrata e sicura di sé, ma dimostra anche che rispetti i sentimenti e i limiti dell'altra persona. Rifiutare qualcuno non è mai facile, e rispondere con eleganza facilita l'interazione anche per chi ti ha rifiutato, evitando imbarazzi o tensioni future.

Un altro aspetto cruciale nella gestione del rifiuto è mantenere la calma e non reagire in modo impulsivo. Una risposta emotiva eccessiva, come mostrarsi arrabbiati o delusi, può peggiorare la situazione e creare inutili conflitti. Anche se il rifiuto può ferire sul momento, è importante fare un respiro profondo, mantenere la calma e non lasciare che le emozioni prendano il sopravvento. La maturità sta nel saper gestire le proprie emozioni, nel riconoscere che la delusione è normale, ma non deve definire il proprio comportamento. Questa capacità di autocontrollo non solo dimostra forza interiore, ma può anche lasciare un'impressione positiva duratura, mostrando che sei in grado di affrontare le sfide con equilibrio e serenità.

È anche importante evitare di insistere o cercare di cambiare idea alla persona che ti ha rifiutato. Uno degli errori più comuni è cercare di convincere qualcuno a cambiare la propria opinione, magari facendo ulteriori avances o cercando di dimostrare in modo eccessivo il proprio valore. Tuttavia, insistere dopo un rifiuto può mettere l'altra persona in una posizione scomoda e persino farla sentire sotto pressione. È fondamentale rispettare la decisione dell'altro e accettare il rifiuto con dignità. Il rispetto per la scelta dell'altra persona è un segno di maturità e dimostra che sei in grado di affrontare una situazione difficile senza creare ulteriori problemi.

Un altro approccio sano al rifiuto è quello di non farlo diventare un giudizio sulla tua persona. È facile cadere nella trappola di pensare che un rifiuto implichi una mancanza di valore o che ci sia qualcosa di sbagliato in te. Tuttavia, questo tipo di pensiero è dannoso e non riflette la realtà. Il rifiuto è spesso una questione di preferenze personali, di timing o di circostanze che non dipendono da te. Piuttosto che vedere il rifiuto come un fallimento, può essere utile vederlo come una possibilità di riflessione e crescita. Chiedersi cosa si può imparare dall'esperienza o come si può migliorare la propria capacità di flirtare e interagire con gli altri è un approccio costruttivo che ti permette di evolvere senza abbattersi.

Un altro modo elegante di affrontare il rifiuto è mantenere l'autenticità e la gentilezza anche dopo l'interazione. Anche se può sembrare difficile, continuare a essere cordiali e rispettosi nei confronti della persona che ti ha rifiutato dimostra grande maturità. Non bisogna sentirsi obbligati a evitare completamente l'altra persona o a comportarsi in modo distante. Mantenere una relazione positiva, anche solo a livello di amicizia o di rispetto reciproco, è un segno di sicurezza emotiva. Questo atteggiamento non solo preserva il rispetto per te stesso, ma mostra anche che non lasci che un singolo rifiuto influenzi il modo in cui tratti gli altri.

Un aspetto importante è anche il saper mantenere la prospettiva giusta. Un rifiuto, per quanto possa sembrare significativo al momento, è solo una piccola parte di un percorso più ampio. Nella vita, ci sono sempre altre opportunità di connessione, e un rifiuto non è la fine della strada. È fondamentale mantenere una mentalità aperta e ottimista, sapendo che il rifiuto è solo una tappa temporanea. Non lasciare che un singolo episodio definisca il tuo futuro o limiti la tua voglia di continuare a flirtare o di cercare nuove connessioni. Affrontare il rifiuto con una prospettiva di lungo termine ti permette di superarlo più rapidamente e di rimanere aperto alle nuove opportunità che si presenteranno.

Un altro elemento chiave è non lasciare che il rifiuto influenzi negativamente la tua autostima. È naturale sentirsi giù per un po' dopo essere stati rifiutati, ma è importante ricordare che il valore di una persona non è determinato da una singola interazione o da come qualcuno ha risposto al flirt. La tua autostima dovrebbe essere radicata in qualcosa di più profondo e stabile rispetto alla reazione degli altri. Un atteggiamento sicuro di sé, che non dipende dall'approvazione esterna, è ciò che ti permette di affrontare il rifiuto senza che questo ti abbatta. Più sei in pace con te stesso, meno impatto avrà il rifiuto sulla tua autostima e sulla tua visione di te.

Infine, è utile ricordare che il rifiuto può essere visto come una forma di rispetto. Quando qualcuno ti rifiuta in modo onesto e diretto, sta dimostrando rispetto per te, perché sceglie di non alimentare false speranze o di creare confusione. In questo senso, il rifiuto è una forma di chiarezza che, a lungo termine, è molto più salutare per entrambe le parti. Piuttosto che vedere il rifiuto come una perdita, puoi interpretarlo come un'opportunità per evitare relazioni disfunzionali o situazioni ambigue, permettendoti di dedicare le tue energie a connessioni più autentiche e reciproche.

In conclusione, gestire il rifiuto in modo elegante e maturo richiede un insieme di abilità emotive che si sviluppano nel tempo: accettazione, rispetto, autocontrollo, e capacità di vedere il rifiuto come una parte naturale del processo di costruzione delle relazioni. Affrontare un rifiuto con serenità, senza insistere o prendere sul personale la situazione, ti permette di mantenere la tua dignità e di dimostrare una forza interiore che può persino lasciare un'impressione positiva sull'altra persona. Infine, vedere il rifiuto come un'opportunità di crescita, piuttosto che come un fallimento, ti aiuta a migliorare te stesso e a rimanere aperto a nuove esperienze, mantenendo sempre un atteggiamento positivo e costruttivo nelle relazioni future.

Gestire il rifiuto è una delle esperienze più comuni e al tempo stesso più complesse che si incontrano nelle interazioni sociali, soprattutto quando si tratta di flirt o di manifestare un interesse romantico. Il rifiuto tocca corde profonde nell'essere umano, perché va a colpire aree delicate come l'autostima, la percezione di sé e il bisogno di accettazione. Tuttavia, è una parte inevitabile della vita e delle relazioni, e imparare ad affrontarlo con grazia e maturità non solo può alleviare il dolore immediato, ma può anche rafforzare la propria capacità di gestire situazioni difficili con eleganza e dignità. Ogni rifiuto è un'opportunità per crescere e migliorare la propria consapevolezza emotiva, imparando a distanziarsi da una visione negativa e a sviluppare un atteggiamento di resilienza e accettazione.

Uno dei primi aspetti da considerare quando si affronta un rifiuto è la sua inevitabilità. Non è possibile piacere a tutti, e ogni persona ha preferenze, gusti e circostanze che non sono necessariamente legati a te come individuo. Il rifiuto non è una dichiarazione definitiva sul tuo valore come persona o sulle tue capacità di attrarre qualcuno. Piuttosto, è spesso una combinazione di fattori che possono includere lo stato emotivo dell'altra persona, il momento in cui si verifica l'interazione o semplicemente una mancanza di compatibilità. Accettare questa realtà senza farne una questione personale è fondamentale per non lasciarsi sopraffare dalla frustrazione o dall'insicurezza. Invece di vedere il rifiuto come un attacco al proprio ego, può essere utile considerarlo una parte del percorso di crescita verso relazioni più appaganti e autentiche.

Un aspetto importante nella gestione del rifiuto è l'accettazione immediata e senza resistenza. Questo non significa essere passivi, ma piuttosto dimostrare una maturità che spesso sorprende positivamente l'altra persona. Rispondere con un semplice "Grazie per avermi fatto sapere" o "Capisco e rispetto la tua scelta" dimostra che sei in grado di accettare la realtà senza creare tensioni o drammi. Questa accettazione immediata non solo ti permette di mantenere il controllo della situazione, ma invia anche un messaggio di rispetto verso l'altra persona e verso i suoi sentimenti. Accettare il rifiuto con grazia dimostra che sei una persona che sa gestire le emozioni e che rispetta il punto di vista altrui, qualità che non passano inosservate e possono addirittura lasciare una buona impressione.

Un altro punto fondamentale nel gestire il rifiuto è il controllo delle emozioni. Il rifiuto può provocare una serie di reazioni emotive, che vanno dalla delusione alla rabbia, dall'imbarazzo alla tristezza. È del tutto naturale sentirsi feriti, ma la chiave per affrontare queste emozioni sta nella capacità di non lasciare che prendano il sopravvento. Saper rimanere calmi e composti, anche quando dentro di te senti un mix di sentimenti negativi, è un segno di grande maturità emotiva. Questo non significa reprimere le emozioni, ma piuttosto gestirle in modo da non compromettere l'interazione o danneggiare la tua autostima. Può essere utile prendersi un momento per respirare profondamente, lasciare che le emozioni fluiscano senza attaccarvisi, e ricordare a te stesso che il rifiuto è solo una parte del gioco delle relazioni, non una sconfitta personale.

Evita di cercare giustificazioni o di insistere nel tentativo di cambiare l'opinione dell'altra persona. Uno degli errori più comuni che si fanno dopo un rifiuto è cercare di capire "perché" o di chiedere ulteriori spiegazioni. Anche se la curiosità è naturale, insistendo su questo punto rischi di creare un'atmosfera di disagio. Il rifiuto, in sé, è già una risposta sufficiente e insistere potrebbe mettere l'altra persona in una posizione scomoda, spingendola a dover giustificare una scelta che ha già preso. Invece di cercare motivazioni o spiegazioni, accettare il rifiuto con serenità e senza indagare ulteriormente dimostra che sei in grado di rispettare i sentimenti e le decisioni altrui, e che non hai bisogno di conferme o giustificazioni per sentirti valido.

Un altro aspetto da considerare nel gestire il rifiuto è l'importanza di mantenere una prospettiva equilibrata. Anche se il rifiuto può sembrare una sconfitta sul momento, nella realtà più ampia delle relazioni umane, è solo un piccolo incidente di percorso. Tutti vengono rifiutati a un certo punto della vita, ed è fondamentale non lasciarsi ossessionare da questo evento. Piuttosto che focalizzarsi sul rifiuto come un ostacolo insormontabile, è utile vederlo come un'opportunità per crescere. Ogni rifiuto può insegnarti qualcosa, che sia una lezione su come leggere meglio i segnali sociali o un promemoria per rimanere aperti e disponibili senza creare aspettative eccessive. Mantenere la prospettiva che il rifiuto è una parte naturale del processo relazionale ti permette di superarlo più rapidamente e di non lasciare che influenzi il tuo futuro approccio alle relazioni.

Un'altra dimensione importante del gestire il rifiuto in modo maturo è la capacità di mantenere un rapporto positivo con l'altra persona, quando appropriato. Non tutti i rifiuti significano la fine di una relazione o di un'interazione sociale. In molti casi, una persona che rifiuta il tuo interesse romantico potrebbe comunque apprezzare il tuo carattere e vedere in te un amico o una persona con cui poter avere un'interazione positiva. Saper mantenere un rapporto amichevole, senza mostrare risentimento o imbarazzo, dimostra grande sicurezza in te stesso. Questo atteggiamento non solo ti consente di preservare relazioni importanti, ma può anche far crescere la tua reputazione come una persona equilibrata, capace di gestire con eleganza le situazioni difficili.

Un altro aspetto del rifiuto che vale la pena esplorare è l'effetto positivo che può avere sul tuo sviluppo personale. Ogni rifiuto, per quanto doloroso possa sembrare, è un'opportunità per crescere. Ti permette di esplorare il modo in cui interagisci con gli altri, di riflettere su ciò che desideri davvero in una relazione e di affinare le tue capacità sociali. Piuttosto che vedere il rifiuto come un fallimento, può essere utile considerarlo un passo verso una maggiore consapevolezza di te stesso e delle tue relazioni. Questo tipo di riflessione ti permette di identificare i tuoi punti di forza e le aree in cui potresti migliorare, senza giudicare te stesso troppo severamente.

Non trascurare l'importanza dell'autocompassione. Dopo un rifiuto, è facile cadere nell'autocritica, mettendo in discussione le proprie capacità o svalutando il proprio valore. Tuttavia, è importante trattarsi con la stessa gentilezza e compassione che si riserverebbe a un amico. Essere gentili con te stesso e riconoscere che tutti affrontano rifiuti e difficoltà nelle relazioni è essenziale per guarire dalle emozioni negative e riprendere la fiducia in te stesso. La compassione verso te stesso ti aiuta a evitare pensieri negativi e ti permette di superare il rifiuto con maggiore serenità.

Infine, è utile considerare il rifiuto come un'opportunità di rimanere aperti a nuove possibilità. Anche se il rifiuto può sembrare una porta chiusa, spesso significa che si sta aprendo una nuova strada. Forse la persona che ti ha rifiutato non era la giusta per te, o forse semplicemente non era il momento giusto. Accettare il rifiuto con grazia ti mantiene aperto alle opportunità che potrebbero presentarsi in futuro. L'atteggiamento positivo e resiliente che sviluppi affrontando i rifiuti ti prepara meglio per le relazioni future, consentendoti di cogliere nuove occasioni con maggiore sicurezza e senza portare il peso del passato.

In conclusione, gestire il rifiuto in modo elegante e maturo richiede un insieme di abilità emotive, che includono accettazione, controllo delle emozioni, rispetto per l'altro e autocompassione. Riconoscere che il rifiuto non è un giudizio definitivo sul proprio valore e affrontarlo con serenità ti permette di crescere come individuo e di sviluppare relazioni più sane e autentiche. Piuttosto che vedere il rifiuto come una battuta d'arresto, puoi trasformarlo in un'opportunità per migliorare te stesso e le tue interazioni con gli altri.

Gestire il rifiuto in modo maturo ed elegante è una delle sfide più significative nel campo delle relazioni umane, specialmente in contesti che coinvolgono il flirt o l'espressione di un interesse romantico. Il rifiuto può evocare una vasta gamma di emozioni, dall'imbarazzo alla frustrazione, dalla tristezza al senso di fallimento, ma è essenziale ricordare che queste emozioni, per quanto normali, non devono governare le nostre reazioni. Affrontare un rifiuto con grazia richiede una combinazione di autocontrollo, autostima e una visione chiara del significato reale di tale esperienza. Il rifiuto non è un giudizio definitivo su di te come persona; piuttosto, è una parte naturale delle dinamiche sociali, e comprenderlo in questo modo ti permette di affrontarlo con una prospettiva più sana e costruttiva.

Uno degli aspetti chiave per gestire il rifiuto è accettare fin dall'inizio che non tutti i tentativi di connessione, romantica o amicale, andranno a buon fine. La diversità nelle preferenze, nelle circostanze personali e nelle aspettative fa parte della vita umana, e non si può pretendere di avere una risposta positiva ogni volta che si mostra interesse verso qualcuno. Accettare questa realtà è fondamentale per costruire una mentalità resiliente. Più si interiorizza l'idea che il rifiuto è una possibilità naturale, meno doloroso risulta quando si verifica. Questo non significa diventare apatici o distaccati, ma piuttosto comprendere che le reazioni delle altre persone non determinano il proprio valore personale.

In molte occasioni, il rifiuto non è neppure il risultato di un'incompatibilità personale, ma può dipendere da fattori esterni, come lo stato emotivo dell'altra persona, le sue esperienze passate o le circostanze di vita in cui si trova. Forse sta attraversando un periodo di stress o difficoltà, o semplicemente non è aperta a nuove relazioni in quel momento. Riconoscere che il rifiuto potrebbe avere poco a che fare con te aiuta a ridurre il peso dell'esperienza e a evitare che diventi una fonte di dubbio o insicurezza. Spesso, si tratta di situazioni che non puoi controllare, e il tentativo di razionalizzare troppo la causa del rifiuto potrebbe portare solo a confusione e frustrazione.

Uno dei modi più efficaci per affrontare il rifiuto è rimanere concentrati sulla propria dignità e autostima. È fondamentale ricordare che, nonostante il rifiuto possa colpire le tue emozioni, non influisce sul tuo valore intrinseco. Essere rifiutati non significa essere "meno" di qualcuno, e non dovrebbe mai spingerti a cambiare chi sei nel tentativo di conformarti a ciò che pensi che l'altra persona voglia. Mantenere salda la propria identità e non cercare di adattarsi a un'immagine ideale per evitare il rifiuto è una dimostrazione di forza interiore. Le persone sono attratte dall'autenticità, e mantenere la propria integrità anche di fronte a un rifiuto è segno di una maturità che risuona positivamente nel lungo termine.

Accettare il rifiuto senza cercare di insistere o di cambiare la situazione è un altro segno di maturità emotiva. Spesso, quando si affronta un rifiuto, la tentazione è quella di cercare di convincere l'altra persona, di fare ulteriori sforzi per dimostrare il proprio valore o per cambiare la sua percezione. Tuttavia, questa reazione può non solo mettere l'altra persona in una posizione scomoda, ma anche minare la propria dignità. Imparare a lasciare andare e rispettare la decisione altrui senza cercare di alterare il corso degli eventi è un segno di rispetto non solo per l'altra persona, ma anche per se stessi. La capacità di fare un passo indietro, senza bisogno di giustificazioni o di cercare una spiegazione ulteriore, dimostra che sei in grado di accettare la realtà delle situazioni senza sentirti sopraffatto dalle emozioni negative.

Un altro aspetto fondamentale del gestire il rifiuto è l'abilità di mantenere una relazione cordiale e positiva con la persona che ti ha rifiutato, se le circostanze lo permettono. Non tutte le interazioni che iniziano con un interesse romantico devono finire in una completa rottura di ogni tipo di rapporto. In molti casi, è possibile continuare a interagire con quella persona in modo rispettoso e amichevole, senza che il rifiuto influenzi negativamente la qualità del rapporto. Questo richiede un livello di distacco emotivo, che permette di separare i sentimenti personali dall'interazione sociale. La capacità di mantenere un rapporto positivo dopo un rifiuto è una dimostrazione di grande maturità e può essere un segnale per l'altra persona che sei qualcuno di cui si può fidare e con cui si può continuare a interagire senza timore di ulteriori pressioni.

Un altro modo per gestire il rifiuto in modo sano è praticare l'autocompassione. Dopo un rifiuto, è facile cadere nell'autocritica e iniziare a mettere in discussione la propria autostima. Tuttavia, trattarsi con gentilezza e comprensione è essenziale per superare il momento. L'autocompassione non consiste solo nel consolarsi, ma anche nel riconoscere che il rifiuto è una parte naturale della vita umana e che non definisce il proprio valore. Invece di concentrarsi sulle proprie presunte mancanze, è importante ricordare che il rifiuto non è un segno di fallimento, ma semplicemente un'esperienza che tutti affrontano. Questa prospettiva ti permette di gestire il rifiuto con maggiore serenità, senza farlo diventare un ostacolo permanente alla tua autostima.

Uno dei migliori approcci per affrontare il rifiuto è vedere l'esperienza come un'opportunità di crescita personale. Ogni volta che si viene rifiutati, c'è la possibilità di riflettere su cosa si può imparare dall'esperienza. Questo non significa cercare colpe o errori, ma piuttosto usare il rifiuto come uno strumento per migliorare la propria capacità di leggere i segnali, di interagire con gli altri o di sviluppare una maggiore consapevolezza delle proprie emozioni. In questo senso, il rifiuto diventa un'opportunità per affinare le proprie competenze sociali e per rafforzare la propria resilienza emotiva. Più si è disposti a imparare da queste esperienze, meno si teme il rifiuto, poiché ogni interazione, indipendentemente dal suo esito, viene vista come una lezione preziosa.

Riconoscere che il rifiuto non è un "fine" ma una parte del processo è essenziale. Le relazioni, che siano romantiche o amichevoli, si basano su un complesso intreccio di emozioni, aspettative e contingenze, e non tutti i tentativi di connessione porteranno al risultato desiderato. Tuttavia, ogni esperienza, anche un rifiuto, ti avvicina di più a ciò che stai cercando: una relazione autentica e reciproca. Il rifiuto, quindi, non è un ostacolo, ma semplicemente una deviazione su una strada più lunga e più significativa. Questa prospettiva ti aiuta a evitare di farti bloccare da un singolo episodio e ti consente di rimanere aperto a nuove opportunità senza sentirti scoraggiato o limitato dalle esperienze passate.

Infine, mantenere una mentalità aperta e ottimista è fondamentale per affrontare il rifiuto. Anche se il rifiuto può sembrare un blocco temporaneo, è importante ricordare che la vita offre continuamente nuove possibilità di connessione e interazione. Non lasciare che un singolo rifiuto ti faccia perdere di vista il quadro generale: la tua capacità di creare legami e di attrarre persone dipende dalla tua autenticità, dalla tua sicurezza e dal tuo modo di relazionarti con il mondo. Il rifiuto è solo una parte di questa vasta rete di esperienze, e affrontarlo con eleganza e maturità ti prepara a incontrare nuove persone, ad aprirti a nuove possibilità e a costruire relazioni basate su una base solida di rispetto reciproco.

In definitiva, il rifiuto è una delle esperienze più umane e universali, ma la capacità di affrontarlo con dignità e grazia distingue chi ha sviluppato una forte consapevolezza emotiva e una resilienza interiore. Non è solo una questione di gestire la delusione, ma di vedere il rifiuto come una tappa naturale e inevitabile nel percorso verso relazioni più autentiche e significative. Affrontare il rifiuto in modo elegante, senza drammi e con una visione chiara del proprio valore, non solo ti permette di mantenere la tua integrità, ma ti prepara a relazioni future con maggiore serenità e fiducia in te stesso.

Gestire il rifiuto in modo maturo e costruttivo è un'abilità che può sembrare difficile da padroneggiare, ma che diventa sempre più importante man mano che si vive e si interagisce con gli altri. Il rifiuto fa parte della vita, sia che si tratti di relazioni romantiche, di amicizie, di opportunità di lavoro o di obiettivi personali. Saper affrontare il rifiuto con eleganza e grazia non solo protegge la propria autostima, ma migliora anche le proprie capacità relazionali, poiché insegna a gestire le emozioni in situazioni complesse. Quando si tratta di flirt o di manifestare interesse verso qualcuno, il rifiuto può colpire in modo particolarmente profondo perché va a toccare le aree più vulnerabili dell'essere umano: il desiderio di connessione e accettazione. Tuttavia, affrontarlo con la giusta mentalità può trasformare il rifiuto in una lezione di resilienza e di autostima.

Uno degli aspetti principali da tenere a mente è che il rifiuto non è mai un riflesso del tuo valore intrinseco. È facile cadere nella trappola di pensare che, se qualcuno non ricambia i tuoi sentimenti, ciò significhi che c'è qualcosa di sbagliato in te o che non sei abbastanza. Questo tipo di pensiero non solo è fuorviante, ma può anche minare gravemente la tua fiducia in te stesso nel lungo termine. La verità è che il rifiuto può dipendere da una vasta gamma di fattori che non sono sotto il tuo controllo: l'altra persona potrebbe non essere pronta per una relazione, potrebbe avere altre priorità o semplicemente potrebbe non sentirsi attratta in quel momento. Il fatto che qualcuno non risponda al tuo flirt o al tuo interesse non significa che tu non sia attraente, interessante o meritevole di amore. Significa solo che, in quel particolare momento e contesto, non si è verificata una corrispondenza emotiva o romantica. Accettare questo senza farlo diventare una critica personale è uno dei primi passi verso la gestione matura del rifiuto.

È anche fondamentale capire che il rifiuto fa parte del rischio di aprirsi agli altri. Ogni volta che mostri interesse verso qualcuno, ti esponi a un certo grado di vulnerabilità. Questa vulnerabilità non è un segno di debolezza, ma di forza, poiché dimostra che sei disposto a mettere in gioco i tuoi sentimenti e a correre il rischio di un rifiuto pur di cercare una connessione autentica. Avere il coraggio di esprimere i propri sentimenti, anche sapendo che potrebbero non essere ricambiati, è una qualità positiva. Il rifiuto, in questo senso, non dovrebbe essere visto come una punizione o una sconfitta, ma come una naturale conseguenza del mettere in gioco i propri desideri e aspettative. Essere vulnerabili significa anche essere umani, e il rifiuto è solo una tappa di questo viaggio emotivo.

Un'altra componente importante nel gestire il rifiuto è il rispetto per l'altra persona. Anche se la tua prima reazione può essere di delusione o frustrazione, è fondamentale ricordare che l'altra persona ha il diritto di scegliere cosa è meglio per lei. Non tutti saranno pronti a rispondere con entusiasmo a un flirt, e cercare di insistere o mettere pressione in una situazione in cui il rifiuto è stato espresso chiaramente può non solo essere controproducente, ma anche dannoso per entrambe le parti. Il rispetto è fondamentale: rispettare il rifiuto significa riconoscere che l'altra persona ha fatto una scelta per sé stessa e che tale scelta deve essere accettata senza tentativi di forzare una risposta diversa. Dimostrare rispetto in questi momenti non solo preserva la dignità dell'altra persona, ma rafforza anche la tua integrità come individuo. Questo tipo di comportamento è apprezzato perché trasmette un forte senso di maturità emotiva e di considerazione per i sentimenti altrui.

Il rifiuto, poi, è spesso un'opportunità per riflettere su se stessi in modo costruttivo. Invece di vedere il rifiuto come un'esperienza esclusivamente negativa, puoi sfruttarlo come occasione per chiederti se ci siano aspetti del tuo comportamento, delle tue aspettative o del tuo approccio che potresti migliorare. Questo tipo di riflessione non deve essere interpretato come una ricerca di colpe, ma come un modo per crescere e affinare le proprie abilità sociali. A volte, il rifiuto può indicare che è necessario un cambiamento di prospettiva o che si sta cercando di costruire una connessione su basi poco solide. Chiedersi cosa si può imparare dall'esperienza può aiutarti a evitare di ripetere gli stessi errori e a entrare in future relazioni con maggiore consapevolezza e preparazione.

Un altro elemento da considerare è la gestione delle emozioni dopo il rifiuto. Anche se può sembrare difficile, è importante evitare di lasciarsi sopraffare dal dolore o dalla frustrazione. Il rifiuto può provocare una reazione emotiva intensa, ma la chiave per affrontarlo è non permettere a queste emozioni di controllare il tuo comportamento. La maturità emotiva si manifesta nella capacità di riconoscere e accettare i propri sentimenti senza esserne schiavi. Sentirsi feriti o delusi è naturale, ma è fondamentale non lasciare che queste emozioni influenzino il modo in cui ti relazioni agli altri o la tua visione di te stesso. Prendersi del tempo per elaborare il rifiuto in modo privato, magari parlando con un amico di fiducia o dedicandosi ad attività che aiutano a calmare la mente, è un modo sano per gestire le emozioni senza riversarle sull'altra persona o sugli altri.

Un'altra reazione comune al rifiuto è quella di evitare completamente il contatto con la persona che ti ha rifiutato. Anche se, in alcuni casi, può essere utile mettere un po' di distanza per superare l'esperienza, non è sempre necessario rompere ogni tipo di relazione. In molte situazioni, è possibile mantenere un rapporto civile, amichevole e rispettoso con l'altra persona, soprattutto se si fa uno sforzo consapevole per lasciarsi alle spalle l'episodio del rifiuto. Questo tipo di approccio richiede una certa flessibilità emotiva, ma può portare a relazioni più sane e meno drammatiche nel lungo termine. Mantenere un'interazione positiva dopo un rifiuto è segno di grande equilibrio interiore e può anche mostrare che non permetti a un singolo evento di definire completamente la tua percezione dell'altra persona o della tua relazione con lei.

Un ulteriore aspetto legato alla gestione del rifiuto è l'importanza di coltivare una visione positiva del futuro. Il rifiuto può far sembrare che le opportunità siano limitate, ma è essenziale ricordare che la vita è piena di possibilità. Ogni relazione, flirt o interazione è una tappa in un percorso più ampio, e non rappresenta mai la destinazione finale. Anche quando un'esperienza finisce con un rifiuto, questo non significa che non ci saranno altre occasioni di connessione o che non incontrerai altre persone disposte a costruire qualcosa con te. Mantenere una mentalità ottimista ti permette di affrontare ogni rifiuto con la consapevolezza che ci sono sempre nuove opportunità all'orizzonte. Questa fiducia nel futuro è ciò che ti permette di superare il rifiuto senza abbandonare la speranza o la tua capacità di cercare nuove relazioni.

Infine, il rifiuto può insegnarti l'importanza della pazienza. Le relazioni, come ogni altro aspetto significativo della vita, richiedono tempo, e il rifiuto può essere un promemoria di questo. Anche se potresti essere impaziente di costruire una connessione o di vedere risultati immediati, il rifiuto ti insegna a rispettare i tempi e i ritmi naturali delle cose. La pazienza non significa accettare passivamente ciò che accade, ma essere consapevoli che ogni esperienza ha un proprio tempo e che, alla fine, ciò che è destinato a te arriverà. Questa prospettiva ti permette di mantenere la calma e di affrontare le difficoltà con maggiore serenità, sapendo che il rifiuto è solo una piccola parte di un percorso più lungo e significativo.

In definitiva, gestire il rifiuto in modo elegante e maturo richiede una combinazione di autoconsapevolezza, rispetto per gli altri e fiducia in se stessi. È un'opportunità per crescere emotivamente, imparare a gestire le proprie reazioni e mantenere una visione positiva del futuro, nonostante le difficoltà del momento. Ogni rifiuto è una lezione preziosa che ti prepara per relazioni più autentiche e soddisfacenti, insegnandoti a valorizzare te stesso e gli altri in modo più profondo e consapevole.

Gestire il rifiuto in modo maturo e costruttivo è una capacità che può sembrare sfuggente, ma che ha una grande importanza nelle relazioni umane e in ogni interazione sociale significativa. Il rifiuto ha un impatto molto personale perché colpisce aree sensibili come il nostro bisogno di essere accettati, amati o apprezzati. Tuttavia, il modo in cui lo affrontiamo può cambiare radicalmente l'esperienza e trasformarla da un episodio negativo in un'opportunità di crescita e di comprensione di sé e degli altri. Il rifiuto, infatti, è una delle poche costanti della vita, e saperlo affrontare con dignità e serenità è una dimostrazione di grande forza emotiva e di resilienza.

Un aspetto cruciale nel gestire il rifiuto è imparare a ridurre l'impatto emotivo iniziale che può provocare. Il rifiuto spesso scatena una reazione immediata di delusione, tristezza o frustrazione, e queste emozioni, per quanto naturali, possono ingigantirsi se non gestite correttamente. La chiave è sviluppare una certa distanza emotiva, che ti permetta di riconoscere queste emozioni senza lasciare che ti sopraffacciano. Ciò richiede pratica e consapevolezza, ma con il tempo diventa possibile riconoscere il rifiuto come un evento momentaneo che non ha il potere di definire la tua autostima o il tuo valore. Mantenere questa prospettiva ti aiuta a evitare che le emozioni negative si accumulino e ti condizionino nel lungo termine, permettendoti di affrontare il rifiuto con una serenità che non compromette il tuo benessere emotivo.

Inoltre, è importante ricordare che il rifiuto, per quanto doloroso, è spesso una reazione che non riguarda te personalmente. Le persone hanno le loro ragioni per rifiutare qualcuno o qualcosa, e queste ragioni spesso riflettono le loro necessità, emozioni o situazioni, piuttosto che una valutazione oggettiva di chi sei tu. Ad esempio, l'altra persona potrebbe non essere pronta per una relazione, potrebbe essere concentrata su altri aspetti della propria vita o potrebbe semplicemente avere gusti o preferenze diversi. Essere consapevoli di questo ti permette di capire che il rifiuto non è un riflesso delle tue qualità, ma piuttosto una manifestazione delle circostanze dell'altra persona. Questa consapevolezza ti protegge dal cadere nell'autocritica o nel pensiero che "non sei abbastanza" o che c'è qualcosa di sbagliato in te.

Il rispetto per l'autonomia dell'altra persona è una parte fondamentale nella gestione del rifiuto. Quando qualcuno ti rifiuta, è importante riconoscere e rispettare il suo diritto a fare una scelta diversa. Anche se il rifiuto può ferire, è fondamentale accettarlo senza insistere o cercare di convincere l'altra persona a cambiare idea. Forzare una situazione o cercare di "manipolare" il risultato non fa che creare disagio e tensioni, e può danneggiare irreparabilmente la relazione. Lasciare che l'altra persona mantenga il controllo sulle proprie decisioni dimostra rispetto e maturità. È una prova di forza interiore il saper accettare il "no" senza contestarlo, sapendo che ogni individuo ha il diritto di scegliere ciò che è meglio per sé. Questo tipo di comportamento, oltre a preservare la tua dignità, dimostra una profonda comprensione delle dinamiche interpersonali e del rispetto per i confini altrui.

Un altro aspetto centrale nella gestione del rifiuto è la capacità di mantenere la propria autostima intatta. Quando veniamo rifiutati, c'è spesso la tendenza a mettere in discussione il proprio valore personale, ma questo può portare a una spirale di insicurezza che non fa altro che peggiorare la situazione. Il fatto che qualcuno non ricambi il tuo interesse non implica che ci sia qualcosa di sbagliato in te. Spesso, il rifiuto è il risultato di circostanze che vanno oltre il tuo controllo, e attribuire la responsabilità di questo alla tua persona è un errore comune ma evitabile. Invece di focalizzarti su ciò che non è andato come previsto, può essere utile riflettere su ciò che hai imparato dall'esperienza e su come questo ti ha reso una persona più forte. La tua autostima non dovrebbe mai dipendere dall'approvazione o dal rifiuto degli altri, ma da una consapevolezza radicata nelle tue qualità e nel tuo valore intrinseco.

Un altro punto cruciale è la gestione delle aspettative. Spesso, parte del dolore che deriva dal rifiuto nasce dalle aspettative che ci siamo creati su come dovrebbe andare un'interazione o una relazione. Queste aspettative possono essere alimentate da speranze o desideri, ma quando la realtà non si allinea a queste aspettative, il rifiuto diventa molto più difficile da accettare. Una parte importante della maturità emotiva consiste nel mantenere le aspettative realistiche e flessibili. Non significa non avere speranze, ma piuttosto essere aperti alla possibilità che le cose possano andare in modo diverso da come avevi immaginato. Questa mentalità ti aiuta a rimanere equilibrato anche quando il rifiuto si verifica, poiché hai già preparato mentalmente il terreno per accettare una gamma di esiti possibili.

La gestione del rifiuto richiede anche un certo grado di compassione verso te stesso. È facile cadere nella trappola dell'autocritica, rimuginare su ciò che avresti potuto fare diversamente o su cosa potrebbe non andare in te. Tuttavia, trattarti con gentilezza e comprensione in questi momenti è essenziale per preservare il tuo equilibrio emotivo. Invece di concentrarti su ciò che non hai ottenuto, è utile praticare l'autocompassione, ricordando che tutti affrontano rifiuti e delusioni, e che queste esperienze non definiscono chi sei. La capacità di trattarti con la stessa gentilezza che riserveresti a un amico in una situazione simile ti permette di superare il rifiuto senza distruggere la tua fiducia o la tua visione positiva di te stesso.

Un'altra prospettiva utile da adottare è quella di vedere il rifiuto come un'opportunità per esplorare nuove direzioni. Ogni porta chiusa può aprire la strada a nuove possibilità, anche se non sono immediatamente evidenti. Piuttosto che vedere il rifiuto come una fine, può essere utile considerarlo come un'opportunità per riflettere su ciò che veramente desideri, su cosa è importante per te in una relazione o su come puoi migliorare le tue interazioni future. Questo tipo di riflessione costruttiva ti permette di utilizzare l'esperienza del rifiuto come uno strumento per la tua crescita personale, invece di vederla esclusivamente come una perdita. In questo senso, il rifiuto diventa parte di un processo più ampio di apprendimento e di miglioramento, che alla fine ti porterà verso esperienze più appaganti.

Non dimenticare l'importanza della resilienza. Ogni rifiuto superato ti rende più forte e più capace di gestire future sfide emotive. La resilienza non significa che il rifiuto non farà mai male, ma che sarai in grado di affrontarlo e superarlo con maggiore rapidità e serenità. Ogni volta che riesci a gestire un rifiuto senza lasciarti abbattere, costruisci una base solida di autostima che ti permetterà di affrontare anche le situazioni più difficili. Questa resilienza non si sviluppa da un giorno all'altro, ma attraverso l'esperienza e la pratica, e ti aiuta a diventare una persona più sicura e capace di affrontare le incertezze della vita.

Infine, è essenziale non vedere il rifiuto come una barriera che ti isola dagli altri, ma come un'opportunità per aprirti a nuove possibilità. Anche se in un primo momento può sembrare che il rifiuto limiti le tue opzioni, la realtà è che ogni interazione ti offre nuove lezioni e opportunità di crescita. La capacità di affrontare il rifiuto senza perdere la speranza o il desiderio di connessione ti permette di continuare a cercare relazioni autentiche, sapendo che il rifiuto è solo una parte del percorso e non la destinazione finale. Questo atteggiamento aperto e ottimista ti aiuta a mantenere una visione positiva del futuro, sapendo che ci saranno sempre nuove opportunità e nuove persone con cui condividere momenti significativi.

In definitiva, il rifiuto, pur essendo una delle esperienze più difficili da gestire, può diventare un potente strumento di crescita personale e di sviluppo emotivo. Imparare a gestirlo con grazia, rispetto e autocompassione ti rende una persona più equilibrata, sicura e resiliente, capace di affrontare le sfide della vita con una prospettiva positiva e costruttiva. Ogni rifiuto è una lezione preziosa che ti avvicina sempre di più alla tua vera identità e alla capacità di costruire relazioni autentiche e significative.

Gestire il rifiuto è una delle competenze emotive più difficili da acquisire, ma anche una delle più preziose, perché si estende a tutte le aree della vita. Il rifiuto non si limita alle relazioni romantiche o al flirt, ma si presenta in molte forme: dalle opportunità di lavoro perse alle amicizie che non decollano, dalle porte chiuse di fronte a progetti personali ai sogni che, per una ragione o l'altra, non riescono a concretizzarsi. Il rifiuto, in tutte queste forme, ha la capacità di toccare profondamente le nostre emozioni perché va a sollevare dubbi sul nostro valore, sulle nostre capacità o sul nostro posto nel mondo. Tuttavia, la capacità di gestire il rifiuto con grazia, dignità e maturità non solo riduce l'impatto negativo di tali esperienze, ma offre anche una preziosa opportunità di crescita e di sviluppo personale.

Uno degli aspetti più importanti per affrontare il rifiuto è quello di comprendere che, per quanto doloroso possa essere, è una parte inevitabile della vita. Nessuno attraversa la vita senza incontrare il rifiuto in un modo o nell'altro. Questa consapevolezza non rende l'esperienza meno frustrante, ma la rende più gestibile, perché ci aiuta a non sentirci soli o particolarmente sfortunati quando accade. Sapere che il rifiuto è un'esperienza universale ci permette di affrontarlo con una maggiore consapevolezza, vedendolo come una tappa normale del percorso di crescita piuttosto che come un'anomalia o un fallimento personale. In questo senso, il rifiuto diventa meno un evento isolato che ti definisce e più una parte del processo di costruzione della tua resilienza.

Spesso, la reazione al rifiuto è amplificata da un fattore che potremmo definire "la storia che raccontiamo a noi stessi". Quando veniamo rifiutati, tendiamo a costruire una narrativa interna che spiega l'accaduto, e questa narrativa può influire enormemente sul modo in cui percepiamo il rifiuto. Ad esempio, potresti raccontarti che il rifiuto è dovuto al fatto che non sei abbastanza bravo, attraente o interessante, oppure che c'è qualcosa di intrinsecamente sbagliato in te. Queste narrazioni negative non solo peggiorano il dolore del rifiuto, ma possono portare a un ciclo di autostima in calo e a una visione distorta di te stesso. In realtà, la "storia" che racconti a te stesso è spesso molto diversa dalla realtà: il rifiuto può derivare da una vasta gamma di fattori esterni che non hanno nulla a che fare con il tuo valore personale. Cambiare questa narrativa e adottare un punto di vista più oggettivo e compassionevole verso te stesso è fondamentale per ridurre l'impatto emotivo del rifiuto.

Un'altra componente chiave nella gestione del rifiuto è la capacità di normalizzarlo nella propria vita. Non si tratta di accettare passivamente il rifiuto come una costante, ma di riconoscerlo come parte di qualsiasi percorso significativo. Nella società moderna, spesso siamo spinti a pensare che dovremmo sempre ottenere ciò che desideriamo, specialmente con la crescita dell'idea di successo e realizzazione personale. Ma la realtà è che il fallimento e il rifiuto sono inevitabili, e sono proprio questi momenti che spesso ci spingono a riflettere più profondamente su ciò che desideriamo veramente e su come possiamo migliorare. Normalizzare il rifiuto significa accettare che non è un'eccezione, ma una parte integrante del percorso, e questa consapevolezza ci rende meno vulnerabili quando inevitabilmente si verifica.

Il rifiuto, in molti casi, ha anche il potere di rivelare aspetti di noi stessi che altrimenti non avremmo esplorato. Quando siamo costretti a fare i conti con una delusione o con una porta chiusa, siamo anche spinti a riflettere su chi siamo, su cosa desideriamo veramente e su quali sono i nostri valori più profondi. Questo processo di introspezione può portare a scoperte sorprendenti. Potresti, ad esempio, renderti conto che il rifiuto ha messo in luce un desiderio o una passione che non avevi riconosciuto chiaramente prima, o che ha evidenziato la necessità di lavorare su aspetti della tua vita emotiva o relazionale che avevi trascurato. Il rifiuto, quindi, può essere un catalizzatore di crescita personale, spingendoti a esplorare nuove strade o a migliorare te stesso in modi che altrimenti non avresti considerato.

Un altro modo per affrontare il rifiuto è quello di sviluppare una mentalità di "distacco positivo". Questo concetto non implica un'indifferenza fredda o una mancanza di coinvolgimento, ma piuttosto la capacità di non legare la propria felicità o autostima all'accettazione da parte degli altri. Invece di concentrarsi esclusivamente sull'obiettivo di ottenere una determinata risposta (che sia in una relazione, nel lavoro o in qualsiasi altra area), è utile spostare l'attenzione sul processo stesso. Apprezzare il coraggio di aver fatto un tentativo, il percorso di crescita che ha comportato, e il fatto di aver agito in linea con i propri valori, ti permette di vedere il rifiuto non come una fine, ma come una parte di un viaggio più grande. Questo distacco positivo ti dà la forza di andare avanti senza sentirti sconfitto, perché ti rende consapevole che, indipendentemente dall'esito, hai fatto la tua parte con dignità e autenticità.

Affrontare il rifiuto in modo maturo significa anche evitare la trappola del "rimuginare". Quando veniamo rifiutati, è naturale ripensare all'accaduto, analizzare ogni dettaglio e cercare di capire cosa avremmo potuto fare diversamente. Questo tipo di riflessione può essere utile in piccole dosi, perché ci permette di apprendere dalle esperienze. Tuttavia, quando diventa un ciclo infinito di pensieri negativi, può danneggiare seriamente la nostra autostima e la nostra capacità di riprenderci. Rimuginare troppo su un rifiuto tende a farci ingigantire l'accaduto e a trasformare un singolo episodio in qualcosa di molto più grande di quanto in realtà sia. In questi casi, è fondamentale fermarsi e ricordarsi che un rifiuto non definisce il corso della nostra vita, e che il modo in cui scegliamo di rispondere a quell'evento ha un impatto molto maggiore rispetto all'evento stesso.

Il rifiuto, paradossalmente, può anche essere una forma di protezione. A volte, ciò che vogliamo o desideriamo non è effettivamente ciò di cui abbiamo bisogno, e un rifiuto può essere un modo per impedirci di intraprendere un percorso che potrebbe non essere giusto per noi. È possibile che il rifiuto, in certe situazioni, serva come un meccanismo che ci spinge verso opzioni migliori o verso esperienze più adatte alla nostra crescita personale. Quello che in un primo momento può sembrare una delusione, con il tempo può rivelarsi come una benedizione mascherata. Essere aperti alla possibilità che il rifiuto abbia uno scopo più grande – anche se non immediatamente evidente – ti aiuta a mantenere una prospettiva più positiva e resiliente.

Un altro approccio utile per gestire il rifiuto è cercare il supporto di persone fidate. Parlare con amici o familiari che ti conoscono bene può aiutarti a ridimensionare la situazione e a ottenere una prospettiva più equilibrata. Spesso, condividere le proprie emozioni con chi ti sostiene non solo riduce il peso del rifiuto, ma ti permette anche di ricevere incoraggiamento e validazione. Questo tipo di supporto sociale è fondamentale per evitare di isolarsi o di cadere nella trappola dell'autocritica, e ti aiuta a vedere l'accaduto in un contesto più ampio, senza che il rifiuto prenda il sopravvento sui tuoi pensieri o sul tuo umore. Avere persone attorno che ti ricordano il tuo valore, indipendentemente da un singolo episodio, ti permette di superare più facilmente le difficoltà e di mantenere una visione positiva di te stesso.

Inoltre, non sottovalutare il potere di una visione a lungo termine. A volte, quando il rifiuto è fresco, può sembrare la fine del mondo, ma col passare del tempo l'impatto emotivo si attenua, e ciò che sembrava insormontabile inizia a sbiadirsi. Guardare oltre il momento presente e ricordare che il rifiuto è solo una piccola parte di un viaggio più lungo ti aiuta a evitare di dare troppo peso a un singolo evento. Con il tempo, spesso ci si rende conto che il rifiuto era solo un passo necessario per arrivare a qualcosa di migliore o di più adatto, e questa consapevolezza ti permette di affrontare ogni rifiuto con una maggiore tranquillità.

In definitiva, il rifiuto, se gestito con la giusta mentalità, può diventare uno strumento di crescita personale, di sviluppo della resilienza e di maggiore consapevolezza di sé. Non è mai facile da affrontare, ma imparare a vederlo come una parte normale del percorso della vita ti permette di gestirlo senza lasciarti abbattere. Affrontare il rifiuto con grazia e dignità non solo rafforza il tuo carattere, ma ti prepara meglio per le sfide future, rendendoti una persona più sicura, equilibrata e pronta ad accogliere nuove opportunità.

In conclusione, gestire il rifiuto in modo maturo ed elegante richiede una combinazione di consapevolezza emotiva, rispetto per se stessi e per gli altri, nonché una capacità di mantenere una prospettiva più ampia. Il rifiuto, sebbene doloroso, non è una condanna né un giudizio sul proprio valore personale. È una parte inevitabile della vita che, se affrontata correttamente, può diventare una fonte di forza, resilienza e crescita personale.

Uno degli aspetti più importanti nel gestire il rifiuto è imparare a non prenderlo sul piano personale. Le persone hanno preferenze, gusti e circostanze che non sempre coincidono con i nostri desideri, e questo non significa che ci sia qualcosa di sbagliato in noi. Spesso il rifiuto riflette più le situazioni personali dell'altra persona che una valutazione diretta di noi. Accettare questa realtà permette di mantenere la propria autostima intatta e di non cedere all'autocritica distruttiva.

Un altro punto essenziale è la capacità di accettare il rifiuto senza insistere o cercare di cambiarne l'esito. Rispettare il "no" di un'altra persona dimostra maturità e consapevolezza dei confini, qualità che non solo preservano la dignità dell'individuo, ma rafforzano anche il proprio carattere. Forzare una situazione dopo un rifiuto non fa che creare ulteriori tensioni e allontanare la possibilità di costruire relazioni sane e rispettose.

Il rifiuto può anche essere visto come un'opportunità per riflettere su se stessi e migliorare. Non si tratta di vedere il rifiuto come una critica personale, ma come un'occasione per crescere. Chiedersi cosa si può imparare dall'esperienza aiuta a evitare di ripetere gli stessi errori e a prepararsi meglio per interazioni future. Questo atteggiamento proattivo trasforma un'esperienza che potrebbe essere negativa in una lezione costruttiva che arricchisce la propria capacità di affrontare le sfide emotive della vita.

Inoltre, il rifiuto può servire come un modo per rafforzare la resilienza. Ogni volta che affronti un rifiuto e riesci a superarlo, stai costruendo una base più solida di autostima e forza interiore. La resilienza non significa che il rifiuto non faccia più male, ma che hai sviluppato le risorse emotive per affrontarlo senza lasciarti abbattere. Questa capacità di rialzarti dopo una delusione è ciò che ti permette di continuare a crescere e a cercare nuove opportunità, senza lasciare che un singolo episodio limiti il tuo potenziale o definisca la tua identità.

Un altro aspetto fondamentale è la pratica dell'autocompassione. Invece di cadere nell'autocritica o nel rimuginare su ciò che avresti potuto fare diversamente, trattati con la stessa gentilezza e comprensione che riserveresti a un amico che sta affrontando un rifiuto. Essere compassionevoli verso se stessi aiuta a ridurre l'impatto emotivo del rifiuto e a preservare la propria autostima, consentendoti di recuperare più velocemente e con meno stress. L'autocompassione ti permette di vedere il rifiuto non come una sconfitta, ma come una parte normale del processo di interazione umana.

La capacità di mantenere una visione a lungo termine è altrettanto importante. Il rifiuto può sembrare devastante nel momento in cui accade, ma con il tempo il suo impatto si attenua, e spesso ci si rende conto che non era così determinante come sembrava. Guardare oltre il momento presente e ricordare che la vita è piena di opportunità ti aiuta a non dare troppa importanza a un singolo rifiuto. Questa prospettiva a lungo termine ti permette di affrontare il rifiuto con maggiore calma e ottimismo, sapendo che ci saranno sempre altre occasioni e nuove persone da incontrare.

Infine, gestire il rifiuto con eleganza significa anche mantenere aperta la porta alle possibilità future. Il rifiuto non è necessariamente una chiusura definitiva; in molte situazioni, può rappresentare solo una deviazione temporanea. Essere in grado di affrontare il rifiuto senza risentimento o rabbia ti permette di mantenere relazioni positive e di restare aperto a nuove opportunità che potrebbero presentarsi lungo il cammino. L'abilità di lasciare andare il rifiuto con grazia, senza rimuginare o attaccarti emotivamente, ti prepara a esplorare con serenità altre possibilità che la vita ha da offrire.

In definitiva, affrontare il rifiuto con maturità non significa semplicemente superare una delusione, ma acquisire una capacità di vedere le cose in prospettiva, di crescere attraverso le difficoltà e di coltivare la resilienza. Significa imparare a rispettare i sentimenti degli altri e i propri, trattarsi con gentilezza e usare ogni esperienza come una lezione per diventare una persona più forte, equilibrata e consapevole. Il rifiuto, in questo contesto, non è un limite, ma una tappa naturale del viaggio verso una maggiore consapevolezza di sé e verso relazioni più autentiche e significative.

13. Il valore dell'ascolto attivo: Come dimostrare interesse genuino prestando attenzione.

Il valore dell'ascolto attivo è uno degli aspetti fondamentali per costruire relazioni significative e autentiche, che siano di natura romantica, amicale o professionale. L'ascolto attivo non riguarda semplicemente il sentire ciò che l'altra persona sta dicendo, ma consiste nel prestare attenzione in modo consapevole, mostrando un interesse genuino per ciò che viene comunicato, sia a livello verbale che non verbale. Questa capacità è spesso sottovalutata, ma rappresenta una delle qualità più apprezzate nelle interazioni umane perché trasmette all'interlocutore un messaggio chiaro: "Sono qui per te, ti sto ascoltando, ti capisco".

Quando si parla di ascolto attivo, la differenza principale rispetto all'ascolto passivo risiede nella partecipazione consapevole all'interazione. L'ascolto passivo si limita a registrare le parole dell'altro, senza necessariamente interpretarne il significato o mostrare un coinvolgimento emotivo. L'ascolto attivo, invece, va oltre le parole, coinvolgendo tutto il proprio essere nell'interazione. È un processo in cui non solo le orecchie sono impegnate, ma anche gli occhi, il corpo e la mente. Prestare attenzione al tono di voce, alle espressioni facciali, ai gesti e al linguaggio del corpo è fondamentale per comprendere appieno ciò che l'altra persona sta cercando di trasmettere. Questo tipo di ascolto crea uno spazio di connessione, dove chi parla si sente realmente accolto e compreso.

Uno degli strumenti più potenti dell'ascolto attivo è il contatto visivo. Mantenere un contatto visivo stabile e rilassato è un segnale forte che dimostra attenzione e rispetto. Quando guardi l'altra persona negli occhi mentre parla, le stai trasmettendo che sei completamente presente e che ciò che sta dicendo ha importanza per te. Tuttavia, il contatto visivo deve essere equilibrato: un eccesso potrebbe sembrare invadente o forzato, mentre evitarlo può far percepire disinteresse. Il giusto equilibrio nel contatto visivo dipende dal contesto e dalla relazione, ma in generale, mantenere un'attenzione costante, senza distrarsi, crea un'atmosfera di coinvolgimento.

Un altro elemento cruciale nell'ascolto attivo è la capacità di fare domande appropriate. Non si tratta solo di ascoltare passivamente ciò che l'altra persona dice, ma di interagire in modo che la conversazione fluisca in modo naturale e reciproco. Fare domande pertinenti non solo dimostra che stai ascoltando attentamente, ma permette anche di approfondire l'argomento e di dimostrare che hai un reale interesse a conoscere meglio ciò che l'interlocutore sta esprimendo. Le domande aperte, ad esempio, invitano l'altra persona a esplorare più a fondo i suoi pensieri e sentimenti, mentre le domande di chiarimento aiutano a evitare incomprensioni e a mostrare che stai cercando di capire esattamente ciò che l'altro intende dire. Questo approccio non solo arricchisce la conversazione, ma rafforza il legame tra le persone, perché l'altra parte si sente ascoltata e apprezzata.

L'ascolto attivo, inoltre, richiede una sospensione del giudizio. Molto spesso, quando ascoltiamo qualcuno, tendiamo a valutare mentalmente ciò che viene detto, formulando giudizi o preparando risposte mentre l'altra persona parla. Questo atteggiamento può creare una barriera nella comunicazione, poiché si rischia di perdere il filo del discorso o di interrompere il flusso emotivo dell'altra persona. Sospendere il giudizio significa ascoltare senza pregiudizi, dando all'interlocutore la libertà di esprimersi completamente, senza la paura di essere criticato o frainteso. Solo quando si crea questo tipo di spazio libero, l'altra persona può sentirsi veramente ascoltata. L'ascolto attivo si basa su una curiosità genuina verso l'altro e sulla volontà di comprendere il suo punto di vista senza necessariamente approvarlo o giudicarlo.

Uno degli aspetti più potenti dell'ascolto attivo è la capacità di usare il silenzio in modo strategico. Spesso si pensa che una conversazione debba essere un flusso continuo di parole, ma il silenzio ha un valore intrinseco nell'ascolto attivo. Pausare tra un commento e l'altro permette all'altra persona di riflettere, di elaborare meglio ciò che sta dicendo e di aggiungere ulteriori dettagli al suo discorso. Il silenzio, quindi, non è vuoto, ma uno spazio che facilita la riflessione e la comprensione. Essere a proprio agio con il silenzio durante una conversazione dimostra anche sicurezza e rispetto per i tempi dell'altra persona, e offre l'opportunità di approfondire la connessione emotiva.

Oltre a prestare attenzione alle parole, l'ascolto attivo coinvolge anche la decodifica del linguaggio non verbale. Le espressioni facciali, il tono della voce, i gesti e la postura raccontano molto più di quanto non dicano le parole. Ad esempio, una persona potrebbe dire che sta bene, ma se il suo corpo è teso, il tono è basso e le espressioni facciali indicano il contrario, l'ascoltatore attento capirà che c'è qualcosa che non va. Prestare attenzione a questi segnali non verbali permette di rispondere in modo più empatico e di offrire supporto in maniera appropriata, migliorando la qualità dell'interazione e creando un clima di fiducia e intimità. Spesso, è attraverso questi segnali che si riesce a comprendere ciò che non viene detto apertamente.

L'ascolto attivo richiede anche di evitare interruzioni. Spesso, soprattutto nelle conversazioni animate, c'è la tendenza a voler rispondere subito o a dire la propria opinione prima che l'altra persona abbia terminato di esprimersi. Questo non solo interrompe il flusso del discorso, ma dà l'impressione che non si stia ascoltando con attenzione. Lasciare che l'altra persona completi il proprio pensiero senza interrompere dimostra rispetto e pazienza, e permette a chi parla di esprimersi in modo completo, senza sentirsi affrettato o sopraffatto. Questa capacità di ascoltare senza interruzioni è una delle caratteristiche più apprezzate nelle relazioni interpersonali, poiché fa sentire l'altra persona veramente compresa.

Un altro elemento essenziale è il feedback positivo durante la conversazione. Annuisci leggermente, fai piccoli suoni di approvazione o usa espressioni facciali che dimostrano che stai seguendo il discorso. Questi segnali non verbali sono importanti perché dimostrano che sei attivamente coinvolto e che stai seguendo ciò che viene detto. Il feedback non deve essere invadente o interrompere la conversazione, ma servire come conferma che stai ascoltando. Inoltre, riflettere ciò che è stato detto – ad esempio parafrasando una frase o riassumendo un concetto – è un ottimo modo per dimostrare che hai compreso correttamente il messaggio. Questo tipo di feedback non solo arricchisce la conversazione, ma rafforza la fiducia e il legame tra le persone, poiché fa sentire l'altro riconosciuto e compreso.

Infine, uno dei vantaggi più importanti dell'ascolto attivo è che favorisce una comunicazione empatica. Quando ascolti veramente, non solo assorbi informazioni, ma ti sintonizzi con le emozioni dell'altra persona, creando un legame più profondo e autentico. L'empatia che si sviluppa attraverso l'ascolto attivo è un ponte verso una comprensione più profonda dei bisogni e dei sentimenti altrui, e questo migliora la qualità delle relazioni in modo significativo. Essere in grado di ascoltare con empatia crea una connessione che va oltre le parole e dimostra che sei una persona su cui si può contare, che comprende e accoglie l'altro senza riserve.

In sintesi, l'ascolto attivo non è solo un'abilità comunicativa, ma una forma di rispetto e di cura verso l'altra persona. Quando dimostri interesse genuino e presti attenzione, trasmetti un messaggio potente: che l'altro è importante, che ciò che dice e prova conta, e che sei presente, non solo fisicamente ma anche emotivamente. L'ascolto attivo, quindi, diventa una pratica di connessione umana che arricchisce profondamente tutte le relazioni.

Il valore dell'ascolto attivo è un elemento fondamentale nelle interazioni umane, in quanto rappresenta la base su cui si costruiscono connessioni autentiche e significative. Ascoltare attivamente significa essere completamente presenti durante una conversazione, non solo prestando attenzione alle parole pronunciate, ma anche ai segnali non verbali, alle emozioni sottostanti e alle intenzioni nascoste. L'ascolto attivo è un'arte che richiede pratica e consapevolezza, poiché implica non solo la capacità di comprendere il messaggio dell'altra persona, ma anche di dimostrare che tale messaggio è stato compreso e accolto con genuino interesse.

Quando ci impegniamo in una conversazione, spesso siamo tentati di focalizzarci su ciò che vogliamo dire dopo, sul modo in cui possiamo contribuire o sulle risposte che riteniamo più adatte. Questo comportamento può trasformare l'ascolto in un'attività passiva, dove la nostra mente è altrove mentre l'altra persona sta parlando. Invece, l'ascolto attivo richiede di sospendere temporaneamente il desiderio di parlare, permettendo all'altra persona di esprimersi pienamente senza interruzioni. È un atto di generosità, in cui ci mettiamo da parte per fare spazio all'altro, offrendo non solo le nostre orecchie ma anche la nostra attenzione e comprensione. Essere capaci di ascoltare in questo modo invia un messaggio chiaro: ciò che l'altra persona ha da dire è importante, e siamo disposti a dedicare tempo e impegno per capirlo fino in fondo.

L'ascolto attivo è strettamente legato all'empatia. Quando ascoltiamo con attenzione, stiamo anche cercando di entrare in sintonia con le emozioni dell'altra persona. Non si tratta solo di capire le parole che stanno dicendo, ma di cercare di comprendere come si sentono e perché. Questa comprensione emotiva è ciò che distingue l'ascolto attivo dall'ascolto superficiale. L'empatia ci permette di riconoscere i sentimenti nascosti dietro le parole, e ci consente di rispondere in modo più sensibile e adeguato. Ad esempio, se una persona ci sta parlando di una situazione stressante, un buon ascoltatore non solo prenderà nota dei fatti, ma riconoscerà anche l'ansia, la frustrazione o la preoccupazione che accompagna quelle parole. Rispondere a queste emozioni, piuttosto che solo al contenuto verbale, crea una connessione più profonda e dimostra che stiamo ascoltando con il cuore, non solo con la mente.

Uno degli aspetti più importanti dell'ascolto attivo è la capacità di sospendere il giudizio. Spesso, quando ascoltiamo qualcuno, siamo tentati di formulare giudizi rapidi o di cercare soluzioni immediate ai problemi che ci vengono presentati. Tuttavia, l'ascolto attivo richiede di mettere da parte queste reazioni automatiche e di accogliere ciò che l'altra persona sta dicendo senza filtrarlo attraverso i nostri preconcetti. Questo approccio è cruciale perché permette all'altra persona di sentirsi veramente ascoltata, senza temere di essere giudicata o criticata. Quando sospendiamo il giudizio, creiamo uno spazio sicuro in cui l'altra persona può esprimersi liberamente, sapendo che verrà accolta con apertura e rispetto. Questo tipo di ascolto è particolarmente utile nelle situazioni in cui l'altra persona sta affrontando difficoltà personali o emozionali, poiché offre conforto e comprensione senza imporre soluzioni o interpretazioni affrettate.

Un altro elemento cruciale dell'ascolto attivo è la capacità di prestare attenzione ai dettagli. Le conversazioni spesso contengono indizi sottili che rivelano molto di più di quanto venga detto apertamente. Ad esempio, il tono di voce, il ritmo del discorso e persino le pause possono dare informazioni preziose sullo stato emotivo dell'altra persona. Ascoltare attentamente significa notare questi dettagli e usarli per guidare la nostra risposta in modo più accurato e sensibile. Se qualcuno sta parlando lentamente o con esitazione, potrebbe significare che sta lottando per esprimere qualcosa di difficile, e in questo caso è utile offrire spazio e pazienza piuttosto che interrompere o cercare di accelerare la conversazione. Al contrario, un tono vivace e rapido potrebbe indicare entusiasmo o urgenza, il che richiede una risposta più dinamica. L'abilità di decifrare questi segnali non verbali è parte integrante dell'ascolto attivo, poiché dimostra che stiamo veramente captando l'intero messaggio, non solo le parole.

L'ascolto attivo non è solo un atto di attenzione verso l'altro, ma anche un modo per migliorare la qualità delle nostre relazioni. Quando pratichiamo l'ascolto attivo, stiamo comunicando che apprezziamo l'altra persona e che diamo importanza al suo punto di vista. Questo rafforza la fiducia e crea un legame più solido, poiché l'altra persona si sente valorizzata e rispettata. Nel lungo termine, l'ascolto attivo contribuisce a creare relazioni basate sulla reciproca comprensione e sul rispetto, poiché dimostra che siamo disposti a impegnarci per capire veramente chi abbiamo di fronte. In questo senso, l'ascolto attivo diventa uno strumento essenziale per costruire relazioni autentiche e durature, in cui entrambe le parti si sentono libere di esprimersi e di essere se stesse.

Un altro aspetto importante dell'ascolto attivo è la sua capacità di prevenire incomprensioni e conflitti. Spesso i malintesi sorgono non tanto perché le persone non si spiegano bene, ma perché non vengono ascoltate attentamente. Quando non ascoltiamo davvero, tendiamo a fare supposizioni o a interpretare le parole dell'altra persona in base alle nostre aspettative o esperienze. Questo può portare a fraintendimenti che potrebbero essere facilmente evitati se avessimo prestato maggiore attenzione. L'ascolto attivo aiuta a chiarire il messaggio dell'altra persona, facendo domande di approfondimento o riassumendo ciò che abbiamo compreso per confermare che abbiamo interpretato correttamente. Questo processo di chiarimento non solo evita malintesi, ma dimostra anche all'altra persona che il nostro obiettivo è capirla realmente, piuttosto che rispondere solo superficialmente. In questo modo, l'ascolto attivo diventa uno strumento prezioso per risolvere i conflitti e mantenere la comunicazione aperta e sincera.

L'ascolto attivo ha anche un impatto profondo sulla qualità dell'interazione. Quando una persona si sente ascoltata veramente, il suo livello di coinvolgimento nella conversazione aumenta. Si sente più incoraggiata a condividere, a essere vulnerabile e a esprimere ciò che prova senza paura di essere fraintesa o ignorata. Questo tipo di apertura favorisce un dialogo più profondo e significativo, poiché si basa su un livello di fiducia che cresce con ogni scambio. L'ascolto attivo, quindi, crea un ciclo positivo: più l'altra persona si sente ascoltata, più sarà disposta a condividere, e più l'interazione diventa arricchente per entrambe le parti. Questo tipo di comunicazione profonda è fondamentale nelle relazioni strette, poiché permette di costruire una base solida di fiducia e comprensione reciproca.

Infine, l'ascolto attivo ha un effetto trasformativo non solo sulle relazioni, ma anche su noi stessi. Quando ascoltiamo veramente, ci apriamo a nuove prospettive e idee che potrebbero non essere emerse se avessimo semplicemente ascoltato passivamente. L'ascolto attivo ci spinge a uscire dalla nostra zona di comfort, a esplorare le esperienze e i punti di vista degli altri e a imparare da ciò che sentiamo. In questo senso, l'ascolto attivo diventa una pratica di crescita personale, che ci rende più consapevoli e più empatici verso gli altri. Man mano che affiniano questa abilità, scopriamo che il nostro modo di comunicare e interagire cambia, diventando più profondo e più ricco di significato.

L'ascolto attivo, in definitiva, è molto più di una semplice tecnica di comunicazione: è un modo di essere presenti per l'altro e di dimostrare interesse e cura autentici. Quando ci impegniamo nell'ascolto attivo, stiamo contribuendo a costruire una connessione che va oltre le parole, una connessione che si fonda sulla comprensione reciproca e sull'accettazione. Questa pratica arricchisce le nostre relazioni, rendendole più forti, più significative e più soddisfacenti.

L'ascolto attivo è una delle forme più profonde di comunicazione e rappresenta molto di più che il semplice atto di ascoltare le parole pronunciate da un interlocutore. Va oltre il contesto verbale, richiedendo la piena partecipazione della mente, del corpo e dello spirito in ogni momento dell'interazione. È un processo consapevole che permette non solo di assorbire il messaggio che l'altra persona vuole trasmettere, ma anche di comprenderlo a un livello emotivo e psicologico. Questo tipo di ascolto trasforma una conversazione ordinaria in un'esperienza di connessione autentica, in cui entrambe le persone coinvolte si sentono capite e apprezzate. Tuttavia, l'ascolto attivo non è sempre facile da praticare, poiché richiede un grande impegno nel mantenere l'attenzione, il rispetto e la curiosità nei confronti dell'altro.

Una delle caratteristiche principali dell'ascolto attivo è la capacità di essere totalmente presenti nell'interazione. In un mondo sempre più frenetico e pieno di distrazioni, essere veramente presenti durante una conversazione è diventato quasi raro. Spesso, mentre l'altra persona parla, ci troviamo a pensare ad altro: al nostro lavoro, ai nostri impegni, o persino a cosa diremo noi dopo. Questo tipo di ascolto "parziale" non permette di cogliere completamente il messaggio dell'altro e può trasmettere una sensazione di disinteresse. Al contrario, l'ascolto attivo richiede di mettere da parte tutte queste distrazioni e di concentrarsi completamente su chi abbiamo di fronte. È un esercizio di mindfulness, in cui si diventa consapevoli non solo delle parole dell'altro, ma anche delle sue espressioni facciali, del tono di voce, delle pause, dei silenzi e di tutti quei piccoli segnali che, insieme, compongono il messaggio nella sua interezza.

Questo livello di presenza implica anche il controllo delle proprie reazioni. Spesso, durante una conversazione, potremmo sentirci tentati di interrompere, di esprimere subito la nostra opinione o di rispondere a ciò che è stato detto senza aver veramente ascoltato. In questi casi, il nostro impulso a partecipare alla conversazione può impedirci di ascoltare con attenzione, perché la nostra mente è già focalizzata sulla risposta che vogliamo dare. L'ascolto attivo, al contrario, richiede pazienza e autocontrollo. Permette all'altra persona di esprimersi completamente prima di intervenire, e ci aiuta a sospendere il desiderio di avere l'ultima parola o di correggere l'altro. Questa sospensione non significa rinunciare a esprimere le proprie opinioni, ma piuttosto ritardarle fino a quando non si è certi di aver capito veramente ciò che l'altra persona sta cercando di comunicare.

Un aspetto centrale dell'ascolto attivo è il riconoscimento dell'importanza del linguaggio del corpo. Spesso si pensa che la comunicazione sia fatta principalmente di parole, ma in realtà gran parte del messaggio viene trasmesso attraverso i segnali non verbali: il modo in cui una persona si muove, come si siede, i suoi gesti e persino il ritmo della sua respirazione. Un buon ascoltatore è attento a tutti questi segnali, perché spesso rivelano più di quanto le parole non dicano esplicitamente. Per esempio, una persona che incrocia le braccia o guarda spesso altrove potrebbe essere a disagio o nervosa, anche se le sue parole sembrano indicare il contrario. L'ascolto attivo, quindi, richiede un'attenzione costante a questi segnali, che vanno decodificati per comprendere appieno lo stato d'animo dell'interlocutore. Questa capacità di leggere il linguaggio del corpo arricchisce l'interazione e permette di rispondere in modo più empatico e adeguato alle emozioni dell'altro.

Un altro elemento essenziale dell'ascolto attivo è la capacità di dare feedback, ma farlo in modo che non interrompa il flusso della conversazione. Dare feedback non significa necessariamente esprimere giudizi o opinioni, ma può essere un semplice segnale che dimostri all'altra persona che stai seguendo e comprendendo ciò che sta dicendo. Annuire, fare brevi commenti come "capisco" o "hai ragione" o semplicemente mantenere un'espressione attenta sono modi per incoraggiare l'interlocutore a continuare. Questi piccoli segnali non solo dimostrano che sei coinvolto, ma aiutano anche a creare un ambiente in cui l'altra persona si sente a proprio agio nell'aprirsi e nell'esprimere i propri pensieri senza paura di essere interrotta o fraintesa. Inoltre, parafrasare o riassumere ciò che l'altra persona ha detto è un modo efficace per dimostrare che hai compreso il messaggio e per chiarire eventuali ambiguità. Questo tipo di feedback attivo rafforza la comunicazione e costruisce fiducia tra le persone coinvolte nella conversazione.

Un altro aspetto rilevante dell'ascolto attivo è che promuove una connessione emotiva più profonda. Quando una persona si sente veramente ascoltata, si sente anche valorizzata e rispettata. Questo crea un legame emotivo che va oltre la semplice condivisione di informazioni. L'ascolto attivo permette all'interlocutore di sentirsi accettato e compreso a un livello più profondo, perché sa che il suo messaggio è stato accolto non solo intellettualmente, ma anche emotivamente. Questa connessione è particolarmente importante nelle relazioni personali e intime, dove il supporto emotivo e la comprensione reciproca giocano un ruolo cruciale nel mantenere una relazione sana e soddisfacente. L'ascolto attivo diventa quindi un veicolo per costruire fiducia e intimità, perché mostra che sei disposto a investire tempo ed energia per comprendere veramente l'altra persona.

L'ascolto attivo ha anche un effetto calmante sulle persone che si trovano in uno stato emotivo difficile. Spesso, quando una persona è stressata, arrabbiata o triste, ciò di cui ha più bisogno non è tanto una soluzione immediata al suo problema, ma qualcuno che la ascolti e comprenda il suo stato d'animo. In queste situazioni, l'ascolto attivo funge da valvola di sfogo, permettendo alla persona di esprimere le sue emozioni in un ambiente sicuro e privo di giudizio. Sapere che qualcuno è disposto a dedicare tempo e attenzione per ascoltare veramente può essere incredibilmente rassicurante e può aiutare a ridurre lo stress emotivo. L'ascolto attivo, quindi, ha anche un potere terapeutico, poiché permette alle persone di elaborare le proprie emozioni e di sentirsi meno sole nelle loro difficoltà.

Oltre a migliorare la qualità delle relazioni personali, l'ascolto attivo è estremamente utile anche nel contesto professionale. In molte situazioni lavorative, la capacità di ascoltare attentamente può fare la differenza tra una comunicazione efficace e una serie di malintesi. Un leader che pratica l'ascolto attivo non solo crea un ambiente di lavoro più collaborativo e positivo, ma dimostra anche di essere aperto alle idee e ai contributi degli altri. Questo aumenta il morale del team e favorisce una cultura aziendale basata sulla fiducia e sul rispetto reciproco. Inoltre, l'ascolto attivo è una competenza cruciale per risolvere i conflitti, poiché permette di comprendere appieno le preoccupazioni e i punti di vista di tutte le parti coinvolte, facilitando la ricerca di soluzioni condivise.

Un altro vantaggio dell'ascolto attivo è che aiuta a sviluppare una maggiore empatia e comprensione verso le persone con cui interagiamo. Ascoltare davvero qualcuno ci permette di vedere il mondo dalla sua prospettiva, di comprendere meglio le sue esperienze e le sue emozioni. Questo tipo di comprensione empatica non solo arricchisce le relazioni interpersonali, ma ci rende anche più consapevoli della complessità e della diversità dell'esperienza umana. L'ascolto attivo ci sfida a mettere da parte i nostri pregiudizi e a guardare le cose con occhi nuovi, permettendoci di entrare in contatto con l'umanità dell'altra persona in un modo più autentico e profondo.

Infine, l'ascolto attivo è una forma di comunicazione che richiede pratica e dedizione. Non è una competenza che si sviluppa automaticamente, ma richiede uno sforzo consapevole per migliorare. Tuttavia, i benefici che derivano dall'ascolto attivo sono incommensurabili: migliora la qualità delle relazioni, riduce i conflitti, aumenta la fiducia e la comprensione reciproca e, soprattutto, permette di costruire connessioni più autentiche e significative con le persone che ci circondano. Quando pratichiamo l'ascolto attivo, stiamo investendo nelle nostre relazioni e stiamo mostrando rispetto e attenzione verso gli altri, elementi fondamentali per una comunicazione sana e costruttiva.

L'ascolto attivo è una delle forme più potenti di connessione interpersonale, che spesso passa inosservata o viene data per scontata nella vita quotidiana. Tuttavia, quando veramente praticato, ha il potenziale di trasformare completamente il modo in cui le persone interagiscono, comunicano e comprendono l'una il punto di vista dell'altra. A livello più superficiale, l'ascolto attivo sembra semplice: prestare attenzione a chi parla e rispondere in modo appropriato. Ma, al di sotto di questa superficie, c'è un intero mondo di complessità che rende l'ascolto attivo una delle abilità più preziose che una persona possa sviluppare, in particolare in contesti relazionali e professionali.

Uno degli aspetti più fondamentali dell'ascolto attivo è l'idea di essere pienamente presenti per l'altra persona. In molte conversazioni, ci troviamo fisicamente presenti ma mentalmente distanti. Forse pensiamo a cosa diremo dopo, oppure riflettiamo su qualcos'altro, come i nostri impegni quotidiani. Questo tipo di distrazione riduce la qualità dell'interazione, perché l'altra persona può percepire, anche inconsciamente, che non siamo veramente connessi a ciò che sta dicendo. L'ascolto attivo implica la capacità di bloccare tutto ciò che non riguarda il momento presente, immergendosi completamente in ciò che l'altra persona sta comunicando, senza pregiudizi o distrazioni. Questo tipo di attenzione dedicata è raro e spesso sorprende positivamente chi la riceve, poiché mostra rispetto e interesse genuino. Essere presenti, dunque, è il primo passo per creare un terreno fertile per una comunicazione autentica e reciproca.

Un altro aspetto importante dell'ascolto attivo è che coinvolge molto più della semplice percezione delle parole. Si tratta di cogliere tutto il contesto: il tono di voce, il ritmo della conversazione, le pause, e, soprattutto, il linguaggio del corpo. Le persone comunicano moltissimo anche senza parlare, e spesso ciò che non viene detto esplicitamente ha un'importanza uguale, se non maggiore, rispetto alle parole pronunciate. Ad esempio, qualcuno potrebbe dire "Sto bene" con un tono che tradisce preoccupazione, oppure potrebbe sorridere mentre dice qualcosa di triste. In questi casi, un ascoltatore attento non si ferma al significato letterale delle parole, ma cerca di capire ciò che l'altra persona potrebbe realmente sentire o pensare. Decifrare questi segnali non verbali richiede empatia e sensibilità, e questa è una delle capacità più sofisticate dell'ascolto attivo.

Un'altra dimensione dell'ascolto attivo riguarda l'aspetto dell'accettazione. Molto spesso, durante una conversazione, ci si sente tentati di giudicare ciò che l'altro sta dicendo o di intervenire con suggerimenti o critiche. Tuttavia, l'ascolto attivo implica la capacità di mettere da parte il proprio giudizio, accettando ciò che l'altra persona sta dicendo senza filtrarlo attraverso le proprie opinioni personali. L'ascolto in questo modo offre uno spazio sicuro in cui l'altra persona può esprimersi liberamente, senza paura di essere interrotta o di non essere capita. Questo approccio non significa che bisogna sempre essere d'accordo con ciò che l'altro dice, ma piuttosto che si è disposti a comprendere il suo punto di vista e le sue emozioni prima di formulare risposte o giudizi. L'accettazione genera un senso di fiducia e intimità che rafforza il legame tra le persone e permette di costruire relazioni più solide.

Un altro aspetto che rende l'ascolto attivo così potente è la capacità di fare domande che invitano l'altra persona ad approfondire ciò che sta dicendo. Le domande aperte, che invitano a spiegare meglio o a fornire ulteriori dettagli, dimostrano che stai prestando attenzione e che ti interessa davvero capire a fondo il messaggio dell'altro. Ad esempio, invece di una domanda chiusa come "Ti senti triste?", una domanda aperta come "Cosa ti ha fatto sentire così?" invita l'altra persona a esplorare le proprie emozioni e a condividere qualcosa di più intimo. Queste domande aprono nuovi spazi di dialogo e permettono di creare una conversazione più profonda, arricchendo l'interazione. Non solo ciò aiuta l'altra persona a sentirsi compresa, ma le permette anche di riflettere su se stessa e sui propri sentimenti, spesso portando a nuove intuizioni personali.

Anche il silenzio ha un ruolo cruciale nell'ascolto attivo. Molte persone tendono a riempire ogni spazio vuoto con parole, temendo che il silenzio possa essere percepito come imbarazzo o disinteresse. Tuttavia, l'ascolto attivo ci insegna che i momenti di silenzio possono essere estremamente preziosi. Essi offrono all'altra persona il tempo di riflettere su ciò che ha appena detto e di elaborare i propri pensieri, permettendo una conversazione più significativa. Il silenzio può essere un invito tacito a continuare, a esplorare più a fondo le proprie emozioni o semplicemente a prendere un respiro prima di procedere. Per l'ascoltatore, imparare a essere a proprio agio con il silenzio è una forma di rispetto, poiché dimostra che non c'è fretta di intervenire o di interrompere il flusso naturale della conversazione.

Inoltre, un altro importante aspetto dell'ascolto attivo è il feedback. Questo può assumere molte forme, dall'annuire con la testa per indicare comprensione, fino a riassumere brevemente ciò che l'altra persona ha detto per confermare di aver compreso correttamente il messaggio. Offrire feedback non solo dimostra che stai seguendo con attenzione, ma dà anche all'altra persona l'opportunità di correggere eventuali malintesi o di espandere il proprio discorso. Il feedback rafforza l'idea che la conversazione è un dialogo reciproco, non un monologo unilaterale, e costruisce fiducia tra le persone. Ad esempio, se una persona dice "Oggi è stata una giornata difficile", un feedback utile potrebbe essere "Capisco, sembra che tu abbia affrontato molte sfide oggi. Vuoi parlarne di più?". Questo tipo di risposta non solo mostra che hai ascoltato, ma incoraggia anche l'altra persona a sentirsi supportata e accolta.

Un ulteriore vantaggio dell'ascolto attivo è che permette di ridurre i conflitti e le incomprensioni. In molte situazioni, i conflitti nascono perché le persone non si ascoltano davvero, ma si concentrano su ciò che vogliono dire o su come difendere la propria posizione. L'ascolto attivo, invece, sposta l'attenzione sul tentativo di comprendere l'altro, rendendo più facile trovare un terreno comune o risolvere le divergenze. Quando una persona sente di essere stata veramente ascoltata, è più incline a essere aperta e collaborativa nella risoluzione dei problemi, riducendo la tensione e promuovendo un dialogo costruttivo. In questo senso, l'ascolto attivo non solo migliora le relazioni interpersonali, ma diventa uno strumento per affrontare i disaccordi in modo più produttivo e rispettoso.

Infine, uno degli effetti più profondi dell'ascolto attivo è che permette di costruire legami più autentici e duraturi. In un mondo in cui le persone sono spesso sovraccaricate da informazioni, stress e distrazioni, sentirsi veramente ascoltati è un'esperienza rara e preziosa. Quando pratichiamo l'ascolto attivo, offriamo all'altra persona un dono: il tempo, l'attenzione e l'empatia. Questo non solo migliora la qualità della comunicazione, ma crea uno spazio sicuro in cui l'altro può sentirsi libero di esprimersi senza timori. Con il tempo, l'ascolto attivo rafforza i rapporti, perché dimostra che ci importa veramente di ciò che l'altra persona ha da dire, e questo, a sua volta, fa crescere la fiducia e l'intimità.

In definitiva, l'ascolto attivo non è solo una tecnica di comunicazione, ma una forma di rispetto e di cura per l'altro. Significa essere presenti, mettere da parte i propri pensieri e giudizi e dedicarsi completamente all'esperienza dell'ascolto. È una pratica che richiede pazienza e consapevolezza, ma i benefici che ne derivano – relazioni più forti, una comprensione più profonda e una maggiore connessione – sono inestimabili.

In conclusione, l'ascolto attivo è una delle abilità più potenti e trasformative che possiamo sviluppare, sia nelle relazioni personali che in quelle professionali. È molto più di una semplice tecnica di comunicazione: rappresenta un impegno consapevole verso l'altra persona, un modo di dimostrare rispetto, empatia e interesse genuino. Quando ascoltiamo attivamente, andiamo oltre le parole pronunciate, prestando attenzione ai segnali non verbali, al tono di voce, alle pause, e ai sentimenti che emergono dietro il discorso. Questo tipo di ascolto permette di comprendere veramente l'altro, non solo dal punto di vista razionale ma anche emotivo, creando uno spazio sicuro in cui chi parla si sente accettato, compreso e supportato.

L'ascolto attivo ha un impatto profondo sulla qualità delle nostre relazioni. Quando una persona si sente ascoltata veramente, prova un senso di valore e di riconoscimento che rafforza il legame tra lei e l'ascoltatore. Ciò costruisce fiducia, e la fiducia è alla base di qualsiasi relazione solida, sia che si tratti di rapporti personali o professionali. Una delle caratteristiche principali delle relazioni di successo è la capacità di capirsi reciprocamente, e l'ascolto attivo è il ponte che collega le persone su questo piano profondo di comprensione. La qualità di una relazione non dipende tanto dalla quantità di conversazioni, ma dalla profondità e dall'autenticità con cui queste conversazioni vengono vissute, e l'ascolto attivo è ciò che dà vita a questa profondità.

Inoltre, praticare l'ascolto attivo richiede di mettere da parte il proprio ego e il desiderio di avere ragione o di essere il centro dell'attenzione. Implica la disponibilità a cedere spazio all'altra persona, permettendole di esprimersi completamente prima di intervenire. Questo processo rafforza la pazienza e il controllo delle proprie emozioni, due qualità fondamentali per una comunicazione efficace. Molto spesso, siamo tentati di interrompere, correggere o rispondere subito durante una conversazione, ma l'ascolto attivo ci insegna a rallentare, ad essere presenti e a lasciare che l'altro concluda i suoi pensieri. Questa capacità di ascoltare con attenzione e senza fretta non solo migliora la qualità del dialogo, ma riduce anche la possibilità di incomprensioni e conflitti.

Un altro aspetto essenziale dell'ascolto attivo è la capacità di creare empatia. Quando ascoltiamo veramente, ci mettiamo nei panni dell'altra persona, cercando di comprendere il suo punto di vista e le sue emozioni. Questo tipo di empatia non solo arricchisce il dialogo, ma crea un senso di connessione profonda che fa sentire l'altra persona compresa e valorizzata. L'ascolto attivo diventa, quindi, uno strumento per costruire relazioni più empatiche, basate su un mutuo rispetto e una comprensione reciproca che rafforza la fiducia. Questa empatia, a sua volta, aiuta a risolvere i conflitti in modo più efficace, perché ci permette di riconoscere e comprendere le esigenze e i sentimenti dell'altra persona, facilitando la ricerca di soluzioni condivise.

L'ascolto attivo offre anche un'opportunità di crescita personale. Praticare questa abilità ci rende persone più consapevoli e presenti, sviluppando in noi una maggiore sensibilità verso gli altri. Ascoltare in modo profondo ci aiuta a diventare più riflessivi e meno reattivi, migliorando il nostro equilibrio emotivo e la nostra capacità di relazionarci agli altri in modo più costruttivo. Ogni volta che ascoltiamo attivamente, stiamo migliorando non solo la qualità delle nostre relazioni, ma anche la nostra capacità di comprendere meglio noi stessi, poiché impariamo a riconoscere e gestire le nostre reazioni emotive in modo più efficace.

Un altro beneficio fondamentale dell'ascolto attivo è la sua capacità di creare un senso di appartenenza e di comunità. Quando le persone si sentono ascoltate e capite, sviluppano un senso di connessione che va oltre la semplice interazione. Si sentono parte di qualcosa di più grande, che sia una relazione intima, un gruppo di amici o una squadra professionale. Questo senso di appartenenza favorisce un ambiente più collaborativo, dove le persone si sentono motivate a condividere idee, emozioni e contributi, sapendo che verranno accolte e rispettate. In questo modo, l'ascolto attivo diventa una forza che non solo migliora la qualità delle relazioni individuali, ma arricchisce l'intero tessuto sociale di cui facciamo parte.

In definitiva, l'ascolto attivo non è semplicemente un modo per migliorare le nostre interazioni quotidiane, ma è una pratica di cura e di rispetto verso l'altro. È un'arte che, quando perfezionata, ci permette di entrare in una dimensione più profonda della comunicazione, dove le parole diventano solo una parte di un messaggio più ampio e complesso. Imparare ad ascoltare attivamente richiede tempo e pratica, ma i benefici che ne derivano – maggiore empatia, relazioni più forti, e una comprensione più profonda del mondo e delle persone intorno a noi – sono inestimabili. Attraverso l'ascolto attivo, non solo miglioriamo la nostra capacità di comunicare, ma coltiviamo anche il potere di trasformare le nostre relazioni e di creare legami che arricchiscono profondamente la nostra vita e quella degli altri.

14. Come evitare cliché e frasi fatte: Essere originali e autentici nelle conversazioni.

Evitare cliché e frasi fatte è una delle sfide più importanti nel costruire conversazioni autentiche e significative. Quando ci affidiamo a espressioni standardizzate o a formule convenzionali, rischiamo di far sembrare le nostre interazioni superficiali o meccaniche, e questo può ostacolare la creazione di una connessione genuina con l'interlocutore. L'uso eccessivo di frasi fatte può dare l'impressione che non stiamo davvero pensando a ciò che diciamo, o peggio, che non siamo sinceramente interessati alla conversazione. Essere originali e autentici nelle conversazioni richiede uno sforzo consapevole di ascolto, riflessione e spontaneità, che permette di costruire un dialogo più ricco e coinvolgente.

Uno dei motivi per cui i cliché tendono a emergere così spesso è perché offrono una sorta di "scorciatoia" comunicativa. Quando non sappiamo cosa dire o vogliamo riempire il silenzio, è facile ricorrere a frasi che abbiamo già sentito molte volte, come "tutto accade per una ragione", "il tempo guarisce tutte le ferite" o "siamo tutti sulla stessa barca". Sebbene queste frasi possano sembrare rassicuranti o appropriate, spesso non aggiungono nulla di concreto alla conversazione e possono risultare distanti o privi di empatia. Chi le riceve potrebbe sentirsi non ascoltato o come se la conversazione sia stata "chiusa" prematuramente, senza spazio per l'approfondimento. Per evitare i cliché, è importante imparare a prendere una pausa, pensare a ciò che realmente vogliamo comunicare e trovare modi più specifici e originali per esprimere i nostri pensieri e sentimenti.

L'autenticità nelle conversazioni nasce principalmente dall'ascolto attivo e dal desiderio di entrare veramente in connessione con l'altra persona. Quando ascoltiamo attentamente ciò che l'altro sta dicendo, siamo in grado di rispondere in modo più pertinente e sincero, piuttosto che fare affidamento su risposte preconfezionate. Ogni conversazione è un'opportunità unica, influenzata dalle persone coinvolte, dal contesto e dalle emozioni del momento. Per questo motivo, le risposte che risultano autentiche sono quelle che nascono dal momento specifico, non da una serie di frasi generiche che potrebbero essere applicate a qualsiasi situazione. Essere presenti e attenti ci permette di cogliere sfumature che arricchiscono la conversazione, rendendola più profonda e meno prevedibile.

Un'altra strategia per evitare i cliché è prestare attenzione al linguaggio che usiamo. Spesso, i cliché emergono perché ci affidiamo a modelli di linguaggio che abbiamo sentito ripetere molte volte, e che sembrano socialmente accettabili o sicuri. Tuttavia, questo tipo di linguaggio non stimola né il pensiero critico né l'immaginazione. Al contrario, il linguaggio autentico è caratterizzato da parole che riflettono il nostro vero pensiero e le nostre emozioni in quel momento specifico. Una frase fatta, per esempio, potrebbe essere sostituita da una riflessione personale che esprima meglio ciò che proviamo: invece di dire "Il tempo guarisce tutte le ferite", potremmo condividere un'esperienza personale su come abbiamo affrontato una situazione difficile, offrendo un contributo più significativo alla conversazione.

Essere originali nelle conversazioni implica anche essere vulnerabili. Spesso ci affidiamo ai cliché perché ci proteggono: sono frasi sicure che non richiedono di esporci troppo. Tuttavia, quando ci permettiamo di essere vulnerabili, di condividere le nostre vere emozioni e opinioni, anche se non perfettamente articolate, creiamo uno spazio di autenticità in cui l'altra persona si sente invitata a fare lo stesso. La vulnerabilità non significa essere eccessivamente emotivi o drammatici, ma semplicemente essere onesti e aperti, permettendo all'altra persona di vedere chi siamo veramente, senza maschere o frasi prefabbricate. Questa autenticità è ciò che rende una conversazione memorabile, poiché entrambi gli interlocutori si sentono liberi di esprimere ciò che è reale per loro in quel momento.

Un altro modo per evitare i cliché è esplorare la curiosità. Le conversazioni più autentiche nascono spesso da una vera curiosità per l'altra persona, per le sue esperienze, opinioni e sentimenti. Quando siamo realmente interessati a ciò che l'altro ha da dire, le nostre domande e risposte tendono a essere più originali e specifiche, perché sono dettate dall'interesse per l'unicità della persona con cui stiamo parlando. Ad esempio, invece di rispondere con un generico "Capisco" o "Già, succede a tutti", possiamo fare domande come "Cosa ti ha fatto sentire così?" o "Cosa pensi che potrebbe aiutarti in questa situazione?". Queste domande dimostrano un impegno attivo nella conversazione e mostrano che siamo davvero coinvolti nel dialogo.

Per essere autentici e originali, è utile anche prestare attenzione al modo in cui esprimiamo il nostro pensiero. Anziché limitarsi a frasi di circostanza, possiamo cercare di descrivere ciò che stiamo provando o pensando in modo più elaborato. Ad esempio, se una persona ci racconta di una difficoltà che sta attraversando, anziché dire "Mi dispiace, capisco", possiamo esprimere empatia in modo più personale: "Posso solo immaginare quanto debba essere stato difficile per te, soprattutto considerando quanto tieni a quel progetto. Spero che tu possa trovare presto una soluzione che ti dia un po' di sollievo". Questa risposta non solo evita il cliché, ma mostra che abbiamo realmente compreso la situazione e che siamo disposti a partecipare emotivamente alla conversazione.

Anche il linguaggio delle metafore e delle immagini personali può aiutare a evitare i cliché e a rendere le nostre conversazioni più originali. Utilizzare metafore o esempi che vengono direttamente dalla nostra esperienza personale può dare freschezza al nostro modo di comunicare. Ad esempio, invece di dire "La vita è fatta di alti e bassi", una frase che tutti conoscono e che potrebbe sembrare banale, possiamo usare un'immagine più specifica, come "Mi sembra un po' come cercare di navigare su un mare mosso: a volte le onde sono alte e difficili da superare, ma poi c'è sempre un momento di calma in cui ritrovi l'equilibrio". Questo tipo di immagine non solo cattura l'attenzione dell'altro, ma dimostra anche che stiamo riflettendo attivamente su ciò che stiamo dicendo, rendendo la conversazione più interessante e coinvolgente.

Infine, per essere originali e autentici, è importante essere consapevoli di noi stessi e del nostro stile di comunicazione. Ciò significa essere disposti a riflettere su come parliamo, su quali espressioni tendiamo a usare automaticamente e su come possiamo migliorare il nostro modo di comunicare. Essere consapevoli ci aiuta a evitare di cadere nei modelli ripetitivi e ci spinge a esplorare nuove forme di espressione. Ad esempio, se ci rendiamo conto che tendiamo a usare spesso determinate espressioni o frasi fatte, possiamo cercare attivamente alternative più fresche e personalizzate, che riflettano meglio il nostro pensiero e le nostre emozioni. Questo esercizio di consapevolezza non solo migliora la qualità delle nostre conversazioni, ma ci rende anche interlocutori più interessanti e autentici.

In sintesi, evitare i cliché e le frasi fatte richiede un impegno consapevole a essere presenti, a riflettere su ciò che stiamo dicendo e a cercare di costruire una comunicazione che rispecchi realmente chi siamo. Attraverso l'ascolto attivo, la curiosità, la vulnerabilità e la consapevolezza, possiamo arricchire le nostre conversazioni, rendendole più autentiche, profonde e significative. Essere originali non significa necessariamente essere brillanti o straordinari in ogni parola, ma piuttosto essere sinceri, evitare la superficialità e comunicare in modo che chi ascolta senta che le nostre parole vengono da un luogo genuino di interesse e di connessione.

Evitare i cliché e le frasi fatte richiede un approccio consapevole alla comunicazione, che si fonda su una maggiore attenzione verso ciò che si dice e su un impegno a costruire conversazioni più autentiche. Uno dei principali problemi legati ai cliché è che tendono a far sembrare le conversazioni vuote, distanti o poco sincere, perché sono espressioni che abbiamo sentito migliaia di volte e che, di conseguenza, hanno perso parte del loro significato originale. Quando ci affidiamo ai cliché, non facciamo altro che ripetere formule preconfezionate, che possono creare una barriera tra noi e l'altra persona, impedendo una connessione vera e profonda. Il primo passo per evitare i cliché è sviluppare una maggiore consapevolezza del proprio linguaggio, riconoscendo le espressioni che usiamo abitualmente e chiedendoci se esprimono davvero ciò che intendiamo dire o se sono solo una scorciatoia verbale.

Un aspetto fondamentale per allontanarsi dai cliché è imparare a personalizzare il linguaggio. Ogni persona è unica, e ogni conversazione è una nuova opportunità per creare un dialogo originale, che rifletta le esperienze, i pensieri e i sentimenti individuali. Quando ci limitiamo ai cliché, ci priviamo della possibilità di esprimere in modo autentico chi siamo, e rischiamo di appiattire le nostre interazioni. Per esempio, invece di dire qualcosa di generico come "È dura per tutti", possiamo sforzarci di entrare nel dettaglio della conversazione e offrire una risposta più personale, come "Posso immaginare quanto ti sia difficile gestire questa situazione, soprattutto considerando quanto impegno hai investito in essa". Questo tipo di risposta non solo evita il cliché, ma comunica all'altra persona che stai realmente prestando attenzione e che sei consapevole del contesto emotivo specifico in cui si trova.

Essere originali nelle conversazioni non significa semplicemente evitare le frasi fatte, ma anche essere disposti a esplorare nuove modalità espressive che rispecchiano meglio la nostra individualità. In questo senso, un modo efficace per evitare i cliché è espandere il nostro vocabolario e sviluppare una maggiore padronanza delle parole. Questo non implica necessariamente l'uso di parole complesse o elaborate, ma piuttosto la capacità di scegliere con cura i termini che utilizziamo, in modo da comunicare con precisione e autenticità. Prendere il tempo per riflettere su ciò che si vuole dire prima di rispondere è un esercizio utile: invece di affidarci alla prima espressione che ci viene in mente (spesso un cliché), possiamo cercare di formulare una risposta che aggiunga valore alla conversazione e che sia in linea con i nostri veri sentimenti.

Un altro elemento chiave per evitare i cliché è l'empatia. Spesso i cliché emergono quando cerchiamo di rispondere a situazioni difficili o emotive, ma non sappiamo bene cosa dire. In questi casi, l'istinto può portarci a usare frasi standardizzate come "Andrà tutto bene" o "Sii forte", che, sebbene benintenzionate, rischiano di suonare vuote o distanti. Per evitare questo, è utile praticare un ascolto empatico e rispondere alle emozioni dell'altra persona in modo più mirato e personale. Ad esempio, se qualcuno sta attraversando un momento difficile, invece di rispondere con un cliché rassicurante, potremmo dire qualcosa come "Mi dispiace molto che tu stia attraversando questo. Se c'è qualcosa che posso fare per aiutarti, fammelo sapere". Questa risposta, sebbene semplice, mostra che siamo veramente presenti per l'altra persona e che vogliamo offrire un supporto concreto, piuttosto che limitarci a frasi vuote.

L'autenticità nelle conversazioni richiede anche il coraggio di essere vulnerabili. I cliché spesso nascono dal desiderio di mantenere una certa distanza emotiva o di evitare di esporre i nostri sentimenti più profondi. Tuttavia, quando siamo disposti a mostrarci autenticamente e a condividere le nostre esperienze personali, apriamo la porta a conversazioni più significative. Essere vulnerabili significa ammettere che non sempre abbiamo risposte perfette o frasi di conforto ideali, ma che siamo pronti a essere onesti e aperti su ciò che proviamo. Questo tipo di comunicazione non solo evita i cliché, ma costruisce anche un legame più forte e autentico tra le persone, poiché entrambe le parti si sentono libere di esprimersi senza il filtro di formule convenzionali.

Un altro modo per essere più originali nelle conversazioni è usare metafore e immagini personali. I cliché tendono a essere formulazioni generiche che cercano di sintetizzare concetti universali, ma spesso lo fanno in modo così prevedibile da risultare banali. Utilizzare immagini o metafore che provengono dalla nostra esperienza personale o che riflettono una prospettiva unica può dare nuova vita alle nostre parole. Ad esempio, invece di dire "Non mollare", potremmo dire "A volte mi sembra di scalare una montagna, ma so che una volta arrivato in cima, il panorama ripaga ogni sforzo". Questa immagine offre un modo più interessante e visivo di comunicare lo stesso concetto, rendendo la conversazione più memorabile e personale.

Un altro approccio efficace per evitare i cliché è fare domande più approfondite durante una conversazione. Quando interagiamo con qualcuno, è facile scivolare in risposte automatiche o standardizzate, specialmente in contesti sociali o professionali. Tuttavia, fare domande che vanno oltre la superficie aiuta a evitare risposte banali e spinge l'interlocutore a pensare in modo più creativo e personale. Ad esempio, invece di chiedere "Come va?" (una domanda che spesso porta a risposte superficiali come "Bene" o "Tutto ok"), possiamo chiedere "Cosa ti sta appassionando ultimamente?" o "Qual è stata la cosa più interessante che ti è successa questa settimana?". Queste domande invitano l'altra persona a riflettere e a condividere qualcosa di più autentico, aprendo la strada a una conversazione più ricca e meno prevedibile.

Infine, per evitare i cliché, è importante coltivare un senso di curiosità verso l'altro. Le conversazioni più originali nascono quando siamo realmente interessati a chi abbiamo di fronte, quando cerchiamo di capire il suo punto di vista, le sue esperienze e i suoi sentimenti in modo autentico. La curiosità ci spinge a esplorare nuovi territori nella conversazione, a fare domande che non avremmo altrimenti considerato, e a rispondere in modo più creativo e personale. Quando siamo curiosi, il nostro linguaggio diventa naturalmente più fresco e meno standardizzato, perché stiamo cercando di costruire un dialogo che sia davvero incentrato sulla persona con cui stiamo parlando, piuttosto che su risposte predefinite.

Essere autentici e originali nelle conversazioni richiede pratica e consapevolezza, ma i benefici che ne derivano sono immensi. Evitare i cliché non solo migliora la qualità delle interazioni, ma contribuisce anche a costruire relazioni più profonde e significative, basate su una vera comprensione e un rispetto reciproco. Quando comunichiamo in modo autentico, ci apriamo a conversazioni che vanno oltre la superficie e che ci permettono di esplorare la nostra umanità in tutta la sua complessità.

Evitare i cliché e le frasi fatte richiede un impegno consapevole e una riflessione costante su come ci esprimiamo nelle conversazioni. Questo sforzo di autenticità non è solo un esercizio di stile, ma una scelta che influisce sulla qualità delle interazioni, sulle connessioni che creiamo e sul senso di genuinità che trasmettiamo. La nostra comunicazione, quando è priva di cliché, diventa uno strumento per esprimere chi siamo veramente, e questo, in ultima analisi, ci permette di costruire relazioni più profonde e significative.

I cliché, in genere, hanno origine dalla necessità di semplificare concetti complessi o di riassumere emozioni universali in frasi brevi e riconoscibili. Tuttavia, questo processo di semplificazione tende a rimuovere la ricchezza e la specificità di una situazione o di un'emozione, riducendo l'impatto emotivo di ciò che viene detto. Quando qualcuno sente un cliché, spesso non reagisce in modo profondo o significativo, proprio perché si tratta di qualcosa che ha già sentito molte volte e che non tocca veramente la sua esperienza personale. Per esempio, espressioni come "Il tempo guarisce tutte le ferite" o "Andrà tutto bene" possono sembrare tranquillizzanti, ma spesso mancano di profondità e non riescono a catturare la complessità del vissuto di chi ascolta. In questi casi, ciò che manca è un vero sforzo di comprensione e di empatia.

Uno dei motivi per cui tendiamo a utilizzare i cliché è perché ci offrono un modo facile e sicuro per rispondere a situazioni difficili o emozionali. Quando ci troviamo di fronte a conversazioni complicate, come quelle che riguardano la perdita, il dolore o la frustrazione, i cliché ci permettono di evitare di affrontare direttamente la complessità delle emozioni in gioco. Tuttavia, evitare i cliché significa anche accettare il rischio di essere vulnerabili e di esprimere qualcosa che potrebbe non essere perfetto o di facile formulazione. Spesso, le conversazioni più significative nascono proprio quando ci permettiamo di esprimerci in modo non preconfezionato, accettando di non avere risposte perfette, ma offrendo comunque la nostra presenza e la nostra attenzione.

L'autenticità nelle conversazioni implica non solo l'evitare frasi fatte, ma anche l'abilità di riconoscere quando una situazione richiede una risposta più personale e riflessiva. Questo può significare prendersi un momento per pensare prima di rispondere, piuttosto che affrettarsi a dire qualcosa solo per riempire il silenzio. L'incertezza che deriva dal non sapere esattamente cosa dire può essere vista come un'opportunità per trovare una risposta più autentica. A volte, semplicemente ammettere che non si ha una risposta immediata o perfetta può essere più significativo che ricorrere a frasi generiche. Dire qualcosa come "Non so cosa dire in questo momento, ma sono qui per te" può avere un impatto emotivo molto più forte di un cliché, poiché dimostra sincerità e disponibilità.

La consapevolezza di sé è un altro elemento fondamentale per evitare i cliché. Spesso, i cliché emergono quando siamo disconnessi dalle nostre emozioni o quando non siamo del tutto presenti nella conversazione. Quando ci affidiamo a frasi fatte, stiamo in qualche modo "automatizzando" la nostra risposta, piuttosto che considerare realmente il contesto e le esigenze dell'altra persona. Per essere autentici, è necessario sviluppare una maggiore consapevolezza del momento presente e delle proprie emozioni. Quando ci permettiamo di essere più in sintonia con noi stessi, le nostre risposte tendono a essere più originali, poiché riflettono ciò che proviamo realmente in quel momento, piuttosto che un riflesso di ciò che pensiamo di dover dire.

Un altro elemento che aiuta a evitare i cliché è la capacità di riconoscere le sfumature delle conversazioni. Spesso, le situazioni umane sono piene di complessità e contraddizioni, e i cliché tendono a ridurre questa complessità a formule troppo semplici. Per esempio, di fronte a una situazione difficile, un cliché potrebbe ignorare le molteplici emozioni che una persona sta vivendo, come la rabbia, la tristezza, la speranza o la frustrazione. Essere originali e autentici nelle conversazioni significa riconoscere queste sfumature e rispondere in modo più articolato. Anziché dire "Tutto si risolverà", potremmo riconoscere le difficoltà specifiche e dire qualcosa come "Capisco quanto sia complicato per te, sembra che ci siano molti aspetti da affrontare". Questa risposta non offre una soluzione immediata, ma mostra che stiamo cercando di comprendere la situazione nella sua complessità.

Inoltre, per essere autentici nelle conversazioni, è utile riflettere su ciò che ci rende unici. Ognuno di noi ha un modo personale di vedere il mondo, basato sulle proprie esperienze, emozioni e valori. Quando ci limitiamo ai cliché, rinunciamo a questa unicità e ci uniformiamo a modelli di comunicazione che non ci rappresentano veramente. Essere originali significa trovare il coraggio di esprimere il proprio punto di vista in modo sincero, anche quando non coincide con le aspettative sociali o le formule standard. Questo non solo arricchisce la conversazione, ma invita anche l'altra persona a fare lo stesso, creando uno scambio più autentico e personale. Quando portiamo la nostra vera voce in una conversazione, offriamo qualcosa di unico che va oltre la superficialità dei cliché.

Essere autentici e originali nelle conversazioni richiede anche una maggiore apertura verso l'incertezza. I cliché spesso emergono perché vogliamo dare risposte sicure, immediate e apparentemente risolutive. Tuttavia, la vita non è sempre così semplice, e spesso non ci sono risposte chiare o definitive. Imparare a essere a proprio agio con l'incertezza e a non sentirsi obbligati a dare risposte immediate o rassicuranti può essere un passo importante verso una comunicazione più autentica. Dire "Non sono sicuro di come andrà a finire, ma sono qui per te" è una risposta che evita il cliché e riconosce l'incertezza della situazione, pur mantenendo una connessione empatica e sincera.

Un altro aspetto fondamentale per evitare i cliché è la capacità di adattare il proprio linguaggio al contesto specifico della conversazione. Le frasi fatte sono, per loro natura, generiche e possono essere applicate a una vasta gamma di situazioni. Tuttavia, ogni conversazione è unica, e il modo in cui ci esprimiamo dovrebbe riflettere questa unicità. Ascoltare attentamente l'altra persona, capire le sue preoccupazioni e rispondere in modo mirato rende la conversazione più autentica e coinvolgente. Ad esempio, invece di rispondere con un generico "Non preoccuparti", possiamo dire qualcosa di più specifico come "So che hai già superato sfide difficili in passato, e credo che anche questa volta troverai una strada". Questa risposta non solo evita il cliché, ma mostra anche una comprensione delle esperienze personali dell'interlocutore, creando un legame più profondo.

Infine, per essere autentici nelle conversazioni, è importante coltivare l'ascolto attivo. Molte delle frasi fatte che utilizziamo derivano da una mancanza di ascolto profondo: ci concentriamo su ciò che vogliamo dire piuttosto che su ciò che l'altra persona sta esprimendo. L'ascolto attivo ci aiuta a evitare risposte preconfezionate, perché ci obbliga a essere presenti e a rispondere in modo più specifico e mirato. Quando ascoltiamo veramente, siamo in grado di cogliere i dettagli e le sfumature della conversazione, e le nostre risposte diventano automaticamente più autentiche e originali, poiché riflettono ciò che è stato detto, piuttosto che una risposta standardizzata.

In definitiva, evitare i cliché nelle conversazioni non significa solo cambiare il nostro linguaggio, ma adottare un approccio più consapevole, riflessivo e presente alla comunicazione. Quando ci impegniamo a essere autentici, non solo miglioriamo la qualità delle nostre conversazioni, ma offriamo anche all'altra persona la possibilità di esprimersi in modo più profondo e sincero.

In conclusione, evitare i cliché e le frasi fatte nelle conversazioni è un processo che richiede consapevolezza, riflessione e impegno. Quando ci limitiamo a espressioni preconfezionate, non solo priviamo le nostre interazioni di profondità e autenticità, ma rischiamo anche di allontanare le persone con cui stiamo comunicando. I cliché, pur offrendo una via rapida per riempire il silenzio o affrontare situazioni emotivamente difficili, spesso falliscono nel trasmettere empatia reale o nell'instaurare una connessione significativa. Le frasi fatte possono risultare vuote, distanti o poco sentite, lasciando l'interlocutore con la sensazione di non essere veramente ascoltato o capito.

Per questo motivo, imparare a evitare i cliché non significa semplicemente trovare nuove parole, ma abbracciare una comunicazione più consapevole e autentica. Si tratta di ascoltare attentamente, di essere presenti nel momento e di rispondere con sincerità, piuttosto che con formule generiche. Questo approccio richiede un maggiore sforzo, ma i risultati sono inestimabili: conversazioni più profonde, relazioni più forti e una comunicazione che riflette davvero chi siamo. Essere autentici significa essere disposti a esporre le nostre emozioni, a riconoscere l'incertezza e a costruire le nostre risposte basandoci sul contesto unico di ogni conversazione.

Uno degli aspetti centrali per evitare i cliché è la capacità di personalizzare la nostra comunicazione. Ogni interazione è unica, influenzata dalle persone coinvolte, dalle emozioni in gioco e dal contesto in cui avviene. Quando ci sforziamo di essere originali, diamo vita a conversazioni che non sono solo uno scambio di parole, ma un vero incontro tra individui. Questo implica il coraggio di andare oltre le risposte sicure e predefinite, accettando che l'autenticità può comportare vulnerabilità e incertezza, ma è proprio questa apertura che rende una conversazione significativa e memorabile.

Un altro fattore importante è l'empatia, che ci aiuta a evitare risposte superficiali. Essere empatici significa ascoltare non solo le parole dell'altra persona, ma anche il suo stato d'animo, le sue emozioni e il contesto che la circonda. Quando rispondiamo con empatia, dimostriamo di aver davvero compreso l'esperienza dell'altro, offrendo una risposta che è più adatta e sentita rispetto a una semplice frase fatta. Questo tipo di comunicazione favorisce una connessione più profonda, perché l'interlocutore si sente davvero ascoltato e valorizzato.

Un ulteriore aspetto da considerare è la capacità di accettare e abbracciare l'incertezza. I cliché spesso emergono dal bisogno di fornire una risposta rapida e rassicurante, ma la vita non è sempre semplice, e le risposte non sono sempre immediate.

Imparare a convivere con l'incertezza e a non sentirsi obbligati a fornire una soluzione o una frase confortante a tutti i costi è un passo importante verso l'autenticità. Dire "Non so cosa dire, ma sono qui per te" può essere molto più potente di un cliché, perché riconosce la complessità della situazione e offre una connessione reale basata sulla presenza e sul supporto emotivo.

Infine, evitare i cliché richiede una continua riflessione su come comunichiamo. È facile cadere in modelli ripetitivi e convenzionali, soprattutto quando siamo sotto stress o affrontiamo situazioni emotive complesse. Tuttavia, con la pratica e l'intenzionalità, possiamo sviluppare una maggiore consapevolezza del nostro linguaggio e imparare a esprimere ciò che realmente intendiamo dire. Questo non solo rende le nostre conversazioni più autentiche, ma ci aiuta anche a crescere come individui, poiché diventiamo più consapevoli delle nostre emozioni e più abili nel comunicare i nostri pensieri e sentimenti.

In sintesi, evitare i cliché e le frasi fatte significa impegnarsi in una comunicazione più autentica, empatica e consapevole. Significa ascoltare con attenzione, rispondere con sincerità e avere il coraggio di essere vulnerabili. Quando ci sforziamo di essere originali e di andare oltre le espressioni convenzionali, creiamo conversazioni che non solo arricchiscono le nostre relazioni, ma ci permettono anche di esprimere chi siamo veramente. In questo modo, il dialogo diventa uno strumento per costruire legami profondi e significativi, che riflettono la nostra autenticità e il nostro impegno verso l'altro.

15. Il linguaggio del corpo femminile: Capire i segnali di attrazione attraverso il comportamento fisico.

Il linguaggio del corpo femminile è una delle forme di comunicazione più sottili, ma anche più potenti, per comprendere i segnali di attrazione. Spesso, mentre le parole possono essere pensate e controllate, il corpo tende a rivelare molto di più, specialmente nelle situazioni in cui l'attrazione e l'interesse romantico sono coinvolti. Comprendere questi segnali non significa solo decifrare gesti o posture isolati, ma prestare attenzione al contesto, alla coerenza dei comportamenti e, soprattutto, rispettare i confini e le intenzioni dell'altra persona.

Uno dei segnali più comuni di attrazione nel linguaggio del corpo femminile è l'orientamento del corpo. Quando una donna è interessata a qualcuno, tende naturalmente a orientare il proprio corpo verso di lui. Questo significa che il busto, i piedi e le ginocchia sono rivolti nella direzione dell'interlocutore, anche quando ci sono altre persone coinvolte nella conversazione. Questo è un segnale che indica attenzione e coinvolgimento, poiché il corpo si allinea spontaneamente verso ciò che è di interesse. Al contrario, se il corpo è orientato lontano, o se i piedi sono rivolti verso un'uscita o un altro punto, potrebbe indicare un minor coinvolgimento o interesse.

Un altro segnale importante è il contatto visivo. Lo sguardo gioca un ruolo fondamentale nell'esprimere attrazione. Le donne tendono a stabilire un contatto visivo più frequente e prolungato quando sono attratte da qualcuno. Tuttavia, questo contatto non è solo una questione di durata, ma anche di intensità e modalità. Gli sguardi fugaci seguiti da un sorriso, ad esempio, possono essere un chiaro segnale di flirt. Inoltre, se una donna mantiene il contatto visivo e poi distoglie lo sguardo con un'espressione timida o un lieve imbarazzo, potrebbe indicare un interesse romantico. Tuttavia, bisogna fare attenzione a non interpretare erroneamente uno sguardo prolungato come un segnale di attrazione in ogni caso, poiché il contatto visivo può anche essere un semplice segno di attenzione o cortesia.

Anche il sorriso è un potente indicatore di attrazione. Un sorriso genuino, che coinvolge non solo la bocca ma anche gli occhi (il cosiddetto "sorriso Duchenne"), è spesso un segnale di apertura e interesse. Quando una donna sorride spesso durante una conversazione o accompagna i suoi sorrisi con risatine o brevi tocchi al volto, potrebbe esprimere attrazione o piacere nel dialogo. Un altro comportamento che può indicare interesse è il mordersi o inumidirsi leggermente le labbra. Questo gesto può essere un segnale inconscio che attira l'attenzione sulla bocca, un'area associata al desiderio e alla connessione intima.

Il toccarsi i capelli è un altro classico segnale di flirt nel linguaggio del corpo femminile. Quando una donna si tocca o si sistema frequentemente i capelli durante una conversazione, potrebbe farlo per attirare l'attenzione o per esprimere nervosismo positivo, entrambi potenziali segnali di attrazione. È importante, però, osservare il contesto e la frequenza di questo gesto. Se il tocco dei capelli è accompagnato da altri segnali di interesse, come il contatto visivo o il sorriso, è più probabile che sia un segno di flirt. Al contrario, se il gesto sembra ripetitivo o meccanico, potrebbe essere semplicemente un'abitudine o un segno di ansia.

Anche la postura gioca un ruolo fondamentale nel linguaggio del corpo. Quando una donna è attratta, potrebbe adottare una postura più aperta e rilassata. Le braccia non sono incrociate ma piuttosto distese o posizionate in modo naturale, segno che si sente a proprio agio e aperta alla conversazione. Inoltre, l'esposizione di aree sensibili come il collo o i polsi può essere un segnale di vulnerabilità e fiducia, spesso associato all'attrazione.

Se una donna inclina leggermente la testa da un lato, potrebbe anche essere un segno di interesse e disponibilità a continuare la conversazione in modo più intimo.

Il contatto fisico è uno dei segnali più diretti di attrazione. Le donne spesso iniziano con piccoli tocchi "accidentali", come sfiorare il braccio durante una risata o appoggiare la mano sulla spalla durante una conversazione. Questi tocchi sono spesso lievi e non invadenti, ma possono essere un modo per testare la reazione dell'altra persona e creare un senso di intimità. Se questi tocchi vengono accettati o ricambiati, potrebbe indicare che l'attrazione è reciproca. Tuttavia, è fondamentale rispettare sempre i confini dell'altra persona e non forzare mai il contatto fisico, poiché un tocco non desiderato può facilmente trasformarsi in una situazione scomoda.

Il gioco con gli oggetti è un altro comportamento che può rivelare attrazione. Quando una donna è attratta, può inconsciamente giocare con oggetti come un bicchiere, una collana o un anello. Questo gesto può essere un segnale di nervosismo positivo o un modo per distogliere l'attenzione dalle sue emozioni. Tuttavia, non bisogna leggere troppo in questo gesto isolato: come tutti i segnali del linguaggio del corpo, è importante considerare l'intero contesto della conversazione e la combinazione di diversi segnali.

Anche la risata è un segnale importante da osservare. Le donne tendono a ridere di più e in modo più spontaneo quando sono attratte da qualcuno. Una risata che nasce anche da piccole battute o commenti, e che sembra più esagerata del solito, può essere un segnale di flirt. Inoltre, il modo in cui una donna ride, spesso girandosi leggermente o coprendosi il viso con la mano, può indicare un tentativo di flirtare in modo timido o giocoso. Tuttavia, anche in questo caso, è essenziale considerare la naturalezza e la frequenza della risata nel contesto della conversazione.

Un altro aspetto chiave è lo specchio del linguaggio del corpo. Quando una donna è attratta da qualcuno, potrebbe inconsciamente imitare i gesti e le posture di quest'ultimo. Ad esempio, se incroci le gambe o ti inclini leggermente in avanti, potresti notare che anche lei fa lo stesso poco dopo. Questo fenomeno, noto come "mirroring", è un segnale inconscio di connessione e sintonia. È un modo sottile per creare un legame non verbale e dimostrare interesse verso l'altra persona. Il mirroring avviene spesso in modo naturale quando due persone sono coinvolte e attratte l'una dall'altra.

Tuttavia, è importante sottolineare che nessun segnale di linguaggio del corpo, preso singolarmente, può essere considerato una prova certa di attrazione. Il linguaggio del corpo è complesso e spesso influenzato da una moltitudine di fattori, come lo stato d'animo, la cultura, o il contesto sociale. Pertanto, è cruciale considerare i segnali nel loro insieme, osservando come si manifestano nel tempo e come interagiscono con altri aspetti della comunicazione verbale e non verbale. Inoltre, rispettare i confini e le reazioni dell'altra persona è fondamentale per evitare malintesi o situazioni spiacevoli.

In sintesi, comprendere il linguaggio del corpo femminile è un modo prezioso per cogliere segnali di attrazione, ma richiede attenzione, sensibilità e rispetto. Quando prestiamo attenzione non solo alle parole, ma anche ai gesti, agli sguardi e alla postura, possiamo sviluppare una comprensione più completa e intuitiva di come l'altra persona si sente. Tuttavia, questa comprensione deve sempre essere accompagnata dal rispetto per i confini personali e dalla consapevolezza che la comunicazione umana è complessa e sfumata.

Il linguaggio del corpo femminile, quando si tratta di attrazione, è un sistema complesso e spesso involontario di segnali fisici che, se letti correttamente, possono fornire importanti indicazioni su come una donna si sente in un determinato contesto. Tuttavia, è fondamentale ricordare che questi segnali non sono mai universali né definitivi; ogni persona esprime il proprio interesse e attrazione in modi diversi, influenzati da fattori culturali, personali e situazionali. Pertanto, il linguaggio del corpo va sempre interpretato con attenzione e nel rispetto della persona coinvolta.

Uno dei segnali più evidenti di attrazione è il modo in cui una donna si avvicina fisicamente all'altra persona. La prossimità fisica è spesso un forte indicatore di interesse. Quando una donna si sente a proprio agio e attratta da qualcuno, tende a ridurre la distanza tra lei e l'altra persona, spostandosi più vicino o trovando modi sottili per accorciare lo spazio fisico. Questo può manifestarsi durante una conversazione in piedi, dove si inclina leggermente verso di te, oppure in situazioni più casuali, dove potrebbe sedersi più vicina del necessario. Tuttavia, questa vicinanza non deve mai essere forzata o imposta: se una donna si allontana o mantiene la distanza, potrebbe significare che si sente a disagio o non interessata, e questi segnali vanno sempre rispettati.

La postura è un altro indicatore importante. Una donna che è attratta da qualcuno tende ad adottare una postura più aperta e rilassata. Può inclinare leggermente il corpo verso di te, lasciando spazio e invitandoti a fare lo stesso. Una postura chiusa, con braccia incrociate o mani che coprono il corpo, al contrario, potrebbe indicare difesa o disinteresse. Le braccia incrociate, in particolare, sono spesso un segnale che l'altra persona si sente meno disponibile o forse cauta. Tuttavia, anche qui è essenziale valutare il contesto: una postura chiusa potrebbe anche riflettere semplicemente nervosismo o insicurezza, piuttosto che una mancanza di attrazione.

Il movimento del corpo stesso può essere rivelatore. Quando una donna è attratta, tende a fare movimenti più fluidi, spesso accompagnati da gesti delicati che accentuano la sua femminilità. Potrebbe muoversi con maggiore grazia, aggiustarsi i capelli, o spostare leggermente il corpo in modo da catturare l'attenzione. Questi movimenti non sono necessariamente consapevoli; piuttosto, sono segnali di un tentativo inconscio di apparire più attraente agli occhi della persona a cui è interessata. Il modo in cui si sposta, si siede, o anche la velocità e la fluidità dei suoi gesti possono indicare come si sente in quel momento. Se i movimenti sono tesi o rigidi, potrebbe sentirsi nervosa o non completamente a proprio agio.

Il gioco con gli oggetti o accessori è un altro comportamento che spesso emerge quando una donna è attratta. Ad esempio, potrebbe iniziare a giocare con una collana, un braccialetto o un bicchiere in mano mentre parla. Questi piccoli gesti possono essere un modo inconscio di gestire l'ansia o l'emozione che proviene dall'interazione, oppure possono essere tentativi indiretti di attrarre l'attenzione dell'altra persona. Questi comportamenti, se accompagnati da altri segnali di apertura e interesse, potrebbero indicare che c'è una certa attrazione in gioco. Tuttavia, è importante considerare che il gioco con gli oggetti potrebbe anche essere un'abitudine o un riflesso del nervosismo generale, quindi va sempre interpretato nel contesto più ampio.

Un altro indicatore del linguaggio del corpo è il modo in cui una donna tocca o si avvicina all'altro fisicamente. Il contatto fisico, anche se leggero, è spesso un segnale di attrazione. Le donne che toccano leggermente l'avambraccio, la spalla o la mano durante una conversazione potrebbero farlo per creare un legame più intimo. Questi tocchi sono di solito brevi e "casuali", ma in realtà possono essere molto significativi. Se questi gesti vengono accolti positivamente, potrebbero aumentare in frequenza e intensità. Tuttavia, è essenziale non affrettare mai il contatto fisico o cercare di forzarlo; i segnali di attrazione devono essere reciproci e rispettosi.

Anche la mimica facciale gioca un ruolo cruciale nel linguaggio del corpo femminile. Il sorriso è uno dei segnali più evidenti di attrazione, specialmente se è accompagnato da altri segnali positivi. Un sorriso genuino, che coinvolge gli occhi e crea piccole rughe intorno agli occhi (il cosiddetto sorriso Duchenne), è un chiaro indicatore che una donna si sente a proprio agio e felice di essere in tua compagnia. Anche la frequenza del sorriso può essere significativa: una donna che sorride spesso, ride alle battute o sembra divertita da ciò che dici potrebbe essere interessata. Tuttavia, va ricordato che non tutti i sorrisi indicano attrazione romantica; alcuni possono semplicemente esprimere cordialità o cortesia.

Il contatto visivo è probabilmente uno degli aspetti più potenti del linguaggio del corpo. Quando una donna è attratta da qualcuno, tende a stabilire un contatto visivo frequente e prolungato. Gli sguardi che durano qualche secondo più del normale o che si incrociano ripetutamente durante una conversazione possono essere segni di interesse. Tuttavia, lo sguardo può variare a seconda della personalità della persona: alcune donne potrebbero essere più timide e distogliere lo sguardo subito dopo averlo incrociato, mentre altre potrebbero mantenere il contatto visivo in modo più sicuro e continuo. Un altro segnale positivo è se il contatto visivo è accompagnato da piccole variazioni, come il dilatarsi delle pupille, che possono indicare una risposta fisiologica all'attrazione.

Il modo in cui una donna usa il proprio spazio personale è anche un indicatore del suo livello di interesse. Se è attratta, è probabile che inizi a "invadere" leggermente il tuo spazio personale, avvicinandosi più del solito o inclinandosi verso di te quando parlate. Questo avvicinamento può essere molto sottile e graduale, ma è un chiaro segnale che si sente a suo agio e che cerca di ridurre la distanza fisica tra di voi. Al contrario, se una donna mantiene una distanza rigida o si ritrae quando ti avvicini, potrebbe essere un segnale di disinteresse o che non è pronta per una maggiore intimità fisica.

Il fenomeno del "mirroring" (o rispecchiamento) è un altro segnale importante da osservare. Quando una donna è attratta da qualcuno, potrebbe inconsciamente imitare i gesti, le espressioni o le posture dell'altra persona. Questo comportamento avviene spesso senza che ci sia una consapevolezza cosciente, ed è un modo per creare una sensazione di sintonia e affinità. Ad esempio, se incroci le gambe o cambi posizione, potresti notare che anche lei fa lo stesso poco dopo. Questo rispecchiamento indica che sta cercando di stabilire una connessione e che si sente a suo agio nella tua presenza.

È importante ricordare che, sebbene questi segnali possano indicare interesse o attrazione, ogni persona è diversa, e i segnali del linguaggio del corpo devono essere sempre interpretati nel contesto generale. Un singolo gesto o comportamento non può essere considerato come prova definitiva di attrazione, poiché le persone comunicano in modi diversi a seconda della loro personalità, del loro umore e del contesto sociale. La chiave per interpretare correttamente il linguaggio del corpo è prestare attenzione a un insieme di segnali coerenti e, soprattutto, mantenere un atteggiamento rispettoso e attento nei confronti dell'altra persona. Il linguaggio del corpo è una forma di comunicazione che, quando compresa e interpretata correttamente, può migliorare notevolmente la qualità delle interazioni, aiutando a creare un dialogo più fluido e sincero.

Il linguaggio del corpo femminile è una forma di comunicazione che, a livello subconscio, esprime pensieri, emozioni e spesso attrazione senza che le parole siano necessarie. Tuttavia, interpretare correttamente questi segnali richiede un'attenzione ai dettagli e una comprensione profonda delle dinamiche relazionali e sociali. Ogni gesto, movimento o espressione può rivelare qualcosa, ma è importante ricordare che il contesto è fondamentale e che nessun segnale deve essere interpretato in maniera isolata. L'arte di leggere il linguaggio del corpo consiste nel cogliere un insieme di segni e capire come si intersecano tra loro per formare un quadro completo di ciò che la persona sta cercando di comunicare, spesso senza neppure rendersene conto.

Un elemento che spesso emerge nelle dinamiche di attrazione è l'idea di "spazio personale". La gestione dello spazio è uno degli aspetti più significativi quando si parla di linguaggio del corpo, e una delle prime cose che cambiano quando una donna è attratta è la sua disposizione a permettere o addirittura a cercare di ridurre la distanza fisica. Quando c'è attrazione, è naturale che la donna si avvicini fisicamente all'altra persona, trovando modi per occupare lo stesso spazio in maniera più intima. Questo avvicinamento può manifestarsi in gesti molto sottili, come inclinarsi in avanti durante una conversazione, scegliere una sedia più vicina o anche semplicemente entrare nella "zona personale" dell'altra persona senza sembrare invadente. Al contrario, quando una donna mantiene una certa distanza fisica o si ritrae leggermente, questo potrebbe indicare che sta cercando di preservare i propri confini e non è pronta a un coinvolgimento più stretto.

Un altro segnale da tenere d'occhio è il modo in cui una donna gestisce la propria postura. La postura può dire molto sul livello di comfort e interesse che una persona prova in un determinato contesto. Quando una donna è attratta, tende a essere più rilassata, con una postura aperta che invita l'interazione. Potrebbe inclinarsi leggermente verso l'interlocutore, esporre aree sensibili come il collo o i polsi, o tenere le braccia distese in modo naturale piuttosto che incrociarle. Questo tipo di postura suggerisce che si sente a proprio agio e ricettiva. Al contrario, una postura chiusa – come braccia incrociate o gambe rigide – potrebbe segnalare una certa resistenza o il bisogno di proteggersi emotivamente. Tuttavia, è importante ricordare che non tutti i segni di postura chiusa indicano mancanza di interesse: potrebbero anche riflettere nervosismo o insicurezza.

Il sorriso è uno degli indicatori più potenti di attrazione nel linguaggio del corpo. Tuttavia, non tutti i sorrisi sono uguali, e cogliere la differenza tra un sorriso formale e uno genuino può fare una grande differenza nell'interpretare correttamente i segnali. Un sorriso autentico, che coinvolge non solo le labbra ma anche gli occhi (dove si formano piccole rughe), è spesso un segnale di coinvolgimento emotivo e apertura. Quando una donna sorride frequentemente o ride spontaneamente durante una conversazione, è probabile che stia cercando di creare un'atmosfera di complicità e interesse. Questo tipo di sorriso, specialmente se accompagnato da sguardi prolungati o tocchi leggeri, può essere un chiaro segnale di attrazione.

Lo sguardo gioca un ruolo cruciale nell'attrazione. Gli occhi sono spesso definiti "lo specchio dell'anima", e non a caso: una donna attratta tenderà a mantenere un contatto visivo più lungo e frequente. Questo non significa che ti fisserà continuamente, ma piuttosto che i suoi occhi cercheranno spesso il tuo sguardo, magari per alcuni istanti, prima di distoglierlo in modo giocoso o timido. Questo tipo di contatto visivo, soprattutto se accompagnato da un sorriso o da una leggera inclinazione del capo, può indicare una chiara volontà di connettersi a un livello più intimo. D'altro canto, se una donna evita costantemente lo sguardo o guarda altrove durante la conversazione, potrebbe essere un segnale di disinteresse o, in alcuni casi, semplicemente di timidezza. Per questo è importante considerare sempre il contesto emotivo e sociale.

Il contatto fisico rappresenta un altro forte indicatore di attrazione. Le donne che sono attratte da qualcuno spesso iniziano a cercare opportunità per stabilire un contatto fisico lieve e apparentemente casuale. Questi gesti possono includere toccare leggermente il braccio durante una risata, sfiorare la mano o avvicinarsi fisicamente mentre si parla. Questi tocchi sono spesso brevi e delicati, un modo per testare la reazione dell'altra persona e per creare un senso di intimità senza essere troppo invadenti. Un aspetto cruciale da considerare è come questi tocchi vengono accolti: se l'altra persona ricambia o non sembra infastidita, è un buon segno che il contatto fisico è gradito. Tuttavia, è fondamentale rispettare i limiti dell'altra persona e non cercare di forzare il contatto fisico.

Un altro segnale importante da osservare è il modo in cui una donna gioca con i propri capelli o accessori. Questo gesto è spesso involontario e può indicare che una donna è nervosa in modo positivo, cioè eccitata dall'interazione e desiderosa di fare una buona impressione. Giocare con i capelli, sistemarli o passarli tra le dita può anche essere un modo per attirare l'attenzione su di sé e, indirettamente, dimostrare interesse. Tuttavia, anche in questo caso, il gesto deve essere interpretato nel contesto: non sempre il toccarsi i capelli significa attrazione, ma quando è accompagnato da altri segnali positivi, può indicare un certo livello di flirt.

L'inclinazione della testa è un segnale di linguaggio del corpo che spesso passa inosservato ma può essere molto significativo. Quando una donna inclina leggermente la testa durante una conversazione, può indicare che è interessata e che si sta concentrando intensamente su ciò che stai dicendo. Questo gesto espone il collo, una parte vulnerabile del corpo, e potrebbe essere un modo inconscio per segnalare fiducia e apertura. Se questa inclinazione è accompagnata da altri segnali di apertura, come il sorriso o il contatto visivo, è probabile che ci sia un certo grado di interesse.

Anche la risata ha un ruolo cruciale nelle dinamiche dell'attrazione. Quando una donna ride più del solito o sembra trovare divertenti anche commenti relativamente semplici, potrebbe essere un segno che sta cercando di creare una connessione più intima. La risata è spesso un modo per alleviare la tensione e creare complicità, ed è uno dei primi segnali che una donna si sente a proprio agio e attratta. Il modo in cui ride, specialmente se accompagnato da un contatto visivo o da piccoli tocchi, può indicare una chiara intenzione di flirtare.

Anche il concetto di "mirroring" (rispecchiamento) è fondamentale per capire l'attrazione. Quando una donna è interessata, spesso inizia a imitare inconsciamente i gesti e i movimenti della persona che le piace. Questo fenomeno si manifesta in piccole cose, come il modo in cui si siede, il modo in cui gesticola o anche come tiene un bicchiere. Il rispecchiamento è un segno di sintonia e di un desiderio inconscio di stabilire una connessione più profonda. Questo comportamento può essere un forte indicatore che la donna si sente in sintonia e aperta a proseguire l'interazione.

Infine, è essenziale ricordare che il linguaggio del corpo non deve essere interpretato in modo meccanico. Ogni persona è diversa, e ciò che può valere per una non sarà necessariamente lo stesso per un'altra. L'interpretazione corretta del linguaggio del corpo richiede sensibilità, attenzione e rispetto. Occorre sempre prestare attenzione ai segnali più sottili e ricordare che l'attrazione non è solo una questione di lettura dei gesti, ma anche di rispetto dei confini e di risposta ai segnali in modo appropriato e consapevole.

In conclusione, comprendere il linguaggio del corpo femminile nell'ambito dell'attrazione è un processo che richiede sensibilità, attenzione e, soprattutto, rispetto. I segnali di attrazione fisica e interesse non sono sempre evidenti e, anche quando lo sono, vanno interpretati nel contesto specifico della conversazione e della relazione tra le persone coinvolte. Nessun gesto o movimento isolato può essere considerato un'indicazione definitiva di attrazione, e per questo è essenziale osservare l'insieme dei comportamenti e cogliere le sfumature del linguaggio non verbale. Il corpo spesso parla in modo inconsapevole, ma è importante ricordare che ciò che si percepisce non va mai forzato o mal interpretato, poiché il rispetto dei confini personali è fondamentale.

Uno dei principi chiave nell'interpretare il linguaggio del corpo femminile è l'attenzione ai segnali multipli e coerenti. Un singolo gesto, come il contatto visivo prolungato o il tocco leggero, potrebbe indicare attrazione, ma se questo gesto è accompagnato da altri segnali – come l'avvicinamento fisico, il sorriso genuino, il gioco con i capelli o l'inclinazione della testa – diventa più probabile che ci sia un reale interesse. Il corpo non mente facilmente: spesso i segnali di attrazione emergono in modo naturale e fluido, senza che l'altra persona se ne renda conto. Tuttavia, è fondamentale prestare attenzione alla reazione complessiva e all'energia dell'interazione, piuttosto che focalizzarsi su un singolo movimento.

La postura aperta, il contatto visivo e i sorrisi frequenti sono tra i segnali più chiari che una donna potrebbe essere attratta. Tuttavia, non bisogna mai dimenticare che ogni persona ha il proprio modo unico di esprimere l'interesse e che il linguaggio del corpo può variare in base alla cultura, alla personalità e al contesto sociale. Per esempio, alcune donne potrebbero mostrare attrazione in modo più esplicito, attraverso un linguaggio del corpo aperto e diretto, mentre altre potrebbero essere più riservate e utilizzare segnali più sottili e difficili da decifrare.

L'importanza del contesto non può essere sottovalutata. Un sorriso o un gesto amichevole non devono essere sempre interpretati come un segnale di attrazione romantica. Il linguaggio del corpo riflette non solo l'attrazione, ma anche altri aspetti dell'interazione, come il desiderio di creare un legame sociale, la gentilezza o semplicemente la volontà di essere cordiali. Per questo motivo, è importante essere consapevoli del contesto sociale e del rapporto preesistente tra le persone. Quello che può sembrare un segnale di attrazione in un ambiente informale, come una festa o un appuntamento, potrebbe essere semplicemente un gesto di cortesia in un contesto professionale o pubblico.

Il tocco leggero, il gioco con i capelli e il rispecchiamento del linguaggio del corpo sono segnali che indicano un certo grado di interesse e sintonia. Tuttavia, è essenziale non forzare mai questi segnali o cercare di accelerare il ritmo dell'interazione. La vera attrazione si costruisce nel tempo, attraverso un processo naturale di scoperta reciproca e comunicazione, sia verbale che non verbale. Forzare l'interpretazione di un gesto o tentare di accelerare l'intimità basandosi su un singolo segnale può compromettere il flusso naturale della conversazione e creare disagi.

Uno degli aspetti più importanti da tenere a mente quando si cerca di comprendere il linguaggio del corpo femminile è l'importanza del consenso e del rispetto. Anche se una donna può mostrare segnali di attrazione, ciò non significa automaticamente che desideri un coinvolgimento fisico o emotivo immediato. È sempre essenziale rispettare i suoi confini e assicurarsi che ogni interazione sia reciproca e confortevole per entrambe le parti. L'attrazione, infatti, è una danza sottile tra due persone, e una delle chiavi del successo è la pazienza e la capacità di leggere non solo il linguaggio del corpo, ma anche il livello di comfort dell'altra persona.

Il linguaggio del corpo femminile, come ogni altra forma di comunicazione non verbale, è estremamente ricco e complesso. È una combinazione di piccoli movimenti, gesti e cambiamenti di postura che, quando osservati insieme, possono dare indizi significativi sull'interesse e sull'attrazione. Tuttavia, è fondamentale ricordare che ogni persona è unica e che i segnali possono variare ampiamente. Imparare a interpretare correttamente il linguaggio del corpo richiede pratica, ma soprattutto richiede rispetto e comprensione per l'altra persona. Una comunicazione efficace non si basa solo sulla capacità di leggere i segnali, ma anche sulla capacità di rispondere con empatia e attenzione.

In definitiva, il linguaggio del corpo è una componente fondamentale nelle interazioni umane, specialmente quando si parla di attrazione. La capacità di cogliere i segnali giusti può arricchire e migliorare il modo in cui ci connettiamo con gli altri, ma questa abilità deve sempre essere accompagnata da un forte senso di rispetto, ascolto attivo e sensibilità verso le esigenze e i desideri dell'altra persona. Quando si è attenti a questi aspetti, le conversazioni e le interazioni diventano più fluide, autentiche e rispettose, costruendo basi solide per relazioni future basate sulla reciproca comprensione e rispetto.

16. Mantenere la leggerezza: Non prendere il flirting troppo seriamente, ma lasciarsi andare al gioco.

Mantenere la leggerezza nel flirt è un aspetto essenziale per creare un'atmosfera piacevole e rilassata, che permetta alle persone di connettersi senza pressione o aspettative eccessive. Il flirt, di per sé, è un gioco di interazioni sottili, un modo per esplorare l'attrazione reciproca senza impegno immediato o troppo serio. Prenderlo troppo sul serio può portare a tensione, imbarazzo o ansia, e rischia di trasformare un momento che dovrebbe essere divertente e spensierato in qualcosa di eccessivamente carico di aspettative o preoccupazioni. La chiave è ricordare che il flirt è una forma di comunicazione ludica e leggera, e non deve necessariamente condurre a qualcosa di concreto o definitivo.

Uno degli aspetti principali del flirt è la capacità di lasciarsi andare, di non preoccuparsi troppo di ciò che potrebbe succedere o di come si viene percepiti. Quando ci si approccia al flirt con troppa serietà, si rischia di mettersi pressione addosso, cercando di impressionare o di ottenere una risposta specifica dall'altra persona. Questo può creare un senso di rigidità o artificiosità, che va contro la natura stessa del flirt, che invece è fatto di spontaneità e divertimento. Il segreto sta nel lasciarsi trasportare dalla conversazione, senza aspettative rigide sul risultato, e nel godersi il momento per quello che è: un'opportunità per giocare con la comunicazione e l'attrazione.

Un modo per mantenere la leggerezza è adottare un atteggiamento di curiosità piuttosto che di conquista. Flirtare non deve necessariamente essere visto come un tentativo di ottenere qualcosa dall'altra persona, ma piuttosto come un'opportunità di scoprire qualcosa di nuovo su di lei, di esplorare la sua personalità e di creare una connessione in modo ludico. Quando ci avviciniamo al flirt con curiosità e apertura, piuttosto che con l'obiettivo di ottenere una risposta romantica o fisica, l'interazione diventa più autentica e meno stressante. Questo approccio riduce l'ansia di dover dire o fare la cosa giusta, permettendo invece alla conversazione di fluire naturalmente e di prendere una direzione che entrambi trovano piacevole.

La leggerezza nel flirt si manifesta anche nella capacità di usare l'umorismo. L'umorismo è uno degli strumenti più potenti nel flirt, perché aiuta a creare un'atmosfera rilassata e a rompere il ghiaccio. Ridere insieme genera immediatamente una sensazione di complicità e rende l'interazione meno formale. Tuttavia, è importante che l'umorismo sia naturale e che non sembri forzato o usato come una tattica per impressionare. Un commento scherzoso, una battuta leggera o anche prendersi bonariamente in giro possono creare un senso di gioco che rende il flirt più divertente e meno carico di tensione. L'importante è che l'umorismo rimanga rispettoso e non sia usato per mettere l'altra persona a disagio o per sembrare eccessivamente sarcastici o critici.

Lasciarsi andare al gioco del flirt significa anche essere disposti a non prendersi troppo sul serio. Il flirt, in fondo, è un'arte basata sull'equilibrio tra serietà e leggerezza, tra l'essere presenti e interessati, ma senza investire troppo emotivamente in ogni singolo gesto o parola. È normale che durante il flirt si commettano piccoli errori o che le battute non sempre facciano ridere come previsto. La chiave sta nell'abbracciare questi momenti con leggerezza e ironia, senza lasciarsi scoraggiare o imbarazzare troppo. Spesso, il modo in cui affrontiamo questi piccoli momenti di goffaggine può essere altrettanto attraente quanto i nostri momenti migliori: dimostra sicurezza e la capacità di ridere di sé stessi, che sono tratti altamente apprezzati.

Un altro aspetto importante del flirt leggero è la capacità di mantenere il dialogo aperto e fluido, senza bloccare la conversazione con domande o affermazioni troppo impegnative o personali. Flirtare non significa necessariamente parlare di argomenti profondi o seri; anzi, spesso i temi più leggeri e banali possono essere la base perfetta per creare complicità. Una battuta su qualcosa di quotidiano, un commento scherzoso su un'osservazione casuale o un gioco di parole possono essere modi efficaci per mantenere la conversazione vivace e allegra, senza la pressione di dover affrontare subito temi importanti o troppo personali. Questo tipo di leggerezza permette a entrambi di rilassarsi e di esplorare l'interazione senza sentirsi sotto pressione.

La leggerezza nel flirt si riflette anche nel modo in cui gestiamo il rifiuto o l'ambiguità. Flirtare significa anche essere preparati a non ricevere sempre una risposta positiva o entusiasta, e questa possibilità va accettata con grazia e leggerezza. Quando ci si approccia al flirt senza troppa serietà, si diventa più capaci di gestire un eventuale disinteresse dell'altra persona senza prenderla sul personale. Questo atteggiamento non solo dimostra maturità emotiva, ma rende il flirt un'esperienza meno stressante e più giocosa. Sapere accettare un no, o anche semplicemente cogliere che l'altra persona potrebbe non essere sulla stessa lunghezza d'onda, senza sentirsi feriti o respinti, permette di mantenere un'atmosfera piacevole e di non rovinare il momento.

Inoltre, la leggerezza nel flirt implica una certa dose di flessibilità. Il flirt è, per sua natura, un gioco imprevedibile, dove il risultato non è mai garantito. Ciò significa che bisogna essere pronti a cambiare approccio o tono a seconda della situazione e della reazione dell'altra persona. Se ci accorgiamo che un certo tipo di battuta o di gesto non è stato accolto come previsto, possiamo semplicemente adattarci e cercare un altro modo per continuare l'interazione, senza forzare la mano. Questa flessibilità è fondamentale per mantenere il flirt leggero e piacevole, poiché evita che l'interazione diventi rigida o che sembri troppo "programmata".

Un altro elemento che aiuta a mantenere la leggerezza nel flirt è il contatto visivo. Uno sguardo può dire molto, e nel flirt un semplice scambio di sguardi può essere un modo sottile ed efficace per comunicare interesse senza la necessità di fare dichiarazioni troppo esplicite o impegnative. Un contatto visivo prolungato, accompagnato magari da un sorriso leggero o da una risata, crea immediatamente un senso di complicità e attrazione. Anche in questo caso, la chiave è non forzare lo sguardo, ma lasciarlo accadere in modo naturale, come parte di un gioco reciproco di attenzione e risposta.

Infine, mantenere la leggerezza nel flirt significa anche essere consapevoli dei confini. Mentre è importante giocare con il linguaggio, i gesti e i piccoli segnali di attrazione, bisogna sempre fare attenzione a non superare i limiti dell'altra persona. Il flirt è divertente solo quando entrambe le persone si sentono a proprio agio e rispettate. Prestare attenzione alle reazioni e al linguaggio del corpo dell'altro è fondamentale per assicurarsi che il gioco del flirt rimanga reciproco e positivo. Quando si flirta con leggerezza, si rispetta il fatto che l'interazione potrebbe non portare a nulla di più e che va bene così: il divertimento sta proprio nell'esplorare il momento senza forzare direzioni specifiche.

In definitiva, flirtare con leggerezza è un modo per mantenere l'interazione piacevole, spontanea e divertente, senza caricarla di aspettative o ansie inutili. Si tratta di godersi il momento, di esplorare l'attrazione e la connessione con l'altra persona in modo giocoso, sapendo che il vero piacere del flirt non risiede necessariamente nel risultato, ma nell'interazione stessa. La leggerezza, dunque, non è sinonimo di superficialità, ma piuttosto di apertura e libertà, qualità che rendono il flirt un'esperienza più autentica e arricchente.

Mantenere la leggerezza nel flirt è un aspetto essenziale che non solo rende l'interazione più divertente, ma crea anche un'atmosfera di rilassamento reciproco, permettendo a entrambe le persone di esprimersi in modo più naturale. Il flirt, infatti, è per sua natura un gioco di scambio, fatto di sottili segnali, sguardi, sorrisi e battute. Quando si affronta con la giusta dose di leggerezza, diventa un'esperienza piacevole, libera da pressioni o aspettative che potrebbero rovinare il flusso dell'interazione. Una delle chiavi principali per mantenere la leggerezza è quella di essere presenti nel momento, senza proiettare il futuro o caricare ogni gesto di un significato troppo serio. Questo atteggiamento non solo rende il flirt più fluido, ma permette anche di adattarsi in modo spontaneo all'evoluzione della conversazione.

La leggerezza nel flirt è spesso il risultato di un approccio giocoso alla comunicazione. Quando ci approcciamo all'altra persona con un atteggiamento che privilegia l'umorismo, la curiosità e il divertimento, l'interazione perde immediatamente quella rigidità che spesso può nascere dall'ansia di voler fare colpo a tutti i costi. Anziché preoccuparsi di come si viene percepiti o di cosa dire per apparire brillanti, mantenere la leggerezza significa essere disposti a giocare con le parole, con i gesti e con i toni, senza mai cadere nella trappola di prendere tutto troppo seriamente. Questo gioco leggero permette alle persone di connettersi su un piano emotivo senza che vi sia la necessità di stabilire immediatamente una direzione precisa per l'interazione.

Uno degli elementi fondamentali per mantenere la leggerezza nel flirt è la capacità di non avere aspettative rigide o predefinite su ciò che dovrà accadere. Il flirt dovrebbe essere visto come un'esperienza in cui non ci si sente obbligati a ottenere un risultato specifico, ma piuttosto come un momento per esplorare la connessione con l'altra persona, senza che questo implichi necessariamente che ci sia qualcosa di più serio all'orizzonte. Quando le aspettative sono basse, la conversazione fluisce con maggiore naturalezza e c'è più spazio per il divertimento e la spontaneità. Questo atteggiamento disinvolto può anche mettere l'altra persona a proprio agio, perché non percepisce pressione e si sente libera di essere se stessa.

La capacità di non prendersi troppo sul serio è un altro aspetto chiave della leggerezza nel flirt. In molte interazioni, specialmente quando c'è un certo grado di attrazione, c'è la tentazione di voler sembrare perfetti, senza commettere errori o mostrare vulnerabilità. Tuttavia, questa pressione per essere perfetti può trasformare il flirt in un'esperienza stressante e carica di ansia. Al contrario, accettare che ci possano essere piccoli errori o momenti goffi, e saperli gestire con umorismo e autoironia, rende l'interazione molto più piacevole e autentica. Spesso, le persone trovano attraente chi è capace di ridere di se stesso, perché questo dimostra una certa sicurezza e un atteggiamento rilassato, caratteristiche che rendono l'interazione molto più leggera e accessibile.

Un altro modo per mantenere la leggerezza nel flirt è concentrarsi sul presente. Molte volte, quando flirtiamo, tendiamo a proiettare troppo in avanti, immaginando dove potrebbe portarci quell'interazione o cosa potrebbe significare a lungo termine. Questo tipo di mentalità crea una tensione che può appesantire la conversazione e rendere più difficile godersi il momento. Mantenere la leggerezza significa, invece, vivere il flirt nel "qui e ora", senza preoccuparsi di dove porterà o di cosa significherà in futuro. Quando ci si concentra solo sul presente, si è più aperti a cogliere le piccole gioie dell'interazione e a vivere ogni istante per ciò che è, senza cercare di spingere la conversazione in una direzione specifica.

La leggerezza si manifesta anche nel modo in cui si gestisce il gioco delle aspettative reciproche. Flirtare non significa necessariamente dichiarare un interesse profondo o impegnarsi a portare avanti una relazione; può essere semplicemente un modo per esplorare l'attrazione reciproca senza mettere troppo in gioco le proprie emozioni. Spesso, un flirt leggero è accompagnato da un'atmosfera di curiosità e apertura, dove non ci sono aspettative rigide su come l'interazione debba concludersi. Quando entrambe le persone sono consapevoli che il flirt può restare un gioco di seduzione senza necessariamente trasformarsi in qualcosa di più serio, la pressione diminuisce e diventa più facile mantenere la conversazione leggera e giocosa.

Un altro elemento che aiuta a mantenere la leggerezza nel flirt è l'equilibrio tra dare e ricevere. Il flirt è una danza di segnali, di scambi reciproci in cui entrambi giocano un ruolo attivo e passivo. Se una persona monopolizza la conversazione o cerca costantemente di impressionare l'altra, si rischia di creare una dinamica sbilanciata, che può portare a una sensazione di pesantezza o di eccessiva pressione. Invece, quando si lascia spazio all'altro per rispondere, per contribuire al gioco o per scherzare a sua volta, l'interazione diventa molto più equilibrata e naturale. Questo scambio fluido permette di mantenere il flirt in un terreno leggero e divertente, senza che una delle due parti si senta in dovere di fare tutto il lavoro.

L'umorismo, come accennato, è uno strumento fondamentale per mantenere la leggerezza nel flirt, ma è importante saperlo dosare. L'umorismo giusto, che non sia troppo forzato o pesante, può trasformare un'interazione ordinaria in qualcosa di molto più piacevole. Quando si scherza e si ride insieme, si crea immediatamente un'atmosfera di complicità, in cui le persone si sentono libere di essere più spontanee e meno controllate. Tuttavia, è essenziale che l'umorismo non diventi un meccanismo di difesa o uno strumento per evitare un'interazione autentica. Bisogna sempre ricordarsi di alternare momenti di leggerezza con momenti di ascolto e attenzione, creando un equilibrio che permetta alla conversazione di non diventare troppo superficiale.

Un altro aspetto importante è la capacità di accettare il rifiuto o una risposta non entusiasta con grazia e leggerezza. Quando si flirta, è naturale che non sempre ci sia una risposta positiva dall'altra parte, ma questo non dovrebbe essere motivo di imbarazzo o frustrazione. Accettare con serenità un segnale di disinteresse e continuare a mantenere un atteggiamento rilassato è una dimostrazione di maturità emotiva. Spesso, la capacità di gestire il rifiuto con leggerezza, magari con una battuta o con un sorriso, può persino trasformare una situazione potenzialmente scomoda in un momento positivo. Questa abilità dimostra sicurezza e la volontà di non prendersi troppo sul serio, qualità che possono rendere una persona ancora più attraente.

Infine, mantenere la leggerezza nel flirt significa essere consapevoli dell'importanza dei piccoli gesti. Il flirt non è sempre fatto di grandi dichiarazioni o gesti plateali; spesso, sono i dettagli più sottili, come un sorriso accennato, uno sguardo curioso o una battuta ben piazzata, a fare la differenza. Questi piccoli momenti creano un'atmosfera di gioco che rende il flirt divertente e stimolante, senza dover per forza portare a qualcosa di più serio. Quando si è capaci di apprezzare e godere di questi momenti leggeri, il flirt diventa un'esperienza piacevole e rilassata, sia che porti a qualcosa di più concreto o che resti semplicemente un gioco di seduzione.

In sintesi, mantenere la leggerezza nel flirt è fondamentale per creare interazioni rilassate, giocose e piacevoli. Significa essere capaci di vivere il momento senza preoccuparsi troppo del risultato, di usare l'umorismo e la curiosità per connettersi con l'altra persona, e di accettare che non tutto deve necessariamente condurre a qualcosa di più serio. Questo approccio non solo rende il flirt più naturale, ma permette anche di creare un'atmosfera di complicità e divertimento che può arricchire l'interazione e lasciare spazio per una connessione autentica, senza le pressioni e le ansie che spesso possono accompagnare questo tipo di situazioni.

Mantenere la leggerezza nel flirt è un'abilità che richiede un approccio equilibrato e consapevole, fondato sulla capacità di navigare tra l'interazione ludica e l'autenticità del momento senza cadere nella trappola delle aspettative o della rigidità. Il flirt, per sua natura, è un gioco sociale che permette alle persone di esplorare l'attrazione reciproca attraverso un dialogo vivace, segnali sottili e un tocco di ironia. È proprio questa dimensione di gioco che rende il flirt piacevole e coinvolgente, senza che si trasformi in un'esperienza carica di ansie o di aspettative irrealistiche. La chiave, quindi, sta nel riuscire a creare un'atmosfera di rilassamento e spensieratezza, dove ogni gesto e parola fluiscano senza l'obbligo di dover raggiungere un obiettivo preciso o un risultato immediato.

Uno degli aspetti centrali della leggerezza nel flirt è la capacità di accogliere l'imprevedibilità. Il flirt è, di fatto, un'arte che si basa sulla spontaneità, sull'improvvisazione e su una certa dose di mistero. Quando ci si avvicina a questo tipo di interazione con la mentalità giusta, ci si rende conto che non c'è bisogno di pianificare o controllare ogni fase della conversazione. Anzi, spesso è proprio la sorpresa di ciò che emerge dal dialogo a rendere il flirt così affascinante. La capacità di reagire in modo spontaneo e fluido a ciò che l'altra persona dice o fa è una componente fondamentale per mantenere l'interazione leggera e divertente. Questo approccio non solo aiuta a creare un ambiente rilassato, ma stimola anche la curiosità reciproca, permettendo al flirt di svilupparsi in modo naturale.

Un altro elemento chiave per mantenere la leggerezza è la volontà di divertirsi. Il flirt non dovrebbe mai essere visto come una competizione o una sfida da vincere, ma piuttosto come un'opportunità per ridere, scherzare e godere della compagnia dell'altra persona. Spesso, le persone si bloccano nel tentativo di apparire perfette o di dire sempre la cosa giusta, perdendo di vista il vero piacere del flirt: la possibilità di essere se stessi in modo disinvolto e di esplorare un'attrazione senza prendere tutto troppo sul serio. Quando ci si avvicina al flirt con un atteggiamento giocoso e non con l'ansia di fare colpo, si crea uno spazio in cui entrambe le persone possono esprimersi liberamente, senza paura di giudizio o di fallimento. Questa dimensione di gioco reciproco è ciò che dà al flirt la sua qualità unica di leggerezza.

L'umorismo, come già accennato, è una delle chiavi fondamentali del flirt leggero. L'umorismo ha il potere di sciogliere la tensione, di creare complicità e di stabilire una connessione senza dover ricorrere a gesti o parole troppo serie o cariche di significato. Ridere insieme non solo rende l'interazione più piacevole, ma comunica anche un senso di fiducia e di apertura. È come se l'umorismo creasse un ponte tra due persone, permettendo loro di condividere qualcosa di spontaneo e autentico. Tuttavia, l'umorismo deve essere utilizzato in modo intelligente: non dovrebbe essere eccessivamente sarcastico o critico, poiché questo potrebbe mettere l'altra persona a disagio o farla sentire sminuita. L'umorismo migliore nel flirt è quello che si basa su un senso di leggerezza e di autoironia, che dimostra che ci si prende poco sul serio e che si è disposti a scherzare anche sui propri piccoli errori o imperfezioni.

La capacità di mantenere il flirt su un piano leggero si riflette anche nella gestione delle aspettative. Spesso, le persone si avvicinano al flirt con un'idea predeterminata su ciò che vogliono ottenere dall'interazione, che si tratti di una connessione romantica o di un segnale di interesse più diretto. Tuttavia, il flirt è molto più divertente e gratificante quando si libera da questo tipo di obiettivi fissi. Invece di cercare di guidare la conversazione verso una conclusione specifica, lasciare che l'interazione si sviluppi in modo organico è la vera essenza della leggerezza. Questo approccio non solo riduce la pressione su entrambe le parti, ma apre anche la porta a un'interazione più autentica, dove il piacere di stare insieme diventa il vero motore del flirt, piuttosto che la necessità di ottenere qualcosa di concreto.

Il linguaggio del corpo gioca un ruolo fondamentale nel mantenere la leggerezza durante il flirt. Gesti aperti e rilassati, sorrisi spontanei, piccoli tocchi leggeri possono trasmettere interesse senza la necessità di parole esplicite o dichiarazioni pesanti. È il modo in cui questi segnali corporei vengono scambiati che crea un'atmosfera di gioco e complicità. Quando il linguaggio del corpo è fluido e naturale, riflette un atteggiamento rilassato e disponibile, che permette all'interazione di proseguire senza tensioni. È importante non forzare il linguaggio del corpo e lasciare che questi piccoli segnali emergano naturalmente dal contesto e dalla conversazione, piuttosto che cercare di controllarli o manipolarli. L'autenticità, anche nel modo in cui ci muoviamo e interagiamo fisicamente, è un elemento chiave per mantenere il flirt leggero.

Anche l'autoironia è uno strumento potente per mantenere il flirt giocoso. Essere capaci di ridere di se stessi e non prendersi troppo sul serio è una qualità che tende a mettere a proprio agio l'altra persona e a farla sentire più rilassata. Spesso, durante un flirt, ci possono essere piccoli momenti di imbarazzo o incertezza – una battuta che non ha l'effetto desiderato, un gesto mal interpretato – ma saper gestire questi momenti con autoironia li trasforma in opportunità di connessione, piuttosto che in cause di disagio. Ridere insieme di un piccolo errore o di un malinteso può rendere l'interazione ancora più speciale, perché dimostra che entrambe le persone sono a proprio agio e disposte a lasciarsi andare senza la paura di fare brutta figura.

Un altro aspetto importante è la capacità di ascoltare attivamente. Anche se il flirt è spesso associato al parlare e all'intrattenimento, una parte fondamentale del mantenere la leggerezza è saper ascoltare ciò che l'altra persona ha da dire. L'ascolto attivo non significa solo prestare attenzione alle parole, ma anche cogliere i segnali sottili del linguaggio del corpo e del tono di voce. Quando si è realmente interessati a ciò che l'altra persona sta condividendo, si crea un'atmosfera di rispetto e reciprocità che rende il flirt molto più naturale. L'ascolto attento permette anche di rispondere in modo più pertinente e autentico, evitando di trasformare la conversazione in una sequenza di battute preconfezionate. Questo equilibrio tra parlare e ascoltare è ciò che rende il flirt non solo divertente, ma anche significativo.

Mantenere la leggerezza nel flirt significa anche essere pronti ad accettare i segnali dell'altra persona con rispetto e sensibilità. Non tutte le interazioni portano necessariamente a un'intesa o a un continuo scambio di flirt, e va benissimo così. Quando si approccia il flirt con leggerezza, si è anche pronti ad accettare il fatto che, a volte, potrebbe non esserci una corrispondenza o che l'altra persona potrebbe non essere interessata a proseguire su quel piano. Gestire questi segnali con grazia, senza insistere o forzare l'interazione, dimostra maturità e rende l'esperienza più gradevole per entrambe le parti. L'arte del flirt leggero si basa proprio sulla capacità di rispettare i confini e di non prendere il rifiuto sul personale, mantenendo sempre un atteggiamento rilassato e aperto.

Infine, mantenere la leggerezza nel flirt significa anche saper giocare con l'ambiguità. Il flirt, per definizione, è pieno di segnali sottili e ambigui, e parte del suo fascino risiede proprio nel non rendere tutto immediatamente chiaro o esplicito. Questo senso di mistero e di gioco non dichiarato è ciò che mantiene viva l'energia nell'interazione. Flirtare con leggerezza significa saper bilanciare l'interesse con la capacità di mantenere un po' di suspense, permettendo all'altra persona di godere del processo di scoperta e di esplorazione dell'attrazione reciproca senza che tutto venga messo immediatamente sul tavolo.

In sostanza, mantenere la leggerezza nel flirt non significa essere superficiali, ma piuttosto saper navigare tra il gioco e l'autenticità, tra il piacere dell'interazione e il rispetto reciproco. Si tratta di godere del momento, di essere presenti e di non lasciare che le aspettative o le pressioni appesantiscano ciò che dovrebbe essere un'esperienza piacevole e rilassata.

In conclusione, mantenere la leggerezza nel flirt è essenziale per creare un'atmosfera di complicità, divertimento e connessione senza pressione. Il flirt, quando affrontato con la giusta dose di leggerezza, diventa un gioco sottile di scambio reciproco, dove l'interazione è priva di aspettative rigide e si sviluppa in modo naturale e fluido. La chiave sta nel riuscire a trovare un equilibrio tra autenticità e gioco, dove entrambe le persone possono esprimersi liberamente, ridere e godersi il momento senza sentirsi vincolate da obblighi o ansie sul futuro.

Uno degli aspetti più importanti per mantenere questa leggerezza è evitare di prendere il flirt troppo sul serio. Quando si inizia a vedere il flirt come un processo che deve condurre a un risultato specifico, come ottenere l'interesse dell'altra persona o stabilire una connessione romantica, si carica la conversazione di aspettative che rischiano di soffocare la spontaneità. L'approccio migliore è quello di lasciarsi andare, di godere del presente e di apprezzare l'interazione per quello che è, senza la necessità di portarla immediatamente a un livello più profondo o impegnativo. Questo approccio aperto non solo rende il flirt più piacevole, ma permette anche di costruire una relazione più genuina, basata sulla reciproca scoperta e sul rispetto dei tempi dell'altra persona.

La leggerezza si manifesta anche attraverso l'uso dell'umorismo e dell'autoironia. Saper ridere insieme e prendersi in giro in modo gentile e rispettoso contribuisce a creare un'atmosfera rilassata e intima. L'umorismo non solo rende l'interazione più divertente, ma comunica anche un messaggio importante: non c'è bisogno di essere perfetti o di prendere tutto troppo seriamente. Questo tipo di atteggiamento non solo mette a proprio agio l'altra persona, ma dimostra anche sicurezza e una capacità di gestire le piccole incertezze e imperfezioni del momento. Quando si è in grado di ridere di sé stessi e di affrontare con leggerezza anche gli eventuali momenti di imbarazzo, si crea un terreno fertile per un'interazione più autentica e piacevole.

L'autoironia e l'umorismo, tuttavia, devono sempre essere accompagnati da un atteggiamento rispettoso e attento. Mantenere la leggerezza non significa ignorare i segnali dell'altra persona o forzare l'interazione. È fondamentale essere sensibili ai confini e alle risposte dell'altro, adattandosi alle sue reazioni e rispettando la sua disponibilità a proseguire il gioco del flirt. Il rispetto dei limiti è ciò che rende il flirt piacevole e sicuro per entrambe le parti, evitando che diventi invadente o spiacevole. La leggerezza, infatti, implica anche la capacità di saper riconoscere quando è il momento di fare un passo indietro, senza che questo sia percepito come una sconfitta o un fallimento.

Un altro aspetto cruciale del flirt leggero è la flessibilità. Il flirt è un gioco dinamico, in cui le situazioni possono cambiare rapidamente, e parte del piacere sta proprio nella capacità di adattarsi e di fluire con il momento. Quando si è troppo rigidi o fissati su un risultato specifico, si perde la capacità di reagire con prontezza e spontaneità ai segnali che l'altra persona manda. La flessibilità consente di mantenere l'interazione aperta e senza pressione, di giocare con i segnali e di esplorare l'attrazione reciproca senza dover per forza arrivare a una conclusione precisa. Questo atteggiamento aperto e rilassato rende il flirt un'esperienza più leggera e stimolante per entrambe le persone coinvolte.

Un altro punto essenziale per mantenere la leggerezza nel flirt è non avere paura del rifiuto. Flirtare comporta sempre una certa dose di rischio: non sempre l'altra persona sarà sulla stessa lunghezza d'onda o risponderà in modo positivo. Tuttavia, è proprio accettare questa possibilità senza drammatizzare che consente di mantenere l'interazione leggera. Quando si gestisce il rifiuto con grazia e umorismo, dimostrando di non prenderla sul personale, si mantiene un'atmosfera piacevole e rilassata, e si lascia aperta la possibilità di continuare a interagire in modo amichevole. Questo approccio maturo e rilassato rende il flirt più accessibile e meno stressante, sia per chi lo inizia che per chi lo riceve.

Infine, mantenere la leggerezza nel flirt significa saper vivere il momento. Il flirt è, per sua natura, un'esperienza che si basa sul presente, sul qui e ora, senza bisogno di proiettarsi troppo nel futuro o di attribuire alla conversazione un significato più grande di quello che ha. Questo non significa che il flirt non possa evolvere in qualcosa di più profondo, ma che, per essere autentico e piacevole, deve essere vissuto momento per momento. Vivere il flirt nel presente permette di godere appieno dell'interazione, di cogliere ogni sfumatura e di apprezzare l'attrazione reciproca per quello che è, senza la necessità di trasformarla in qualcos'altro.

In conclusione, il flirt leggero è una combinazione di gioco, rispetto, spontaneità e apertura. È un modo per connettersi con un'altra persona senza la pressione di dover raggiungere un obiettivo preciso o di dover impressionare a tutti i costi. È un'esperienza in cui si può esplorare l'attrazione reciproca in modo rilassato e naturale, godendo del momento e delle piccole gioie che esso porta. Quando si mantiene la leggerezza, il flirt diventa un'esperienza arricchente, in cui entrambe le persone possono esprimersi liberamente, creare una connessione autentica e divertirsi, senza ansie o aspettative eccessive.

17. Flirting in diverse situazioni sociali: Dai contesti informali come i bar, a quelli più formali come gli eventi di lavoro.

Il flirting cambia notevolmente a seconda del contesto sociale in cui si svolge, e la capacità di adattare il proprio approccio a queste diverse situazioni è fondamentale per flirtare con successo. Ogni ambiente ha le proprie regole implicite di comportamento, il proprio tono e le proprie aspettative, e ciò che può funzionare in un contesto informale come un bar potrebbe essere totalmente inappropriato in una situazione formale come un evento di lavoro. Comprendere e rispettare queste dinamiche è essenziale per evitare fraintendimenti o momenti imbarazzanti, mentre si cerca di stabilire una connessione.

In un contesto informale, come un bar o una festa tra amici, il flirt tende ad essere più spontaneo, leggero e diretto. L'atmosfera rilassata e spesso vivace permette alle persone di essere più apertamente giocose e di esprimere interesse con meno restrizioni. In questi ambienti, è comune utilizzare l'umorismo, il contatto visivo prolungato e persino piccoli tocchi fisici come modo per mostrare attrazione. La musica, le bevande e l'energia sociale in genere incoraggiano una comunicazione più fluida e disinvolta. Tuttavia, anche in questi contesti, è fondamentale saper leggere i segnali dell'altra persona e non essere troppo invadenti o insistenti. La leggerezza è sempre importante, e il rispetto dei confini è essenziale per mantenere il flirt su un piano divertente e reciproco.

In un bar, ad esempio, ci si può sentire liberi di approcciare qualcuno con una battuta o un commento casuale su qualcosa che accade nell'ambiente circostante. Il flirt può iniziare con qualcosa di molto semplice, come chiedere che drink ha ordinato l'altra persona, o fare un'osservazione ironica su un elemento della serata. È importante mantenere il tono leggero e non essere eccessivamente invadenti. Il linguaggio del corpo gioca un ruolo chiave: un sorriso, un contatto visivo costante e una postura aperta possono fare molto per creare un'atmosfera piacevole. Tuttavia, anche in questi contesti rilassati, bisogna prestare attenzione a non esagerare con il contatto fisico, specialmente se l'altra persona non ricambia chiaramente l'interesse.

Un altro aspetto da considerare nei contesti informali è che spesso l'alcol è presente. Anche se può facilitare la disinvoltura e l'interazione, è importante fare attenzione a non esagerare con il consumo di alcolici, poiché questo potrebbe influenzare negativamente il modo in cui il flirt viene percepito. Mantenere il controllo e rimanere attenti ai segnali dell'altra persona è essenziale per evitare situazioni spiacevoli. L'idea è di mantenere l'interazione leggera e giocosa, senza farla scivolare in un territorio che possa sembrare inappropriato o eccessivo.

Diversamente, in un contesto più formale come un evento di lavoro o una conferenza, il flirt richiede un approccio molto più sottile e discreto. Gli eventi professionali hanno delle regole sociali ben definite, e l'ultima cosa che si vuole fare è dare l'impressione di essere troppo invadenti o di non rispettare l'etichetta professionale. In questi contesti, il flirt dovrebbe essere moderato, basato più sull'intelligenza e sulla conversazione che su segnali fisici o battute esplicite. Il linguaggio del corpo può essere meno evidente, e gli sguardi o i sorrisi sottili diventano strumenti più potenti per esprimere interesse.

A un evento di lavoro, ad esempio, il flirt potrebbe iniziare con una conversazione su argomenti professionali, lasciando che il tono diventi gradualmente più personale man mano che la conversazione prosegue. In questo contesto, è essenziale che il flirt rimanga sempre rispettoso e appropriato, poiché ci si trova in un ambiente dove le relazioni personali e professionali si intrecciano. Una battuta intelligente o un complimento discreto possono essere efficaci per mostrare interesse, ma è importante non forzare mai l'interazione o renderla eccessivamente evidente. Anche il contatto fisico dovrebbe essere evitato o limitato a gesti formali e appropriati, come una stretta di mano o una leggera pacca sulla spalla, solo se il contesto lo permette.

In un contesto formale, è fondamentale prestare attenzione al linguaggio non verbale dell'altra persona. Spesso, l'interesse viene comunicato in modo molto sottile, attraverso sguardi prolungati, sorrisi accennati o piccoli gesti di apertura. Tuttavia, è importante non presumere troppo rapidamente che ci sia attrazione romantica solo perché l'altra persona è cortese o disponibile: nei contesti di lavoro, molti segnali di gentilezza possono essere semplicemente espressioni di professionalità. Pertanto, è fondamentale avanzare con cautela e assicurarsi che ogni segnale venga ricambiato prima di procedere con un flirt più evidente.

Il contesto culturale è un altro fattore cruciale da considerare quando si flirta in situazioni sociali diverse. In alcuni contesti culturali, il flirt può essere visto come un comportamento più accettabile e comune anche in ambienti formali, mentre in altri potrebbe essere considerato del tutto fuori luogo. Ad esempio, in alcuni paesi, il flirt durante eventi sociali o di lavoro potrebbe essere accolto con leggerezza, mentre in altri potrebbe essere visto come un'infrazione dell'etichetta professionale. Avere consapevolezza del contesto culturale in cui ci si trova è quindi fondamentale per evitare malintesi o situazioni imbarazzanti.

Anche il linguaggio cambia in base al contesto. In ambienti informali, il linguaggio può essere più sciolto e giocoso, con spazio per battute o giochi di parole, mentre in contesti più formali è necessario mantenere un tono più serio e rispettoso. Tuttavia, ciò non significa che non sia possibile flirtare attraverso conversazioni più profonde o intellettuali: spesso, la connessione nasce dalla capacità di parlare con passione e competenza su argomenti che interessano entrambe le persone. In questi casi, il flirt diventa più sottile, un gioco di intesa e di intelligenza, in cui l'attrazione si esprime attraverso la conversazione e la sintonia intellettuale piuttosto che attraverso il gioco fisico o l'umorismo più immediato.

Un altro contesto interessante per il flirt sono le situazioni semi-formali, come matrimoni, feste di laurea o eventi sociali organizzati. Questi eventi spesso si trovano a metà strada tra l'informalità di una festa e la formalità di un incontro di lavoro, e quindi richiedono una maggiore sensibilità per navigare tra le regole sociali e le aspettative. In questi contesti, il flirt può essere più disinvolto rispetto a un evento di lavoro, ma deve comunque mantenere una certa compostezza e rispetto per l'ambiente. Ad esempio, in un matrimonio, è possibile flirtare con maggiore libertà rispetto a un evento aziendale, ma è importante non rubare la scena o creare situazioni che potrebbero mettere a disagio gli altri invitati.

Infine, in qualsiasi contesto sociale, è essenziale che il flirt sia sempre reciproco e rispettoso. Se l'altra persona non sembra ricambiare l'interesse o mostra segni di disinteresse, è fondamentale fermarsi immediatamente e non insistere. Il flirt dovrebbe sempre essere un'interazione piacevole e divertente per entrambe le parti, e il rispetto dei confini è la chiave per assicurarsi che l'interazione rimanga positiva. Saper leggere i segnali, adattare il proprio stile al contesto e mantenere un atteggiamento rispettoso sono gli ingredienti fondamentali per flirtare con successo in qualsiasi ambiente sociale.

In sintesi, flirtare in contesti sociali diversi richiede flessibilità, consapevolezza e la capacità di adattare il proprio approccio alla situazione specifica. In ambienti informali come bar o feste, il flirt può essere più diretto e giocoso, mentre in contesti formali o professionali è necessario essere molto più sottili e discreti. In ogni caso, il rispetto dei confini personali e la capacità di leggere i segnali dell'altra persona sono essenziali per garantire che il flirt rimanga piacevole, appropriato e ben accolto.

Flirtare in diverse situazioni sociali richiede un approccio dinamico e adattabile, capace di cogliere le sfumature del contesto e le regole non scritte che variano da un ambiente all'altro. Ogni contesto sociale ha un suo "codice" specifico, e il modo in cui il flirt viene percepito e interpretato può cambiare drasticamente a seconda di dove ci si trova. La capacità di adeguarsi a queste diverse dinamiche non è solo una questione di stile personale, ma anche di sensibilità sociale, di consapevolezza dei segnali e di rispetto per il contesto in cui ci si muove.

In contesti informali come bar, pub, feste private o eventi sociali casuali, il flirt è spesso più palese e diretto. In questi ambienti, c'è una maggiore libertà di espressione e, in generale, ci si aspetta che le interazioni siano più leggere e meno strutturate. Qui, la gente tende a essere più rilassata, e il flirt può essere incoraggiato dall'atmosfera stessa, che invita alla socializzazione e al divertimento. Il contatto visivo è più prolungato, i sorrisi sono più frequenti e l'uso del corpo diventa parte integrante del linguaggio di attrazione. Un gesto semplice come avvicinarsi fisicamente, un tocco leggero su un braccio o il modo in cui una persona si rivolge verso di te mentre parla possono essere segnali molto evidenti di interesse.

Tuttavia, anche in questi contesti dove il flirt è più "libero", è importante mantenere un certo equilibrio. La spensieratezza del flirt non deve mai trasformarsi in invadenza. È fondamentale saper leggere le reazioni dell'altra persona e capire se il gioco della seduzione è reciproco. Nei bar o nelle feste, può essere facile superare i confini, magari a causa di un'eccessiva disinvoltura o del contesto in cui l'alcol può giocare un ruolo. Perciò, mantenere la leggerezza e la fluidità dell'interazione, senza mai forzare la mano, è essenziale per assicurarsi che il flirt rimanga un'esperienza piacevole per entrambe le persone coinvolte.

Il linguaggio utilizzato in questi ambienti tende a essere più diretto, scherzoso, pieno di battute e giochi di parole. Qui il flirt è più visibile e tangibile, fatto di piccoli complimenti, risatine e un continuo gioco di sguardi che tende a far sentire l'altra persona al centro dell'attenzione. L'umorismo è un alleato fondamentale: battute intelligenti e autoironiche possono far sciogliere la tensione e creare immediatamente un senso di complicità. La capacità di non prendersi troppo sul serio, ridere insieme e mantenere un tono giocoso permette di coltivare un flirt leggero e non impegnativo, in linea con la natura rilassata di questi contesti.

Al contrario, quando ci si trova in situazioni più formali, come eventi di lavoro, conferenze o serate di gala, il flirt assume un tono completamente diverso. In questi contesti, le dinamiche sono più strutturate e c'è un codice sociale più rigido che definisce cosa è appropriato e cosa non lo è. Qui, il flirt deve essere molto più sottile e discreto, perché ciò che potrebbe sembrare divertente in un bar potrebbe facilmente apparire inappropriato o imbarazzante in un contesto professionale. L'attrazione non è meno presente in questi ambienti, ma viene manifestata attraverso canali più sottili e controllati.

In un evento di lavoro, per esempio, il flirt si manifesta spesso attraverso la conversazione piuttosto che con gesti fisici o segnali espliciti. La scelta delle parole, il tono della voce e il modo in cui si riesce a stabilire una connessione intellettuale diventano i principali strumenti di seduzione. I complimenti devono essere discreti e professionali, e l'attenzione è focalizzata sull'instaurare una sintonia a livello mentale piuttosto che su un gioco di sguardi o tocchi. In questi contesti, il flirt può esprimersi in discussioni affascinanti o nell'interesse sincero verso ciò che l'altra persona sta dicendo. Si costruisce una tensione positiva, una sorta di "gioco di intelligenza", dove si cerca di attrarre l'altro attraverso la propria capacità di essere coinvolgenti e interessanti, piuttosto che con gesti palesi.

Tuttavia, c'è una sottile linea da non oltrepassare. Il rischio, negli eventi formali, è di far sembrare il flirt fuori luogo, soprattutto quando il contesto richiede un comportamento rigoroso o professionale. È importante ricordare che, in questi casi, le interazioni devono sempre rimanere entro i limiti della professionalità e del rispetto. Flirtare in un contesto formale richiede quindi una grande attenzione alla sensibilità dell'altra persona e alle aspettative dell'ambiente circostante. Non si tratta solo di conquistare, ma anche di rispettare i confini di ciò che è appropriato.

Un altro tipo di contesto che presenta sfide uniche per il flirt è quello degli eventi sociali misti, come matrimoni, cene di gala o eventi culturali. In questi casi, c'è una combinazione di formalità e informalità, e il flirt può svilupparsi con maggiore libertà rispetto a un contesto di lavoro, ma senza la stessa disinvoltura di un bar. Questi eventi spesso offrono l'occasione perfetta per socializzare e conoscersi meglio, ma richiedono comunque un certo livello di moderazione e tatto. A un matrimonio, ad esempio, c'è spesso una predisposizione naturale all'interazione sociale, poiché tutti gli invitati sono lì per celebrare e divertirsi. Tuttavia, anche in queste situazioni, è importante non esagerare. Un flirt troppo evidente o invadente potrebbe non essere ben accolto, soprattutto se ci si trova in presenza di amici o familiari comuni.

In questi contesti semi-formali, l'approccio ideale è uno stile di flirt che si adatta alle circostanze, mantenendo un tono amichevole e leggero, ma senza mai apparire troppo audace o fuori posto. Anche in questi casi, il linguaggio del corpo è importante: sguardi prolungati, sorrisi accennati, un gesto leggero come appoggiare una mano sulla spalla per un istante possono essere segnali sottili ma efficaci di interesse. L'interazione deve comunque rimanere sempre rispettosa e appropriata al contesto. È possibile essere affettuosi e coinvolgenti senza mai oltrepassare il limite, specialmente quando l'atmosfera è mista tra intimità e formalità.

Un altro contesto ancora diverso è quello degli spazi pubblici casuali, come una caffetteria, un parco o una libreria. In questi ambienti, il flirt è ancora più discreto e spesso inizia con una semplice osservazione casuale o una breve conversazione su qualcosa di condiviso, come un libro che si sta leggendo o il caffè che si sta ordinando. Il tono è informale, ma allo stesso tempo rispettoso: qui il flirt deve essere molto delicato, perché si tratta di un contesto neutro, dove le persone potrebbero non aspettarsi interazioni di questo tipo. In questi casi, è essenziale mantenere un atteggiamento aperto e amichevole, senza sembrare forzati o invadenti. Piccoli segnali non verbali come un sorriso sincero o un contatto visivo diretto possono essere molto più efficaci di una battuta o di un commento troppo esplicito.

In definitiva, il flirt si adatta al contesto in cui avviene, e la sua efficacia dipende in gran parte dalla capacità di saper leggere l'atmosfera e di rispondere con sensibilità alle reazioni dell'altra persona. Che ci si trovi in un bar, a un evento di lavoro, a un matrimonio o in un contesto pubblico casuale, la chiave del flirt di successo è la capacità di navigare tra i diversi toni, mantenendo sempre il rispetto per l'altra persona e per l'ambiente circostante. Saper adattare il proprio stile di flirt alle situazioni sociali non solo dimostra intelligenza emotiva, ma permette anche di creare interazioni più autentiche e piacevoli, che si sviluppano in modo naturale e senza pressione.

Flirtare in contesti sociali diversi richiede una straordinaria capacità di adattamento e una lettura accurata delle dinamiche che si sviluppano intorno a noi. Ogni ambiente sociale porta con sé aspettative specifiche e, sebbene l'obiettivo possa essere quello di stabilire una connessione o esplorare un'attrazione reciproca, il modo in cui si approccia questo gioco cambia drasticamente a seconda della situazione. La consapevolezza del contesto è cruciale: sapere quando e come flirtare è una questione di tatto, sensibilità e, soprattutto, di rispetto verso l'altra persona e le regole implicite dell'ambiente in cui ci si trova.

In un ambiente informale come un bar, un ristorante o una festa, il flirt è generalmente più disinvolto e spontaneo. Qui, la natura rilassata dell'ambiente facilita le interazioni e permette di muoversi in modo più libero. In questo tipo di contesti, ci si aspetta che le persone siano aperte alla socializzazione e che ci sia meno rigidità nelle interazioni. Un ambiente come questo offre lo spazio per battute, commenti leggeri, complimenti espliciti e persino un linguaggio del corpo più audace, come brevi contatti fisici o sguardi prolungati. Tuttavia, la libertà di flirtare in un contesto informale non deve essere confusa con un permesso di invadere i confini altrui. È sempre importante mantenere un certo equilibrio e saper leggere attentamente i segnali dell'altra persona: una risata, un sorriso genuino o un contatto visivo ricambiato sono tutti indicatori positivi, ma l'assenza di questi segnali dovrebbe far capire che è meglio ridurre l'intensità dell'approccio.

In questi contesti, il tono del flirt è spesso giocoso e leggero, con una buona dose di umorismo che rende l'interazione piacevole e divertente. Le battute, i giochi di parole e i piccoli scherzi sono strumenti potenti per rompere il ghiaccio e mantenere la conversazione viva. Tuttavia, bisogna sempre essere attenti a non esagerare con l'umorismo o a non trasformarlo in sarcasmo pungente che potrebbe essere frainteso o interpretato negativamente. L'obiettivo in ambienti informali è creare un'atmosfera di complicità, dove entrambi si sentano a proprio agio a flirtare senza sentirsi giudicati o sotto pressione. Qui, il contesto stesso aiuta a mantenere la leggerezza: la musica, le bevande, l'energia della folla contribuiscono a far sì che le interazioni scorrano naturalmente.

Nel caso di una festa privata, ad esempio, il flirt può essere ancora più personale, poiché ci si trova spesso in compagnia di amici comuni, e questo offre una base di fiducia e sicurezza. In queste situazioni, si può giocare di più con il linguaggio del corpo, come avvicinarsi fisicamente in modo naturale, oppure condividere uno spazio più intimo e riservato della festa, come la cucina o un angolo tranquillo. Questi momenti offrono l'opportunità di flirtare in un modo più privato, senza la necessità di essere eccessivamente visibili agli altri presenti. Tuttavia, anche in un ambiente rilassato come una festa, è importante rispettare sempre i confini e non fare passi troppo audaci se non si è sicuri che l'altra persona stia rispondendo in modo positivo.

Al contrario, in un contesto formale, come un evento aziendale o una conferenza, il flirt deve necessariamente essere più sobrio e discreto. Qui, le aspettative sociali sono diverse, e l'ambiente richiede una maggiore attenzione all'etichetta e alla professionalità. Sebbene possa esserci spazio per una certa attrazione, il modo in cui viene espressa deve essere molto più contenuto e raffinato. In questo tipo di ambiente, il flirt si sviluppa spesso a livello verbale, attraverso conversazioni intelligenti, complimenti discreti e sguardi appena accennati. Si cerca di creare una connessione emotiva o intellettuale senza mai far sembrare l'interazione eccessivamente personale o fuori luogo.

In un contesto lavorativo, il flirt può prendere la forma di una conversazione più profonda e riflessiva. Parlare degli interessi professionali o delle esperienze condivise in modo coinvolgente e appassionato può creare un legame, ma è essenziale mantenere un tono rispettoso e professionale. Piccoli segnali non verbali, come un sorriso o una leggera inclinazione del corpo verso l'altra persona, possono essere utilizzati per mostrare interesse senza mai risultare troppo evidenti. È fondamentale non forzare il flirt in questi contesti: se l'altra persona non sembra aperta a interazioni più personali o informali, è importante saper tornare rapidamente a una conversazione più neutra e professionale.

In ambienti formali, è anche fondamentale tenere a mente il pubblico presente. A differenza di un bar o di una festa privata, negli eventi professionali si è spesso circondati da colleghi, superiori o potenziali clienti, e ogni interazione può avere conseguenze più ampie. Flirtare apertamente in questi contesti potrebbe essere visto come inappropriato o addirittura rischioso per la propria immagine professionale. La discrezione diventa quindi un elemento essenziale: un flirt sottile e appena percepito potrebbe essere più efficace, oltre che più sicuro, di un tentativo troppo esplicito.

Un altro contesto interessante per il flirt è quello delle situazioni sociali formali ma conviviali, come matrimoni, cerimonie o eventi pubblici che, pur avendo un grado di formalità, offrono anche occasioni di svago e interazione più libera. A un matrimonio, ad esempio, c'è una naturale predisposizione alla socialità, e il flirt può essere più rilassato rispetto a un evento di lavoro. Tuttavia, è necessario mantenere un equilibrio tra il rispetto per l'evento e il desiderio di flirtare. A un matrimonio, il flirt può assumere la forma di una conversazione affettuosa durante un ballo, di un commento divertente sulla cerimonia o di un sorriso condiviso mentre si brinda agli sposi. Questi contesti offrono un'ottima opportunità per flirtare in modo naturale e senza fretta, ma sempre con un occhio attento al rispetto delle dinamiche sociali più ampie.

Le interazioni casuali in spazi pubblici, come in un caffè o in una libreria, richiedono un altro tipo di approccio. Qui, il flirt deve essere ancor più discreto e rispettoso, poiché le persone potrebbero non essere predisposte a interazioni sociali. In questi casi, il flirt inizia spesso con una conversazione casuale su un argomento condiviso, come il libro che l'altra persona sta leggendo o il tipo di caffè che ha ordinato. Il tono deve essere leggero e non invadente, poiché non si può mai sapere con certezza se l'altra persona è interessata a proseguire l'interazione o preferisce semplicemente continuare la sua attività in tranquillità. Anche in questi contesti, il linguaggio del corpo è fondamentale: un sorriso amichevole, un contatto visivo che si prolunga per un attimo, o un commento scherzoso possono essere ottimi modi per avviare un flirt in modo delicato e rispettoso.

In tutte queste situazioni, il rispetto per i confini personali rimane il principio fondamentale. Anche nei contesti più informali, come un bar o una festa, è essenziale essere in grado di riconoscere quando l'altra persona non è interessata o non è a proprio agio, e ritirarsi con grazia. Il flirt dovrebbe essere sempre un'interazione piacevole per entrambe le persone, e mai un gioco di potere o una dimostrazione di dominio. La capacità di saper leggere i segnali, di adattarsi all'ambiente e di mantenere un atteggiamento rispettoso e sensibile è ciò che distingue un flirt di successo da un'interazione sgradevole.

Il flirt, quindi, è una forma di comunicazione che cambia e si adatta a seconda del contesto sociale, e la sua efficacia dipende in gran parte dalla capacità di modulare il proprio approccio in base alle circostanze. Che ci si trovi in un bar, a un matrimonio, a una conferenza o in una libreria, la chiave per flirtare con successo è sempre la stessa: saper leggere l'ambiente, ascoltare l'altra persona e rispettare i suoi segnali, mantenendo l'interazione leggera, piacevole e divertente.

In conclusione, il flirting in contesti sociali diversi richiede una notevole capacità di adattamento e una forte consapevolezza del contesto. Ogni situazione sociale, sia che si tratti di un ambiente informale come un bar o di un evento più strutturato come una conferenza di lavoro, ha delle regole non scritte che influenzano il modo in cui le persone interagiscono tra loro. Comprendere queste dinamiche e sapere come muoversi in ciascun ambiente è fondamentale per evitare fraintendimenti, mettere a proprio agio l'altra persona e garantire che l'interazione sia piacevole e appropriata.

Nei contesti informali, il flirt tende a essere più disinvolto e diretto. Qui, le persone si sentono generalmente più libere di esprimersi, e il gioco del flirt può svilupparsi attraverso battute, complimenti e una comunicazione non verbale più evidente, come il contatto fisico o sguardi prolungati. Tuttavia, anche in questi ambienti rilassati, è fondamentale mantenere una certa dose di attenzione e sensibilità: il rispetto dei confini personali rimane sempre una priorità, e un flirt eccessivamente audace o insistente può rapidamente trasformarsi in un'esperienza spiacevole per l'altra persona. La chiave, in questi contesti, è essere giocosi e leggeri, ma mai invadenti o eccessivamente insistenti. L'umorismo e il linguaggio del corpo possono giocare un ruolo importante, ma devono sempre essere calibrati in base alle risposte dell'altra persona.

Al contrario, nei contesti più formali, come gli eventi di lavoro o le occasioni professionali, il flirt deve essere molto più sottile e discreto. Qui, la professionalità e l'etichetta sociale richiedono che qualsiasi segnale di attrazione venga espresso in modo molto più contenuto, per evitare di apparire fuori luogo o inappropriati. In queste situazioni, il flirt si basa più su una connessione intellettuale o su piccoli segnali non verbali, come sorrisi discreti, un contatto visivo mantenuto per qualche istante più a lungo del normale o una conversazione che si sposta gradualmente verso argomenti più personali. È essenziale, tuttavia, mantenere sempre il rispetto per i limiti professionali e comprendere che non tutti i contesti formali sono adatti per il flirt. In questi ambienti, è preferibile avanzare con cautela e adattare il tono della conversazione in base alle risposte dell'altra persona.

Le situazioni semi-formali, come matrimoni o eventi sociali misti, offrono un'opportunità unica per flirtare con maggiore libertà rispetto a un ambiente professionale, ma comunque con un certo grado di moderazione. Questi contesti consentono di giocare un po' di più con l'atmosfera rilassata dell'evento, ma richiedono anche di mantenere un certo rispetto per il contesto. Qui, il flirt può manifestarsi attraverso conversazioni più personali, momenti di intimità durante un ballo o battute condivise su dettagli dell'evento, ma senza mai scivolare nell'eccesso o rubare l'attenzione al momento centrale della celebrazione.

Infine, gli ambienti pubblici e casuali, come una caffetteria o una libreria, presentano un'altra dinamica ancora. In questi contesti, il flirt deve essere gestito con estrema delicatezza, poiché le persone potrebbero non aspettarsi interazioni di questo tipo. Il flirt, in questi spazi, deve essere rispettoso e non invadente, basato su conversazioni casuali o piccoli segnali non verbali che suggeriscono interesse senza essere troppo espliciti. Qui, l'obiettivo è costruire una connessione in modo graduale e capire se l'altra persona è aperta a continuare l'interazione o preferisce mantenere una certa distanza. Rispettare questa dinamica è fondamentale per evitare situazioni scomode o forzate.

Il rispetto reciproco e la capacità di interpretare correttamente i segnali dell'altra persona sono elementi centrali del flirt in ogni contesto sociale. Che ci si trovi in un ambiente informale o formale, il successo del flirt dipende sempre dalla capacità di navigare tra il gioco dell'attrazione e le dinamiche sociali con tatto e intelligenza emotiva. Essere in grado di adattare il proprio approccio e il proprio linguaggio in base all'ambiente, mantenendo sempre una sensibilità per i confini personali e le reazioni dell'altra persona, è ciò che distingue un flirt rispettoso e piacevole da un'interazione scomoda o indesiderata.

Infine, la capacità di flirtare in diversi contesti sociali richiede un delicato equilibrio tra leggerezza, rispetto e spontaneità. Il flirt, in fondo, è un'arte di connessione, che può variare in intensità e modalità a seconda dell'ambiente, ma che dovrebbe sempre essere vissuto come un gioco reciproco di attrazione e interesse. Quando si riesce a leggere correttamente l'atmosfera, a rispettare i confini dell'altra persona e a mantenere un tono di leggerezza e divertimento, il flirt può diventare un'esperienza altamente gratificante, capace di creare legami e momenti memorabili senza la pressione di dover ottenere qualcosa di più concreto. La sensibilità sociale, quindi, è la chiave per flirtare con successo in qualsiasi ambiente, garantendo che l'interazione rimanga piacevole, appropriata e, soprattutto, rispettosa per entrambe le parti.

18. Il ruolo del mistero e della curiosità: Come essere intriganti senza risultare distanti.

Il ruolo del mistero e della curiosità nel flirt è fondamentale per creare attrazione e mantenere l'interesse reciproco, ma deve essere dosato con cura affinché l'interazione rimanga coinvolgente e non sfoci in distanza o incomprensione. Essere intriganti è un'arte sottile che richiede equilibrio: saper rivelare abbastanza di sé da far emergere una connessione, ma mantenere anche una certa riservatezza che stimoli la curiosità e lasci spazio all'immaginazione. Questo tipo di mistero può essere affascinante, ma deve essere accompagnato da segnali che indichino apertura e disponibilità, altrimenti rischia di far sembrare l'altra persona inaccessibile o disinteressata.

Il mistero nel flirt non riguarda tanto ciò che viene nascosto, ma ciò che viene rivelato a piccole dosi, con il giusto tempismo. Quando si flirta, c'è una naturale tendenza a voler impressionare e condividere tutto di sé per dimostrare di essere interessanti. Tuttavia, il mistero funziona proprio perché rallenta questo processo e invita l'altra persona a voler sapere di più, a scavare oltre la superficie. Per esempio, evitare di raccontare subito ogni dettaglio della propria vita o delle proprie esperienze personali crea uno spazio in cui l'altra persona si sente coinvolta nella scoperta, spinta dalla curiosità. Questo crea una tensione positiva, una sorta di danza in cui il desiderio di sapere di più alimenta il dialogo e l'interazione.

Uno degli aspetti più affascinanti del mistero nel flirt è che esso crea un senso di anticipazione. Quando non si svela tutto subito, si lascia all'altra persona il piacere di scoprire gradualmente chi si è. Questo processo di scoperta reciproca è fondamentale per mantenere viva l'attrazione. Se una persona si apre completamente e immediatamente, potrebbe privare il flirt di quel senso di esplorazione che lo rende dinamico. Mantenere una certa riservatezza non significa essere freddi o distanti, ma piuttosto bilanciare ciò che viene detto con ciò che si tiene per sé, in modo da lasciare che l'altra persona sia stimolata a fare domande, a voler approfondire e a conoscere meglio ciò che non viene detto.

Il linguaggio del corpo gioca un ruolo importante nell'esprimere mistero. Un sorriso leggero, uno sguardo che dura un attimo di più, una pausa strategica prima di rispondere a una domanda possono creare una tensione giocosa che invita l'altra persona a voler sapere di più. Questi piccoli gesti creano un'atmosfera di curiosità e di fascino, poiché lasciano intuire che c'è qualcosa di più dietro la superficie, senza però rivelare tutto immediatamente. Il mistero non riguarda solo ciò che si dice, ma anche come ci si muove, come si interagisce e come si risponde.

Essere intriganti significa anche non essere prevedibili. Il flirt è molto più stimolante quando è caratterizzato da un certo grado di imprevedibilità. Se si adotta uno schema troppo prevedibile, l'interazione può diventare noiosa o meccanica. Al contrario, lasciare che l'altra persona si chieda cosa verrà detto o fatto dopo aumenta l'eccitazione e il coinvolgimento. Piccoli cambiamenti nel tono di voce, nell'argomento di conversazione o nei gesti possono contribuire a mantenere un'aura di mistero. Questo crea una dinamica di attrazione che spinge l'altra persona a restare coinvolta e interessata, poiché c'è sempre la sensazione che ci sia qualcosa di nuovo da scoprire.

Tuttavia, è fondamentale che il mistero sia accompagnato da segnali di apertura e reciprocità. Se si è troppo riservati o criptici, si rischia di sembrare distanti o emotivamente non disponibili, il che può spegnere l'interesse dell'altra persona. Il segreto per mantenere l'equilibrio tra mistero e connessione è fare in modo che, mentre si mantiene una certa riservatezza su alcuni aspetti, si creino comunque momenti di apertura emotiva e di genuinità che fanno sentire l'altra persona coinvolta e apprezzata. Questo può essere fatto attraverso il linguaggio del corpo, il tono della voce e la scelta dei momenti giusti per condividere aspetti più personali o vulnerabili di sé.

Un'altra tecnica efficace per mantenere il mistero senza risultare distanti è l'uso di domande che aprono la conversazione e stimolano la curiosità reciproca. Fare domande mirate e interessanti, che invitino l'altra persona a condividere di più su di sé, crea uno scambio autentico che bilancia perfettamente il desiderio di scoprire l'altro con la volontà di rivelarsi gradualmente. Ad esempio, anziché rispondere a una domanda personale con una lunga e dettagliata descrizione, si può rispondere in modo breve e intrigante, magari aggiungendo un piccolo dettaglio che lascia spazio alla curiosità. Questo invoglia l'altra persona a voler sapere di più e mantiene il ritmo del flirt dinamico e coinvolgente.

Il mistero può essere anche un modo per alimentare l'attrazione attraverso l'uso del silenzio o delle pause. Nella conversazione, un attimo di silenzio ben posizionato, dopo una domanda o una risposta, può essere incredibilmente efficace per creare suspense e attirare l'attenzione. Il silenzio può comunicare molto più delle parole e, se usato correttamente, può aumentare la tensione emotiva in modo positivo. La pausa strategica, seguita da un sorriso o da uno sguardo diretto, può dare all'altra persona la sensazione che ci sia molto di più da scoprire. Questo non significa essere evasivi o vaghi, ma piuttosto gestire la comunicazione in modo tale che non tutto venga svelato in un colpo solo.

Anche il modo in cui si condivide la propria storia personale può contribuire a creare mistero e curiosità. Ad esempio, invece di raccontare tutta la propria vita in una sola conversazione, si possono offrire piccoli sprazzi di esperienze o aneddoti che stimolano l'immaginazione dell'altra persona. Questo tipo di condivisione parziale permette di costruire una narrazione personale più affascinante, dove l'altra persona si sente coinvolta nel desiderio di saperne di più. È come leggere i capitoli di un libro: se il primo capitolo svela tutto, il resto diventa meno interessante. Invece, offrire solo un assaggio di ciò che si è vissuto, lasciando che l'altra persona ponga domande o si appassioni alla tua storia, è un modo per mantenere il flirt vivo e intrigante.

Infine, il mistero può essere mantenuto anche nel modo in cui si gestiscono le interazioni successive. Se ci si rende subito troppo disponibili o prevedibili, si rischia di perdere quel senso di attesa che rende il flirt così emozionante. Essere un po' meno prevedibili, ad esempio non rispondendo immediatamente ai messaggi o non cercando subito un ulteriore incontro, può aumentare l'interesse e far crescere la curiosità. Tuttavia, questo deve essere fatto in modo naturale e non come una strategia manipolativa: il flirt deve rimanere genuino e rispettoso, senza creare false aspettative o confusione nell'altra persona. Il segreto è mantenere un equilibrio tra il rendersi accessibili e il mantenere un'aura di fascino e mistero che continui ad alimentare l'attrazione.

In conclusione, il mistero e la curiosità giocano un ruolo fondamentale nel flirt, mantenendo vivo l'interesse e creando un'atmosfera di scoperta reciproca. Essere intriganti non significa essere freddi o distanti, ma saper gestire con intelligenza ciò che si rivela e ciò che si lascia all'immaginazione dell'altra persona. La capacità di bilanciare il mistero con l'apertura, di mantenere un tono giocoso e coinvolgente senza diventare troppo prevedibili, è ciò che rende il flirt dinamico, affascinante e capace di suscitare un desiderio continuo di conoscersi sempre di più.

Il mistero e la curiosità nel flirt sono elementi che aggiungono una profondità intrigante all'interazione, mantenendo viva l'attrazione e stimolando l'interesse reciproco. La capacità di mantenere un'aura di mistero senza sembrare distanti è una forma d'arte, in cui il giusto equilibrio tra ciò che si rivela e ciò che si trattiene diventa la chiave per mantenere viva la tensione romantica. In sostanza, il mistero non è tanto ciò che viene nascosto, ma ciò che viene rivelato gradualmente, come una danza di sguardi, parole e gesti che lasciano all'altra persona la sensazione di voler scoprire sempre di più. Questo gioco tra apertura e riservatezza è ciò che alimenta la curiosità e rende il flirt dinamico e avvincente.

Essere intriganti, senza sembrare distanti, significa saper stimolare l'immaginazione dell'altra persona, offrendo sprazzi di sé ma senza rivelare tutto immediatamente. È un invito a continuare il dialogo, a esplorare la connessione che si sta creando e a permettere all'altra persona di voler sapere di più. Spesso, chi è troppo esplicito rischia di spegnere l'attrazione, poiché la tensione svanisce non appena tutto è stato svelato. Al contrario, chi sa mantenere un certo riserbo su alcuni aspetti della propria vita o del proprio pensiero, genera quel tipo di curiosità che alimenta il desiderio di proseguire l'interazione. Questo riserbo, però, non deve essere visto come una barriera o un segno di distanza, ma piuttosto come un modo per creare un ritmo più lento e piacevole, dove ogni conversazione o incontro offre qualcosa di nuovo da scoprire.

Il mistero nel flirt può essere creato anche attraverso il modo in cui si gestiscono le conversazioni. Un dialogo intrigante è quello in cui si lascia sempre qualche domanda senza una risposta completa, o si accenna a qualcosa che potrebbe essere spiegato più avanti, magari in un altro incontro. Questo non significa essere evasivi o vaghi, ma piuttosto creare una narrazione personale che si svela poco alla volta, come un libro di cui si leggono pochi capitoli alla volta, lasciando il lettore desideroso di andare avanti. Anche nella conversazione più casuale, è possibile costruire una storia personale che incuriosisca, magari accennando a esperienze passate senza entrare subito nei dettagli, o parlando di passioni personali in modo che l'altra persona si senta spinta a chiedere di più. L'idea è di costruire una conversazione in cui si genera un continuo "dove stiamo andando", lasciando che l'altra persona voglia continuare a esplorare chi sei.

Un altro aspetto del mistero è la gestione del linguaggio non verbale. Il modo in cui si usa il corpo, gli sguardi e i gesti può contribuire a mantenere quell'aura di fascino che invita l'altra persona a voler scoprire di più. Ad esempio, uno sguardo che dura un secondo di più del solito, seguito da un lieve sorriso, può trasmettere un'intera gamma di emozioni senza che si debba dire una parola. Il linguaggio del corpo può comunicare molto più di ciò che si dice, e spesso è proprio attraverso gesti sottili che si riesce a mantenere viva la tensione del flirt. Evitare di essere troppo espliciti, ma lasciare che siano i movimenti del corpo a suggerire un interesse sottile, crea una dinamica che stimola la curiosità senza far sembrare l'interazione fredda o distante.

Anche il tono di voce gioca un ruolo importante nella creazione di mistero e curiosità. Un tono di voce più basso, quasi sussurrato, o una pausa strategica nel bel mezzo di una frase, può catturare l'attenzione e rendere l'interazione più intima e coinvolgente. La modulazione della voce crea una sorta di intimità non verbale che avvolge l'altra persona, facendola sentire parte di un momento speciale e unico. Questo approccio crea una sensazione di vicinanza emotiva e di interesse, senza che ci sia bisogno di essere eccessivamente diretti. Il mistero, in questo caso, si costruisce più su come si parla che su cosa viene detto, permettendo all'altra persona di sentire che c'è ancora molto da scoprire.

Essere intriganti senza risultare distanti implica anche la capacità di bilanciare la propria disponibilità emotiva. È importante rimanere accessibili, ma non al punto da sembrare completamente aperti o prevedibili. Le persone sono attratte da chi lascia spazio alla scoperta, da chi non rivela tutto subito. Tuttavia, è altrettanto importante non sembrare inaccessibili, poiché questo può generare frustrazione o far pensare che non ci sia alcun reale interesse. Il segreto è dosare la propria apertura, offrendo momenti di genuinità alternati a momenti di riserbo. In questo modo, si costruisce un'interazione che è al tempo stesso stimolante e coinvolgente, senza però far sentire l'altra persona esclusa o lontana.

Il mistero nel flirt si manifesta anche attraverso l'uso dei dettagli. Parlare di sé stessi in modo selettivo, rivelando piccoli frammenti di informazioni senza svelare troppo, può essere estremamente intrigante. Per esempio, condividere un aneddoto personale che accenna a una parte importante della propria vita, ma senza entrare nei particolari, lascia spazio alla curiosità. Questa tattica crea una sorta di "cliffhanger" emotivo che invita l'altra persona a voler sapere di più. I dettagli selezionati con attenzione sono come indizi che stimolano la conversazione, permettendo a chi flirta di mantenere il controllo della narrazione senza mai esaurire completamente il tema.

Un'altra strategia per mantenere il mistero e la curiosità è l'uso del tempo. Non rispondere subito ai messaggi o non essere sempre immediatamente disponibile può aumentare il desiderio di continuare l'interazione. Questo non significa giocare o creare distacco artificiale, ma semplicemente evitare di sembrare troppo accessibili e sempre presenti. L'assenza di una risposta immediata crea un leggero senso di attesa, che, se gestito correttamente, aumenta la curiosità dell'altra persona. Tuttavia, bisogna stare attenti a non spingersi troppo oltre in questa direzione: se si esagera, si rischia di sembrare disinteressati o di creare frustrazione. È un gioco sottile, in cui bisogna bilanciare momenti di accessibilità con momenti di riserbo, per mantenere viva la tensione e l'attrazione.

Anche l'imprevedibilità gioca un ruolo cruciale nel mantenere il mistero nel flirt. Quando si diventa troppo prevedibili o si seguono sempre gli stessi schemi, l'interazione rischia di perdere la sua freschezza. Essere un po' imprevedibili, cambiare argomento all'improvviso o sorprendere l'altra persona con una risposta inaspettata, mantiene l'interazione vivace e interessante. Questo tipo di imprevedibilità non deve essere confuso con il comportamento manipolativo, ma piuttosto come un modo per mantenere la conversazione fluida e stimolante. Il flirt è tanto più intrigante quanto più riesce a sorprendere l'altra persona, lasciandola curiosa di vedere cosa succederà dopo.

Inoltre, il mistero e la curiosità si possono mantenere anche mostrando solo alcuni lati di sé stessi, lasciando che l'altra persona scopra gradualmente le varie sfaccettature della propria personalità. Rivelare un lato inaspettato, come una passione o un hobby che non ci si aspetta, può sorprendere piacevolmente l'altra persona e creare un legame più profondo. Questo aspetto del mistero non riguarda necessariamente il nascondere informazioni, ma piuttosto il dosare il ritmo con cui si condividono i propri interessi e le proprie esperienze, lasciando che l'altra persona si senta coinvolta nel processo di scoperta.

In definitiva, il mistero e la curiosità sono fondamentali nel flirt perché mantengono viva l'attrazione e l'interesse. Creare un'aura di fascino richiede una grande sensibilità nel bilanciare apertura e riservatezza, facendo sì che l'altra persona si senta coinvolta nella scoperta reciproca, ma mai esclusa o tenuta a distanza. Il segreto è rivelare abbastanza da mantenere la conversazione stimolante, ma trattenere abbastanza da far sì che ci sia sempre qualcosa di nuovo da scoprire. La capacità di essere intriganti senza risultare distanti è una delle qualità più affascinanti in una persona, poiché mantiene il flirt dinamico e pieno di potenziale.

In conclusione, il mistero e la curiosità sono strumenti essenziali e potenti nel flirt, capaci di mantenere l'attrazione viva e creare una connessione duratura e coinvolgente. La chiave per usare efficacemente il mistero è trovare un delicato equilibrio tra apertura e riservatezza, dove si rivelano alcuni aspetti di sé mentre altri vengono lasciati all'immaginazione, stimolando così l'interesse dell'altra persona. Tuttavia, è importante sottolineare che il mistero non deve essere interpretato come distanza o fredda riservatezza, ma piuttosto come un invito alla scoperta graduale e reciproca.

Uno degli aspetti più importanti del mistero nel flirt è il dosaggio delle informazioni personali. Rivelare troppo in fretta tutto di sé può ridurre l'interesse, mentre svelare piccoli frammenti di esperienze, pensieri o emozioni, può creare un'atmosfera di intrigo e desiderio di approfondimento. Questo tipo di narrazione progressiva invita l'altra persona a voler sapere di più, a investire tempo e attenzione nell'interazione. Il gioco tra ciò che si dice e ciò che si lascia in sospeso mantiene la conversazione stimolante e crea una tensione positiva, che è alla base di un flirt di successo.

Anche il linguaggio del corpo e il tono di voce giocano un ruolo cruciale nell'espressione del mistero. Il modo in cui si guarda l'altra persona, la modulazione della voce, le pause strategiche e i sorrisi accennati sono tutti strumenti potenti per creare un'aura di fascino. Questi elementi non verbali trasmettono interesse e apertura, senza la necessità di essere espliciti, e permettono di mantenere un certo grado di mistero che alimenta la curiosità dell'altra persona. Il mistero si costruisce anche attraverso gesti semplici e sottili, che lasciano intuire che c'è qualcosa di più da scoprire, senza però essere frettolosi o forzati.

Un altro aspetto da considerare è la capacità di mantenere l'interazione imprevedibile e dinamica. Essere troppo prevedibili può spegnere l'interesse, mentre l'introduzione di piccoli elementi di sorpresa o cambiamenti inaspettati nel tono della conversazione o nel modo di interagire mantengono viva l'attenzione e rendono il flirt più emozionante. Essere imprevedibili, senza esagerare, crea una dinamica fluida e intrigante, dove l'altra persona è spinta a voler conoscere di più, senza mai sapere esattamente cosa aspettarsi.

Il mistero funziona al meglio quando è accompagnato da segn

19. Flirting online e sui social media: Le regole e i suggerimenti per flirtare in un contesto virtuale.

Flirtare online e sui social media rappresenta una nuova dimensione dell'interazione romantica, che ha guadagnato una crescente rilevanza con l'avvento delle tecnologie digitali e la diffusione delle piattaforme social. Tuttavia, il flirt online richiede un approccio diverso rispetto al flirt in persona, poiché il contesto virtuale modifica il modo in cui i messaggi vengono percepiti, interpretati e rispondono a dinamiche uniche di comunicazione. Flirtare online può essere incredibilmente efficace, ma deve essere gestito con attenzione e sensibilità per evitare fraintendimenti e per creare un'interazione che sia coinvolgente, rispettosa e autentica.

Una delle prime regole fondamentali del flirt online è quella di essere genuini. Anche se il contesto virtuale può dare l'impressione di offrire uno schermo dietro cui nascondersi, l'autenticità rimane un elemento chiave per stabilire una connessione reale. Le persone sono generalmente molto abili nel percepire quando qualcuno sta esagerando o falsificando la propria immagine, quindi è importante presentarsi in modo vero, senza costruire un personaggio o cercare di impressionare a tutti i costi. Essere sé stessi, condividere interessi reali e comunicare in modo sincero aiuta a costruire un flirt che non solo è piacevole ma che ha anche il potenziale per evolvere in qualcosa di più significativo.

Un altro aspetto cruciale è il tono del messaggio. A differenza del flirt faccia a faccia, dove il linguaggio del corpo, il tono di voce e le espressioni facciali giocano un ruolo chiave, online tutto è affidato alle parole scritte e agli emoji, che possono essere facilmente fraintesi. Per questo motivo, è importante scegliere con cura le parole e assicurarsi che il tono del messaggio rispecchi l'intenzione. Usare un linguaggio giocoso, leggero e non troppo serio aiuta a mantenere il flirt divertente e coinvolgente. Gli emoji possono essere utili per aggiungere contesto emotivo e per evitare che il messaggio sembri troppo piatto o ambiguo, ma devono essere usati con moderazione per non risultare eccessivi o infantili.

Il tempismo è un altro elemento importante nel flirt online. Rispondere troppo rapidamente o troppo lentamente può inviare messaggi sbagliati. Un ritmo di comunicazione naturale, che rispetta i tempi dell'altra persona e non appare né troppo impaziente né troppo distaccato, è l'ideale per mantenere il flirt vivace e reciproco. È normale essere entusiasti quando si sta flirtando con qualcuno che piace, ma evitare di rispondere immediatamente a ogni messaggio può aiutare a creare un po' di suspense e a mantenere l'interazione interessante. Allo stesso tempo, ignorare per troppo tempo l'altra persona può far sembrare che si stia giocando con i suoi sentimenti, quindi trovare un equilibrio è fondamentale.

Flirtare sui social media implica anche essere attenti al tipo di contenuto che si condivide e al modo in cui si interagisce pubblicamente. Un like, un commento o un messaggio privato possono tutti inviare segnali diversi, e ogni azione deve essere calibrata in base al tipo di rapporto che si vuole costruire. Ad esempio, mettere un like a una foto personale può essere un modo sottile di mostrare interesse, mentre commentare frequentemente o inviare troppi messaggi privati può risultare invadente. È importante mantenere una presenza che sia visibile ma non opprimente, trovando un giusto equilibrio tra partecipare alla vita online dell'altra persona e non sembrare eccessivamente invadenti.

Uno degli errori più comuni nel flirt online è quello di essere troppo diretti o di affrettare i tempi. Poiché la comunicazione digitale elimina alcune barriere presenti nella vita reale, come la distanza fisica o la timidezza del momento, può essere facile cadere nella tentazione di spingere l'interazione troppo velocemente verso un livello più intimo. Tuttavia, è essenziale rispettare i tempi dell'altra persona e lasciare che il flirt si sviluppi gradualmente, proprio come accadrebbe in una situazione faccia a faccia. Fare domande personali troppo presto o inviare messaggi che potrebbero essere percepiti come invadenti può facilmente spegnere l'attrazione e portare l'altra persona a ritirarsi.

Anche la gestione delle immagini gioca un ruolo importante nel flirt online. Inviare foto può essere un modo per rendere la comunicazione più personale, ma bisogna fare attenzione al tipo di immagini che si condividono. Le foto dovrebbero sempre essere appropriate e rispettose, poiché inviare immagini troppo provocatorie o fuori contesto potrebbe creare disagio e compromettere il rapporto. Allo stesso modo, reagire positivamente e con moderazione alle immagini che l'altra persona condivide, senza essere troppo insistenti nei complimenti, aiuta a mantenere il flirt piacevole e leggero, senza oltrepassare i limiti della decenza o del rispetto.

Una strategia efficace per flirtare online è quella di utilizzare riferimenti a interessi comuni o conversazioni passate. Fare riferimento a qualcosa di specifico che è stato detto in precedenza o condividere un meme o un articolo che si collega a un interesse comune può rafforzare il legame e rendere l'interazione più personale e significativa. Questo tipo di comunicazione mostra che si è attenti e che si tiene all'altra persona, rendendo il flirt più autentico e coinvolgente. È un modo per continuare la conversazione in modo naturale e per costruire un senso di complicità che va oltre il semplice scambio di messaggi superficiali.

L'umorismo gioca un ruolo fondamentale nel flirt online, proprio come nelle interazioni di persona. Tuttavia, bisogna fare attenzione a come si usa l'umorismo, poiché le battute possono facilmente essere fraintese senza il contesto del linguaggio corporeo o del tono di voce. È sempre meglio iniziare con un umorismo leggero e privo di sarcasmo troppo tagliente, per evitare di offendere o creare incomprensioni. Conoscere i limiti dell'altra persona e adattare l'umorismo al suo stile è importante per mantenere il flirt giocoso senza mai superare il limite del rispetto.

Il rispetto della privacy e dei confini personali è particolarmente importante nel flirt online. Anche se la natura delle piattaforme social può dare l'impressione di conoscere molto sull'altra persona, è essenziale non abusare di queste informazioni o fare supposizioni basate su ciò che si vede online. Ad esempio, commentare dettagli molto specifici che si possono osservare dalle foto o dai post può far sembrare l'interazione troppo invadente o persino inquietante. Rispettare i confini e mantenere il tono della conversazione entro i limiti della cordialità e della leggerezza è fondamentale per evitare di mettere l'altra persona a disagio.

Un altro aspetto importante è quello di non forzare mai il flirt. Se l'altra persona non risponde con lo stesso entusiasmo o sembra poco interessata, è meglio rallentare o cambiare argomento piuttosto che insistere. Flirtare deve essere un'esperienza piacevole e reciproca, non una pressione costante per ottenere una risposta specifica. È essenziale rispettare sempre i segnali che l'altra persona manda, sia che si tratti di un'interazione entusiasta che di una risposta più fredda. L'obiettivo è creare una connessione autentica e piacevole, non forzare un dialogo che l'altra persona potrebbe non desiderare.

Infine, è importante essere consapevoli del contesto pubblico e privato del flirt online. Mentre un messaggio privato può essere più diretto e personale, le interazioni pubbliche sui social media dovrebbero mantenere un tono appropriato e rispettoso, evitando qualsiasi commento che potrebbe mettere a disagio l'altra persona o sembrare inopportuno agli occhi degli altri. È sempre meglio mantenere un comportamento discreto e attento, adattando il proprio stile di flirt alle piattaforme utilizzate e al tipo di relazione che si sta cercando di costruire.

In sintesi, flirtare online e sui social media richiede un mix di autenticità, sensibilità e attenzione ai dettagli. Scegliere con cura le parole, rispettare i confini dell'altra persona, usare l'umorismo con intelligenza e mantenere un ritmo naturale sono tutti elementi che contribuiscono a creare un'interazione piacevole e coinvolgente. Il contesto virtuale offre grandi opportunità per connettersi, ma richiede anche un livello di consapevolezza e rispetto che garantisce che il flirt rimanga una danza reciproca di interesse e attrazione, piuttosto che un'esperienza invadente o sgradevole.

Flirtare online e sui social media ha rivoluzionato il modo in cui le persone interagiscono e si connettono, offrendo nuove opportunità per avviare e mantenere conversazioni di interesse romantico. Tuttavia, il contesto virtuale presenta anche sfide uniche, poiché la mancanza di interazioni faccia a faccia può portare a malintesi e a una percezione distorta dei messaggi. La chiave per flirtare efficacemente online è comprendere che, sebbene le dinamiche siano diverse rispetto al flirt in persona, il rispetto, l'autenticità e la capacità di leggere i segnali restano fondamentali. Sapere quando e come flirtare, usare il giusto tono e comprendere i limiti dell'interazione virtuale sono elementi cruciali per garantire che il flirt rimanga piacevole e appropriato.

Una delle prime cose da considerare quando si flirta online è l'importanza della presentazione del profilo. In un contesto digitale, il profilo rappresenta la prima impressione che si dà di sé, quindi è essenziale che sia curato e rifletta accuratamente la propria personalità. Foto genuine e una descrizione sincera di sé stessi aiutano a creare un'immagine che attragga senza risultare ingannevole. Evitare filtri eccessivi o descrizioni esagerate è importante per non creare false aspettative. Un profilo ben curato non solo attira l'attenzione, ma comunica anche una certa cura di sé e un'autenticità che sono molto apprezzate in un contesto dove è facile falsificare la realtà. La foto del profilo, in particolare, dovrebbe essere scelta con attenzione: un'immagine naturale, sorridente e che rappresenta una parte autentica della propria vita tende ad essere molto più efficace di un'immagine artificiale o eccessivamente posata.

Il modo in cui si inizia una conversazione online è cruciale per stabilire un tono positivo e intrigante. Invece di aprire con messaggi generici o scontati come "Ciao" o "Come stai?", è molto più efficace iniziare con un commento o una domanda che faccia riferimento a qualcosa di specifico che si è notato nel profilo dell'altra persona. Questo tipo di apertura dimostra che si è dedicata attenzione ai dettagli e che si è realmente interessati a conoscere l'altra persona, piuttosto che inviare messaggi a caso a più interlocutori. Ad esempio, commentare su un hobby, un libro preferito o una destinazione di viaggio che appare nel profilo può avviare una conversazione più profonda e interessante, rendendo il flirt più personalizzato e autentico.

Il ritmo della comunicazione è un altro elemento fondamentale nel flirt online. Mantenere una conversazione fluida senza essere né troppo insistenti né troppo distanti richiede sensibilità e attenzione. È importante rispondere in modo tempestivo, ma senza dare l'impressione di essere sempre disponibili o di non avere nulla di meglio da fare. Questo equilibrio tra mostrare interesse e non sembrare eccessivamente appiccicosi è cruciale per mantenere la conversazione interessante e bilanciata. Inoltre, evitare di inviare messaggi multipli senza risposta è essenziale per non risultare invadenti; se l'altra persona non risponde subito, è meglio aspettare con calma piuttosto che insistere, poiché questo dimostra pazienza e rispetto per i tempi altrui.

Un aspetto interessante del flirt online è la possibilità di utilizzare diversi media per comunicare, come foto, video, meme e GIF. Questi elementi possono aggiungere colore e personalità alla conversazione, rendendo il flirt più dinamico e coinvolgente. Tuttavia, è importante saper calibrare l'uso di questi strumenti per evitare di sembrare eccessivamente esuberanti o infantili. Una GIF divertente o un meme azzeccato possono rompere il ghiaccio e far sorridere, ma se usati in eccesso possono dare l'impressione che non si stia prendendo l'interazione sul serio. L'uso intelligente di questi media deve sempre essere finalizzato a mantenere un tono giocoso e leggero, senza perdere di vista il contesto del flirt.

L'uso degli emoji è un'altra componente del flirt online che, se gestita correttamente, può arricchire notevolmente la comunicazione. Gli emoji aggiungono un contesto emotivo alle parole, aiutando a evitare fraintendimenti e a chiarire le intenzioni dietro un messaggio scritto. Ad esempio, un semplice sorriso o un'emoji di occhiolini possono trasformare una frase apparentemente neutra in un commento scherzoso o flirtante. Tuttavia, è fondamentale usare gli emoji con moderazione e consapevolezza, poiché un uso eccessivo può sembrare immaturo o poco serio. L'idea è di aggiungere un tocco personale e giocoso alla conversazione, senza saturarla con simboli che potrebbero risultare confusionari o invadenti.

Un'altra regola importante nel flirt online è quella di essere sempre rispettosi e attenti ai segnali dell'altra persona. Se, ad esempio, una conversazione sta diventando troppo personale o sembra toccare argomenti delicati, è meglio rallentare e cambiare direzione. Il contesto digitale può rendere difficile interpretare le reazioni dell'altro, quindi è essenziale prestare attenzione ai toni e ai messaggi inviati, cercando di mantenere sempre un livello di comfort e rispetto reciproco. Forzare una conversazione su temi che l'altra persona potrebbe non voler affrontare o insistere su argomenti troppo personali troppo presto può facilmente spegnere l'interesse e rovinare il clima del flirt.

Un errore comune nel flirt online è quello di essere troppo insistenti nel cercare di portare l'interazione su un piano più intimo troppo rapidamente. Anche se l'interazione digitale può dare un falso senso di vicinanza, è importante rispettare i tempi dell'altra persona e lasciare che l'interazione evolva naturalmente. Fare pressioni per scambiarsi numeri di telefono, organizzare un incontro troppo presto o inviare messaggi troppo personali prima che l'altra persona sia pronta può facilmente compromettere l'interazione. Il flirt online deve essere un processo graduale, dove il rispetto e la sensibilità per i confini dell'altra persona sono sempre al primo posto.

Flirtare online significa anche saper gestire il linguaggio scritto. A differenza delle conversazioni faccia a faccia, le parole scritte possono essere rilette e analizzate, e spesso assumono un peso maggiore rispetto alle parole dette. È importante quindi scrivere in modo chiaro, evitando frasi ambigue o facilmente fraintendibili. A volte, anche un semplice errore di punteggiatura può cambiare il tono del messaggio, quindi prendersi il tempo per rileggere e assicurarsi che ciò che si sta comunicando sia coerente con le proprie intenzioni è fondamentale. Inoltre, usare frasi troppo lunghe o complesse può appesantire la conversazione: è meglio mantenere i messaggi brevi e incisivi, in modo da mantenere il ritmo della comunicazione vivace e scorrevole.

Il flirt online richiede anche un certo grado di creatività. Poiché le interazioni digitali possono diventare ripetitive, trovare modi nuovi e divertenti per coinvolgere l'altra persona è essenziale per mantenere vivo l'interesse. Questo può includere giochi di parole, riferimenti a film o serie TV, o piccole sfide scherzose che rendono la conversazione unica e memorabile. Creare una sorta di "linguaggio interno" con l'altra persona, fatto di battute ricorrenti o piccoli rituali digitali, può rafforzare il legame e far sentire entrambe le parti più connesse.

Un altro aspetto da tenere a mente nel flirt online è l'atteggiamento di apertura e di disponibilità a scoprire l'altra persona senza pregiudizi. Essere curiosi, fare domande aperte e mostrare interesse genuino sono comportamenti che vengono percepiti positivamente e che contribuiscono a creare un'atmosfera di reciprocità e complicità. Evitare di giudicare o di fare supposizioni basate solo su ciò che si vede online aiuta a mantenere il flirt su un piano rispettoso e piacevole. Il flirt online, proprio come quello di persona, è un dialogo a due, e deve essere costruito con un senso di scoperta reciproca, senza mai sembrare un interrogatorio o un'esibizione.

Infine, è importante ricordare che il flirt online deve sempre rimanere divertente e senza pressioni. Se una conversazione non sta andando come sperato, o se l'altra persona sembra non rispondere con lo stesso entusiasmo, è meglio non prenderla sul personale e mantenere comunque un atteggiamento positivo. Flirtare online offre molte opportunità, ma è essenziale rispettare sempre i confini e i tempi di entrambi, godendosi il processo senza fretta o aspettative rigide. La chiave è mantenere l'interazione leggera, giocosa e rispettosa, creando un'esperienza che sia piacevole per entrambi e che possa, eventualmente, evolversi in qualcosa di più concreto quando i tempi e le circostanze saranno giuste.

Flirtare online e sui social media continua a essere una delle modalità di connessione più diffuse, in particolare per chi cerca di espandere le proprie possibilità di interazione oltre i confini fisici. La dimensione virtuale permette di avviare conversazioni che, nella vita reale, potrebbero non avvenire per motivi di timidezza, distanza o semplicemente per la mancanza di una situazione propizia. Tuttavia, la natura della comunicazione online porta con sé una serie di sfide e complessità che rendono il flirt virtuale una sorta di gioco strategico, in cui la gestione del messaggio, del tono e del tempismo diventa essenziale per mantenere vivo l'interesse e costruire una connessione autentica.

Uno degli elementi chiave del flirt online è la capacità di utilizzare il testo scritto in modo creativo e coinvolgente. La comunicazione scritta offre l'opportunità di esprimersi con maggiore riflessione rispetto a una conversazione dal vivo, ma richiede anche un'attenzione particolare per evitare fraintendimenti. Le parole devono essere scelte con cura, cercando di trasmettere emozioni e intenzioni attraverso la punteggiatura, il ritmo e l'uso di espressioni che possano chiarire il tono del messaggio. Ad esempio, utilizzare punti esclamativi per sottolineare l'entusiasmo, o pause strategiche per creare suspense, può dare vita a una conversazione più dinamica e interessante. Scrivere in modo avvincente significa riuscire a mantenere l'attenzione dell'altra persona, evitando messaggi troppo lunghi o dispersivi che potrebbero spegnere l'interesse.

Il flirt online, inoltre, richiede un'abilità nel gestire il proprio "ritmo digitale". Saper calibrare il tempo tra un messaggio e l'altro è cruciale: rispondere troppo velocemente può trasmettere un senso di impazienza, mentre ritardare eccessivamente una risposta potrebbe sembrare disinteresse. È importante trovare un equilibrio che mantenga la conversazione fluida ma non frenetica, creando una sensazione di naturalezza e spontaneità. Anche l'arte del "lasciarsi aspettare" gioca un ruolo qui: rispondere in modo rilassato ma senza eccessiva fretta può creare quella leggera tensione positiva che mantiene l'altra persona coinvolta e curiosa. Questo non significa giocare o manipolare, ma piuttosto lasciare che il flirt abbia un respiro, permettendo a entrambe le parti di godersi l'interazione senza sentirsi sotto pressione.

Il contesto dei social media introduce anche la dimensione dell'interazione pubblica e privata. Mentre i messaggi diretti offrono uno spazio più intimo e confidenziale, le interazioni pubbliche attraverso commenti, like e condivisioni richiedono un approccio più misurato e consapevole. Un like su una foto può essere un segnale di interesse discreto, mentre un commento pubblico può aggiungere un ulteriore livello di visibilità all'interazione. È essenziale capire che ciò che viene detto o fatto pubblicamente sui social media è soggetto all'interpretazione non solo della persona interessata ma anche di amici, conoscenti e perfetti sconosciuti. Flirtare pubblicamente richiede quindi un'attenta gestione dell'immagine, mantenendo un tono amichevole e leggero che possa essere facilmente giustificato se osservato da altri, evitando di apparire troppo espliciti o inopportuni.

Il concetto di reciprocità nel flirt online è fondamentale. Mentre nella vita reale il feedback è immediato e visibile, nel contesto virtuale può essere meno chiaro. È essenziale essere attenti a non monopolizzare la conversazione o a spingere troppo sul proprio ritmo, lasciando spazio all'altra persona di esprimersi, fare domande e contribuire all'interazione. Il flirt efficace è sempre un dialogo, non un monologo: ciò significa rispondere in modo che la conversazione rimanga bilanciata e reciproca. Se una persona continua a rispondere in modo breve o a non porre domande di ritorno, potrebbe essere un segnale di scarso interesse, e forzare ulteriormente la conversazione rischierebbe di trasformare il flirt in una pressione indesiderata.

La costruzione del mistero e dell'intrigo è un altro elemento cruciale nel flirt online. Creare un senso di curiosità può essere particolarmente efficace nel contesto digitale, dove i messaggi e le immagini possono essere gestiti in modo da mantenere viva l'attenzione. Ad esempio, accennare a qualcosa di interessante che si sta facendo o lasciar trasparire una parte intrigante della propria giornata senza fornire tutti i dettagli può invogliare l'altra persona a chiedere di più. Questo tipo di comunicazione mantiene un'aura di fascino e fa sì che l'altra persona sia motivata a continuare l'interazione per scoprire di più. Tuttavia, questo deve essere fatto senza apparire distaccati o eccessivamente riservati: l'obiettivo è invitare alla scoperta reciproca, non creare una barriera.

L'autenticità nel flirt online è uno degli aspetti più importanti e anche uno dei più difficili da mantenere, data la natura filtrata delle interazioni digitali. Essere genuini, non solo nelle parole ma anche nelle azioni, è fondamentale per costruire una connessione vera. Le persone hanno un'abilità innata nel percepire quando qualcuno è autentico e quando invece sta cercando di costruire un'immagine artefatta. Questo non significa che non si possa presentare il proprio lato migliore, ma piuttosto che si dovrebbe evitare di creare un'immagine irrealistica che potrebbe portare a delusioni future. Essere onesti sui propri interessi, esperienze e persino sulle proprie insicurezze rende il flirt più umano e accessibile, e aiuta a creare un legame più profondo.

L'umorismo gioca un ruolo fondamentale nel flirt online, poiché è uno degli strumenti più efficaci per rompere il ghiaccio e creare complicità. Un commento divertente o una battuta intelligente possono rendere la conversazione molto più piacevole e far emergere un senso di connessione immediata. Tuttavia, l'umorismo online deve essere gestito con cautela, poiché il contesto e il tono possono essere facilmente fraintesi. Evitare sarcasmo pesante o battute che potrebbero essere interpretate come critiche è essenziale per mantenere un'atmosfera positiva. Utilizzare umorismo leggero, autoironico e che coinvolga entrambi in modo giocoso è il modo migliore per mantenere la conversazione vivace e interessante.

La gestione delle aspettative è un altro elemento critico nel flirt online. È facile, soprattutto nelle prime fasi di un'interazione digitale, creare fantasie o aspettative su come potrebbe evolvere il rapporto. Tuttavia, è importante ricordare che il contesto online è solo un punto di partenza e che l'interazione reale potrebbe essere diversa da quella virtuale. Mantenere le aspettative realistiche e prendere il flirt per quello che è—un gioco di attrazione che può, ma non necessariamente deve, portare a qualcosa di più—aiuta a godersi il momento senza sentirsi sopraffatti da pressioni inutili. Rimanere aperti alla possibilità che le cose evolvano in modi inaspettati, senza però attaccarsi troppo al risultato, rende il flirt molto più libero e piacevole.

Il rispetto per i confini digitali è essenziale. Essere troppo insistenti nel chiedere informazioni personali, nel voler spostare la conversazione su piattaforme più intime come WhatsApp o nelle chiamate video senza che l'altra persona abbia mostrato interesse può essere percepito come un'invasione. Lasciare che le cose accadano in modo naturale, dando il tempo all'altra persona di sentirsi a proprio agio, è fondamentale per mantenere il flirt su un terreno sicuro e rispettoso. La pazienza e la capacità di capire quando è il momento giusto per avanzare nell'interazione sono doti che rendono il flirt non solo più efficace ma anche più rispettoso delle esigenze e dei tempi dell'altra persona.

Anche la sicurezza è un fattore importante da considerare nel flirt online. Proteggere le proprie informazioni personali e non fidarsi immediatamente di tutto ciò che l'altra persona dice sono precauzioni essenziali. Il contesto digitale offre molte opportunità ma anche rischi, e per questo motivo è importante muoversi con cautela, soprattutto nelle fasi iniziali del flirt. Non condividere immediatamente dati personali, come l'indirizzo o dettagli sensibili, e prestare attenzione a segnali di comportamento inappropriato o di manipolazione sono misure necessarie per mantenere il flirt sicuro e piacevole.

In definitiva, flirtare online è un'arte che combina l'autenticità, il rispetto e la capacità di creare un'interazione coinvolgente e dinamica. Utilizzare i vari strumenti digitali in modo intelligente, mantenere un equilibrio tra interesse e riserbo, e saper leggere i segnali anche a distanza è ciò che rende il flirt online un'esperienza affascinante e potenzialmente gratificante. Mantenere la leggerezza e il divertimento come principi guida, senza mai perdere di vista il rispetto reciproco, permette di costruire un dialogo che sia non solo piacevole, ma che possa anche evolversi in qualcosa di più concreto e significativo quando il contesto e i tempi lo permetteranno.

In conclusione, flirtare online e sui social media richiede una combinazione di sensibilità, attenzione e un tocco di creatività per navigare tra le dinamiche uniche del contesto virtuale. Mentre il flirt online offre opportunità straordinarie per connettersi con persone che altrimenti non si avrebbero mai incontrato, presenta anche sfide che vanno affrontate con intelligenza e rispetto. La comunicazione scritta, se ben gestita, può creare un'atmosfera di fascino e intrigo, ma è fondamentale essere consapevoli che la mancanza di contatto diretto rende il messaggio più suscettibile a fraintendimenti. Pertanto, scegliere le parole con cura, mantenere un tono giocoso ma chiaro, e utilizzare gli strumenti digitali in modo ponderato sono passi essenziali per evitare che l'interazione diventi confusa o poco chiara.

Un elemento chiave nel flirt online è l'autenticità. Essere genuini nella propria presentazione e nei messaggi non solo costruisce fiducia, ma anche un senso di connessione reale che va oltre la superficie. Evitare di costruire un'immagine troppo perfezionata o irreale di sé è importante per garantire che il flirt rimanga ancorato alla realtà e non diventi un gioco di apparenze. Questo approccio onesto facilita una transizione più naturale a eventuali incontri di persona, riducendo il rischio di delusioni dovute a false aspettative. Mostrare vulnerabilità in modo moderato, come condividere pensieri o esperienze autentiche, può rendere il flirt più umano e meno artificiale, aprendo la porta a una connessione più profonda e significativa.

La gestione del ritmo e del tempismo nel flirt online è fondamentale per mantenere viva l'interazione senza sembrare né troppo frettolosi né disinteressati. Rispondere con un ritmo equilibrato, senza affrettarsi a scrivere o lasciando troppo tempo tra un messaggio e l'altro, crea un flusso naturale che rende la conversazione più fluida e meno stressante per entrambe le parti. L'abilità di saper leggere le risposte dell'altra persona, sia in termini di tempo che di contenuto, permette di adattare l'approccio, mantenendo la conversazione stimolante e reciprocamente soddisfacente. Questo tipo di attenzione al dettaglio dimostra un rispetto per l'altra persona e per il processo del flirt, e contribuisce a costruire un'interazione piacevole e bilanciata.

L'umorismo è un potente alleato nel flirt online, ma deve essere usato con cura. Creare un'atmosfera divertente e leggera aiuta a rompere il ghiaccio e a costruire complicità, ma l'umorismo deve essere appropriato al contesto e alla sensibilità dell'altra persona. Evitare battute troppo complesse, sarcastiche o che potrebbero essere facilmente fraintese è essenziale per non compromettere l'interazione. L'obiettivo è mantenere il flirt su un piano giocoso e positivo, utilizzando l'umorismo come un mezzo per connettersi e non come un'arma che potrebbe involontariamente ferire o allontanare l'altra persona. L'uso di emoji, meme e GIF può aggiungere un ulteriore livello di espressività, ma deve essere moderato per non sembrare infantile o eccessivo.

La costruzione del mistero e della curiosità è un altro aspetto che rende il flirt online coinvolgente. Lasciare qualcosa in sospeso, accennare a interessi o esperienze senza rivelare tutto immediatamente stimola l'interesse e invita l'altra persona a voler sapere di più. Questo approccio crea un gioco di scoperte graduali che rende il flirt dinamico e appassionante, mantenendo viva l'attrazione senza mai sembrare freddo o distante. Tuttavia, è importante bilanciare il mistero con segnali di apertura e disponibilità, in modo da non apparire disinteressati o emotivamente inaccessibili. La chiave è lasciare che la curiosità sia un motore naturale dell'interazione, senza trasformarla in un muro che impedisce una connessione autentica.

Il rispetto dei confini digitali e della privacy è fondamentale nel flirt online. Essere troppo invadenti o insistere per ottenere informazioni personali prima che l'altra persona sia pronta può facilmente compromettere la fiducia e l'attrazione. Il flirt deve sempre rimanere un'esperienza reciprocamente rispettosa, in cui entrambe le parti si sentano a proprio agio e libere di partecipare senza pressioni o intrusioni. Prestare attenzione ai segnali e non forzare mai l'interazione su un terreno che potrebbe risultare scomodo è essenziale per mantenere un clima positivo e piacevole. Il rispetto e la pazienza sono segni di maturità che vengono percepiti positivamente e che contribuiscono a costruire un legame più solido e rispettoso.

La sicurezza online è un altro fattore da non trascurare. Proteggere i propri dati personali e muoversi con cautela, specialmente nelle prime fasi del flirt, è fondamentale per evitare situazioni spiacevoli o rischi legati a comportamenti inappropriati. Evitare di condividere informazioni sensibili troppo presto e prestare attenzione a segnali di manipolazione o comportamenti anomali sono misure di prudenza necessarie per assicurarsi che il flirt rimanga un'esperienza piacevole e sicura. La capacità di mantenere una comunicazione rispettosa e trasparente è la base per costruire un'interazione sana, che può potenzialmente evolvere in qualcosa di più concreto e significativo.

Infine, il flirt online deve essere vissuto con leggerezza e senza eccessive aspettative. È un'opportunità per esplorare l'attrazione e conoscere nuove persone, ma non dovrebbe mai diventare una fonte di ansia o di pressione. Mantenere un atteggiamento aperto e positivo, godendosi il momento e il processo di scoperta reciproca, rende l'interazione più autentica e gratificante. Flirtare online è una danza delicata tra parole e segnali virtuali, e quando fatto con rispetto, attenzione e un pizzico di giocosità, può essere un'esperienza incredibilmente divertente e arricchente, capace di gettare le basi per incontri futuri o semplicemente di regalare momenti di piacevole connessione.

20. Portare il flirting a un livello successivo: Quando e come trasformare il flirting in una relazione più seria

Portare il flirting a un livello successivo e trasformarlo in una relazione più seria è un passo delicato che richiede sensibilità, tempismo e una chiara comprensione dei segnali reciproci. Dopo un periodo di flirt, può emergere la volontà di esplorare un legame più profondo e duraturo, ma sapere quando e come compiere questa transizione è fondamentale per evitare fraintendimenti o pressioni indesiderate. Il passaggio dal flirt a una relazione più seria non deve mai essere forzato; deve essere il risultato naturale di una connessione autentica che cresce e si sviluppa con il tempo.

Uno dei primi indicatori che il flirt sta evolvendo verso qualcosa di più serio è la crescente intensità e profondità delle conversazioni. Se inizialmente il flirt era basato su battute leggere, complimenti e un'atmosfera di gioco, col tempo potrebbe trasformarsi in dialoghi più profondi e personali. Condividere esperienze di vita, valori, paure e sogni sono segni che entrambe le parti si stanno aprendo l'una all'altra oltre la superficie. Quando le conversazioni cominciano a toccare temi più significativi e si crea un senso di connessione emotiva, è un chiaro segnale che il flirt sta evolvendo e che potrebbe essere il momento giusto per esplorare l'idea di una relazione più seria.

Un altro segnale importante è la frequenza e la qualità del tempo trascorso insieme. Nel flirt iniziale, le interazioni potrebbero essere sporadiche o limitate a contesti specifici come uscite casuali o messaggi online. Tuttavia, quando si inizia a cercarsi con maggiore regolarità e si dà priorità al tempo trascorso insieme, si sta costruendo una base per qualcosa di più solido. Pianificare uscite, incontrarsi regolarmente e trascorrere momenti significativi insieme, come partecipare a eventi personali o condividere attività che richiedono un impegno maggiore, indica che entrambi stanno investendo di più nella connessione e che si sta formando un legame più forte.

Il desiderio di coinvolgere l'altra persona in aspetti più ampi della propria vita è un altro indicatore che il flirt sta diventando una potenziale relazione seria. Quando ci si sente pronti a presentare l'altra persona ai propri amici, familiari o a includerla in eventi significativi, si sta implicitamente dicendo che il loro ruolo nella propria vita sta diventando più importante. Questo tipo di coinvolgimento non solo rafforza la connessione, ma rappresenta un passo simbolico verso una maggiore serietà. Tuttavia, è importante fare questi passi con cautela e rispettare i tempi dell'altra persona, per evitare di mettere troppa pressione e per assicurarsi che entrambi siano allineati nella volontà di evolvere la relazione.

La reciprocità è essenziale in questa fase di transizione. Entrambe le persone devono mostrare interesse e impegno verso una direzione comune. Se solo una delle parti desidera portare il flirt a un livello successivo, c'è il rischio di creare squilibri o tensioni. È fondamentale ascoltare attentamente l'altra persona e osservare i suoi segnali: un entusiasmo reciproco, gesti di affetto spontanei e un impegno condiviso verso la costruzione di un rapporto indicano che c'è una volontà comune di progredire. Se, invece, si percepiscono resistenze o segnali contrastanti, è meglio affrontare la questione apertamente e con rispetto, cercando di capire se si è sulla stessa lunghezza d'onda.

Il passaggio dal flirt a una relazione più seria spesso richiede una conversazione diretta, ma che deve essere affrontata con delicatezza e senza pressione. Quando si sente che è il momento giusto, è utile esprimere i propri sentimenti in modo sincero e aperto, senza fare richieste o ultimatum. Dire qualcosa di semplice come "Mi piace molto passare del tempo con te, e sento che stiamo costruendo qualcosa di speciale. Vorrei sapere cosa ne pensi" permette di aprire un dialogo onesto, senza costringere l'altra persona a prendere una decisione immediata. È importante essere pronti ad ascoltare la risposta dell'altra persona con mente aperta, senza pregiudizi o aspettative rigide, e rispettare i suoi sentimenti, anche se non coincidono immediatamente con i propri.

La pazienza è una componente cruciale in questa transizione. Non tutte le persone si muovono alla stessa velocità nel passare da un flirt a una relazione seria, e rispettare i tempi dell'altra persona è fondamentale per non compromettere il legame. Forzare la situazione o insistere troppo sullo status della relazione può generare stress e allontanare l'altra persona. Invece, permettere che le cose si sviluppino naturalmente, senza fretta, ma con costanza, dimostra maturità e fiducia nel processo. Questa attesa non deve essere passiva: continuare a costruire il legame, condividere esperienze e rafforzare l'intimità emotiva sono passi che portano gradualmente verso una relazione più impegnata.

Il comportamento durante il flirt è anche un indicatore di come potrebbe evolversi la relazione. Se entrambi mostrano gentilezza, attenzione e un forte senso di rispetto reciproco, è probabile che ci siano le basi per una relazione seria. La capacità di gestire piccoli conflitti o incomprensioni durante il flirt senza trasformarli in grandi drammi è un segno di compatibilità e maturità emotiva, elementi fondamentali per un rapporto duraturo. Osservare come l'altra persona reagisce in momenti di difficoltà o come si comporta quando le cose non vanno esattamente come previsto può fornire indizi importanti su come sarebbe una relazione più seria.

Un altro fattore chiave è il supporto reciproco. Quando il flirt inizia a includere un sostegno emotivo, come essere presenti nei momenti difficili o gioire sinceramente dei successi dell'altro, si va oltre il semplice gioco dell'attrazione e si entra in un terreno di cura e affetto genuino. Questo tipo di comportamento indica un coinvolgimento che va oltre il superficiale e prepara il terreno per una relazione basata sul rispetto e sull'empatia. Quando entrambi si dimostrano capaci di offrire e ricevere supporto, c'è un segnale forte che il legame è pronto a evolversi.

Anche il modo in cui vengono affrontate le aspettative è cruciale. Nella fase del flirt, le aspettative sono generalmente basse e orientate al divertimento e alla scoperta reciproca. Quando il desiderio di qualcosa di più serio emerge, è fondamentale discutere apertamente di ciò che entrambi si aspettano dalla relazione. Questo dialogo permette di chiarire se ci sono visioni comuni o se esistono differenze che potrebbero diventare problematiche. Parlare di cosa si cerca in una relazione, dei propri bisogni e dei propri limiti, aiuta a evitare malintesi e a creare una base di comunicazione onesta e trasparente, che è essenziale per qualsiasi relazione seria.

Un segnale molto positivo è quando entrambi iniziano a fare piani per il futuro, anche se a breve termine. Che si tratti di organizzare un weekend insieme o di parlare di esperienze da vivere come coppia, questi piccoli passi indicano che c'è la volontà di investire nel rapporto. La progettualità, anche nelle piccole cose, dimostra un impegno che va oltre il momento e un desiderio di esplorare una vita insieme, anche solo per qualche giorno. Questi piani rappresentano un passaggio importante dalla fase del flirt a quella di una relazione più stabile e seria.

In definitiva, trasformare il flirt in una relazione più seria richiede un mix di osservazione, comunicazione aperta, pazienza e reciproca comprensione. Non c'è un momento esatto o una formula magica per fare questo passaggio; si tratta di un processo che deve avvenire naturalmente, rispettando i tempi e i sentimenti di entrambe le persone coinvolte. Il successo di questa transizione dipende dalla qualità della connessione, dalla capacità di affrontare le sfide con maturità e dalla volontà condivisa di costruire qualcosa di significativo. Quando questi elementi sono presenti, il passaggio dal flirt a una relazione più seria non solo avviene senza sforzo, ma diventa anche una delle esperienze più gratificanti e arricchenti della vita di coppia.

Portare il flirting a un livello successivo e trasformarlo in una relazione più seria è un passaggio che richiede una profonda comprensione dei segnali reciproci, ma anche la capacità di leggere le sfumature del legame che si sta creando. Questo passaggio non avviene all'improvviso ma è il risultato di una serie di piccoli momenti di connessione, di gesti e di scelte che dimostrano un crescente coinvolgimento emotivo. Spesso, l'evoluzione naturale del flirt verso una relazione più seria si manifesta quando entrambi iniziano a costruire una routine condivisa, anche se implicita, fatta di messaggi quotidiani, chiamate regolari o appuntamenti fissi che si ripetono nel tempo. Questi rituali, che possono sembrare semplici o banali, in realtà sono il collante che mantiene viva l'intesa e prepara il terreno per qualcosa di più stabile e impegnato.

Uno degli aspetti più importanti di questa transizione è la volontà di essere vulnerabili. Il flirt, nella sua fase iniziale, è spesso caratterizzato da una certa leggerezza e da un gioco di maschere che serve a mettere in mostra i lati migliori di sé. Quando si comincia a pensare di voler trasformare questo gioco in una relazione più seria, la capacità di abbassare queste maschere e mostrare anche le proprie debolezze diventa cruciale. Essere disposti a condividere i propri dubbi, le proprie paure o insicurezze senza timore di essere giudicati, rappresenta un passo fondamentale verso la costruzione di un legame autentico. Questa apertura reciproca crea uno spazio di intimità emotiva che è necessario per una relazione profonda e stabile.

Il modo in cui si affrontano le prime sfide e i piccoli conflitti durante il flirt può anche indicare se la relazione ha il potenziale per diventare qualcosa di più serio. Se entrambi riescono a gestire i disaccordi con rispetto, ascoltando l'altro e cercando soluzioni piuttosto che evitare o minimizzare i problemi, questo è un segno di maturità emotiva che prepara la coppia ad affrontare sfide più grandi. Un flirt che riesce a superare i primi piccoli ostacoli senza drammi e con una comunicazione aperta e costruttiva ha una buona base per evolversi in una relazione stabile. Questo non significa che tutto debba essere perfetto, ma piuttosto che c'è la volontà di lavorare insieme per migliorare e sostenersi a vicenda, creando un senso di partnership che è essenziale in una relazione seria.

Il desiderio di trascorrere del tempo insieme, anche al di fuori dei contesti tipici del flirt, è un altro indicatore che le cose stanno andando in una direzione più seria. Questo desiderio non riguarda solo il tempo di qualità passato a divertirsi o a esplorare interessi comuni, ma anche la capacità di apprezzare la semplice presenza dell'altro in momenti ordinari, come fare la spesa insieme, cucinare una cena o semplicemente guardare un film sul divano. Questi momenti quotidiani, se vissuti con piacere e senza la necessità di fare sempre qualcosa di speciale, segnalano che si è passati dal flirt a una forma di intimità che va oltre l'attrazione iniziale, mostrando una volontà di condividere la vita in tutte le sue sfumature, anche le più semplici.

La reciprocità nel dimostrare affetto e attenzione è un altro segnale che il flirt sta maturando. Se entrambi iniziano a fare piccoli gesti che mostrano premura, come ricordare una data importante, fare un regalo senza un motivo particolare o semplicemente inviare un messaggio di buona notte, si sta costruendo un linguaggio di affetto che va oltre il semplice gioco della seduzione. Questi gesti, per quanto piccoli, comunicano all'altra persona che c'è un interesse genuino e che si è disposti a investire nel rapporto. La costruzione di questo linguaggio d'amore personale è uno degli elementi più significativi che segnano il passaggio dal flirt a una relazione, poiché mostra che entrambi stanno iniziando a considerare l'altro come una parte importante della propria vita.

Il livello di fiducia che si sviluppa è un'altra componente fondamentale. Nel flirt iniziale, ci si potrebbe sentire riluttanti a condividere aspetti più privati o delicati della propria vita. Tuttavia, man mano che la connessione si rafforza, si avverte una crescente sicurezza nell'aprire il proprio mondo all'altra persona. Questa fiducia si costruisce nel tempo attraverso l'ascolto, la comprensione e il rispetto reciproco. Sapere che si può contare sull'altra persona nei momenti di bisogno, che ci si può confidare senza timore di essere giudicati o fraintesi, è ciò che distingue un flirt giocoso da una relazione seria. La fiducia, una volta stabilita, diventa la base su cui costruire un impegno più profondo e duraturo.

Il dialogo aperto sulle aspettative e sui desideri futuri gioca un ruolo cruciale nel portare il flirt a un livello successivo. È importante, a un certo punto, discutere apertamente di ciò che entrambi vogliono dalla relazione. Questo non deve essere un confronto formale o carico di tensione, ma piuttosto una conversazione sincera che permetta di capire se ci sono obiettivi comuni. Parlare di cosa ci si aspetta dal futuro, senza pressioni ma con un atteggiamento positivo e aperto, aiuta a chiarire se le intenzioni sono allineate e se c'è una base solida su cui costruire. Questo tipo di dialogo dimostra una volontà di pianificare insieme, anche solo in modo embrionale, e di considerare seriamente l'altra persona come parte della propria vita futura.

Un altro aspetto fondamentale è la gestione delle emozioni. Nel flirt, le emozioni possono essere intense ma a volte fugaci. Man mano che il legame diventa più profondo, si sviluppa una maggiore consapevolezza delle emozioni dell'altro e una capacità di gestirle con cura. Dimostrare empatia, saper consolare, ma anche celebrare insieme i momenti di gioia, rafforza l'intimità emotiva e crea un legame che va oltre la semplice attrazione fisica. Questo tipo di condivisione emotiva, che va dal confortare l'altra persona nei momenti di difficoltà al festeggiare insieme i traguardi, è ciò che trasforma un flirt in una relazione più solida, basata non solo sul piacere di stare insieme, ma anche sul sostegno reciproco.

La decisione di escludere altre potenziali relazioni o flirt è un segnale chiaro che si sta entrando in un territorio più serio. Quando entrambi iniziano a sentirsi più impegnati e a non avere interesse nel flirtare con altre persone, si sta implicitamente stabilendo un livello di esclusività che è tipico di una relazione più formale. Questa esclusività non deve essere necessariamente dichiarata subito, ma può essere percepita attraverso gesti, parole e azioni che indicano un impegno crescente. Quando entrambe le persone smettono di cercare altrove e si concentrano l'una sull'altra, questo è un chiaro indicatore che il flirt ha superato la sua fase iniziale ed è pronto per evolversi.

Anche la condivisione di esperienze personali significative può segnare il passaggio a una relazione più seria. Invitare l'altra persona a partecipare a eventi familiari, a condividere tradizioni o a vivere momenti che hanno un valore personale e emotivo è un modo per coinvolgerla in modo più profondo. Queste esperienze creano ricordi condivisi che rafforzano il legame e danno alla relazione una dimensione più intima e significativa. Coinvolgere l'altra persona nella propria vita quotidiana e nei propri rituali, anche quelli più semplici, è un passo che dimostra una volontà di costruire qualcosa di duraturo e reale.

Infine, è fondamentale che entrambi siano pronti e disposti a fare compromessi. Mentre il flirt spesso si concentra sul piacere reciproco e sul divertimento, una relazione più seria richiede una maggiore capacità di adattamento e di fare concessioni. Capire che non si tratta sempre di avere ragione o di fare ciò che si desidera, ma di trovare un equilibrio che funzioni per entrambi, è un segno di maturità che distingue un flirt da una relazione stabile. La disponibilità a fare piccoli sacrifici per il bene dell'altro, a sostenere e a rispettare le differenze, è ciò che cementa un legame che va oltre l'attrazione iniziale.

In definitiva, portare il flirt a un livello successivo è un viaggio che richiede tempo, pazienza e una comunicazione aperta. È un processo naturale che si sviluppa attraverso l'interazione quotidiana, il sostegno reciproco e la costruzione di un'intimità emotiva che va oltre il semplice gioco della seduzione. Non esiste un momento preciso in cui questo passaggio avviene, ma piuttosto una serie di piccoli segnali e gesti che, messi insieme, indicano una volontà comune di creare qualcosa di più profondo. Quando entrambi sentono che la connessione è diventata parte essenziale della propria vita e si è pronti a investire in essa con impegno e serietà, allora il flirt si trasforma in una relazione vera, costruita su basi solide di fiducia, rispetto e amore reciproco.

In conclusione, portare il flirting a un livello successivo e trasformarlo in una relazione più seria è un processo graduale e delicato, che richiede consapevolezza, comunicazione e un profondo rispetto reciproco. Questo passaggio non avviene in un singolo momento definito, ma si sviluppa attraverso una serie di segnali, gesti e decisioni condivise che mostrano un impegno crescente da parte di entrambe le persone coinvolte. È la somma di piccoli passi che, senza forzature, indicano che il legame sta crescendo oltre la fase del flirt iniziale, entrando in un territorio di maggiore intimità, fiducia e connessione emotiva.

Uno dei segnali più evidenti di questa transizione è la crescente apertura e vulnerabilità reciproca. Quando si passa dal flirt a una relazione più seria, si abbandonano gradualmente le maschere tipiche del gioco della seduzione, lasciando spazio a una comunicazione più autentica e sincera. Mostrare le proprie fragilità, condividere i propri dubbi e le proprie speranze, e sentirsi sicuri di poter essere sé stessi senza paura di giudizi, crea una base solida su cui costruire un rapporto profondo. Questo livello di apertura non solo rafforza la connessione, ma dimostra anche che entrambi si stanno prendendo il rischio emotivo di investire nel legame, un passo essenziale per una relazione duratura.

La gestione dei conflitti e delle piccole incomprensioni è un altro elemento che distingue un flirt da una relazione seria. Nella fase del flirt, i problemi vengono spesso evitati o minimizzati, ma quando si cerca qualcosa di più solido, la capacità di affrontare i disaccordi con maturità diventa fondamentale. Saper comunicare in modo costruttivo, ascoltare il punto di vista dell'altro e trovare compromessi senza trasformare ogni divergenza in un conflitto, sono segni di un rapporto maturo e pronto a evolversi. La gestione positiva dei conflitti dimostra che entrambi sono disposti a lavorare insieme per superare le difficoltà, rafforzando ulteriormente la fiducia reciproca.

La qualità del tempo trascorso insieme cambia anche in modo significativo quando il flirt si trasforma in una relazione seria. Non si tratta più solo di divertirsi o di vivere momenti di leggerezza, ma di costruire una routine condivisa che includa sia i momenti speciali che quelli ordinari. L'abilità di godere della compagnia dell'altro anche in situazioni quotidiane, come cucinare insieme, fare commissioni o semplicemente passare una serata tranquilla, è un chiaro segnale che la relazione sta assumendo una dimensione più intima e duratura. Questi momenti di vita quotidiana rafforzano il senso di appartenenza e creano un legame che va oltre il semplice divertimento del flirt.

La volontà di fare progetti comuni, anche se piccoli, rappresenta un altro indicatore che il legame si sta approfondendo. Pianificare un weekend insieme, decidere di partecipare a un evento futuro o anche solo discutere di cosa fare nelle prossime settimane dimostra che entrambi stanno pensando al futuro come a qualcosa da condividere. Questo tipo di pianificazione non implica necessariamente grandi impegni, ma segnala un desiderio di continuare a costruire il rapporto giorno dopo giorno, guardando avanti con entusiasmo e curiosità. La progettualità, anche nelle sue forme più semplici, riflette un impegno implicito e un desiderio di esplorare il futuro insieme.

Il coinvolgimento dell'altra persona nella propria sfera personale e sociale è un ulteriore passo verso una relazione più seria. Presentare l'altra persona ai propri amici, familiari o colleghi, oppure coinvolgerla in eventi significativi della propria vita, è un segnale chiaro che il rapporto sta assumendo una dimensione più importante. Questi momenti di condivisione pubblica dimostrano che si è pronti a integrare l'altra persona nel proprio mondo, consolidando il legame e rafforzando il senso di appartenenza reciproca. Tuttavia, è essenziale rispettare i tempi dell'altro e non affrettare questi passaggi, per assicurarsi che entrambi si sentano a proprio agio con il livello di esposizione e di impegno che comportano.

Il dialogo aperto sulle aspettative e sui desideri futuri è un momento cruciale nella transizione da flirt a relazione. Discutere delle proprie intenzioni, senza pressione ma con sincerità, permette di allineare le visioni e di comprendere se ci sono obiettivi comuni. Questo tipo di conversazione aiuta a chiarire eventuali dubbi e a stabilire un terreno comune su cui costruire il rapporto. Non si tratta di definire immediatamente il futuro in modo rigido, ma di avere una comprensione chiara delle intenzioni reciproche, creando una base di comunicazione onesta che rafforza la fiducia e prepara il terreno per una relazione stabile.

L'impegno reciproco, anche implicito, si manifesta nella volontà di escludere altre potenziali distrazioni e di concentrarsi l'uno sull'altro. Quando entrambi scelgono spontaneamente di

investire nel rapporto, senza cercare altre opportunità di flirt o
di incontri casuali, si crea una forma di esclusività che è tipica
delle relazioni serie. Questo impegno non deve essere dichiarato
formalmente per essere percepito, ma è evidente nei piccoli gesti
quotidiani e nell'attenzione che si dedica all'altra persona. La
scelta di investire tempo, energia ed emozioni in un'unica
relazione è uno dei segnali più chiari che il flirt ha superato la
sua fase iniziale e si sta trasformando in qualcosa di più
profondo.

Infine, portare il flirting a un livello successivo richiede un mix
di pazienza, coraggio e disponibilità a crescere insieme. La
transizione non è sempre lineare e può includere momenti di
incertezza o di paura, ma questi sono parte del processo di
costruzione di una relazione solida. Riconoscere e accettare
queste sfide, senza affrettare le cose ma senza nemmeno
trattenersi per paura, è ciò che permette al rapporto di evolvere
in modo naturale e autentico. Il flirt che si trasforma in una
relazione seria è il risultato di un percorso condiviso, fatto di
complicità, rispetto e una crescente volontà di essere parte della
vita dell'altro in modo significativo.

In definitiva, il passaggio dal flirt a una relazione più seria non è
definito da un singolo momento ma è un processo che si
sviluppa attraverso una serie di scelte quotidiane, gesti di cura e
una comunicazione aperta e sincera. È una transizione che
avviene quando entrambi riconoscono il valore del legame che
stanno costruendo e sono pronti a investire in esso, creando una
relazione basata sulla fiducia, sul rispetto reciproco e su
un'affinità che va oltre il semplice gioco della seduzione. Quando
entrambi sono pronti a fare questo passo, il flirt diventa una
parte preziosa di un rapporto più grande e profondo, capace di
crescere e di durare nel tempo, offrendo una connessione
autentica e arricchente che va oltre le prime scintille di
attrazione.